TAMER BAKINER

DER WAHRHEITS JÄGER

Andere richtig einschätzen
Lügen durchschauen
Erkenntnisse nutzen

EIN **TOP-ERMITTLER** VERRÄT
SEINE BESTEN METHODEN

Unter Mitarbeit von Shirley Michaela Seul

ARISTON

Hinweis:
Aus persönlichkeits- und datenschutzrechtlichen Gründen wurden Namen, Berufe, örtliche und zeitliche Sachverhalte verändert. Die geschilderten Fälle basieren auf wahren Gegebenheiten, wurden aber abgewandelt, anonymisiert und durch fiktive Anteile unkenntlich gemacht.

Verlagsgruppe Random House FSC® N001967
Das für dieses Buch verwendete FSC®-zertifizierte Papier
Super Snowbright liefert Hellefoss AS, Hokksund, Norwegen.

Bibliografische Information der Deutschen Bibliothek

Die Deutsche Bibliothek verzeichnet diese Publikation
in der Deutschen Nationalbibliografie; detaillierte bibliografische Daten
sind im Internet unter http://dnb.ddb.de abrufbar.

3. Auflage

Umschlaggestaltung: Hauptmann & Kompanie, Zürich
unter Verwendung eines Fotos von Christoph A. Hellhake, Dietramszell
Satz: EDV-Fotosatz Huber/Verlagsservice G. Pfeifer, Germering
Druck und Bindung: GGP Media GmbH, Pößneck
Printed in Germany
ISBN 978-3-424-20118-5

Dem Andenken meines Vaters und meiner Mutter gewidmet, deren Liebe und Unterstützung ich all die Jahre erfahren durfte.

Inhalt

Ermittlungen in der Schattenwelt

Wie oft schauen Sie beim Autofahren in den Rückspiegel? Und was genau überprüfen Sie dort? Nur die Verkehrssituation? Was wäre, wenn Ihnen jemand folgen würde? Würden Sie das bemerken? Ich vermute: nein.

Das wird sich bald geändert haben. Am Ende dieses Buches werden Sie nicht mehr der Mensch sein, der Sie jetzt sind. Es bestünde nun also noch die Möglichkeit, das Buch wegzulegen. Ich wage eine weitere Prognose: Sie werden es nicht tun. Denn Menschen sind neugierig. Sie erfahren gern mehr über sich selbst und über andere. Und genau das macht sich ein Detektiv zunutze. Sein Geschäft sind Informationen, die er beschafft, weitergibt, verkauft. Die Ware Information ist heiß. Sie kann Unternehmen in den Bankrott treiben, den Ruf ruinieren, Nachbarn verfeinden, Ehen scheiden, Liebe zerstören, Menschen krank machen und sehr viel Geld kosten.

Hätte man doch bloß mal in den Rückspiegel geschaut!

Aber schauen allein genügt nicht. Manches Unheil lauert im toten Winkel. Und dann ist es zu spät.

»Aber wer soll mir denn schon was wollen?«

Unterschätzen Sie Ihre Bedeutung nicht! Selbst wenn Sie im Moment in Frieden mit sich und Ihrer Umwelt leben. Es kann auch Sie treffen. Jederzeit. Ihr Chef nimmt Sie ins Visier, eine verflossene Liebe drängt sich in Ihr Leben, Ihre Nachbarin beobachtet Sie heimlich, ein Kollege streut Gerüchte über Sie, Ihre Frau traut Ihnen nicht, jemand aus Ihrem Umfeld ist neidisch. Neid ist ein starkes Motiv, eines der stärksten überhaupt. Je zufriedener Sie sind, desto schneller wecken Sie die Missgunst anderer. Allein, dass Sie »bloß in Frieden leben wollen«, kann andere schon auf die Palme bringen.

Und Sie ahnen nichts. Grüßen freundlich über den Gartenzaun und haben keinen blassen Schimmer, welche Intrige im Nachbarhaus geschmiedet wird.

Wie oft geben Sie etwas von sich preis, ohne es zu merken? Erzählen wildfremden Leuten, wann Sie in den Urlaub fahren, und sagen am Telefon artig Ja, wenn ein angebliches Marktforschungsinstitut wissen möchte, ob es mit dem Hauseigentümer verbunden ist. Jemand macht Ihnen ein nettes Kompliment, und Sie argwöhnen nicht, dass man Sie damit nur weichkochen möchte.

Einmal anders herum betrachtet: Wie ist es mit Ihnen? Über wen hätten Sie gern ein paar Informationen? Die neue Kollegin? Und was treiben die Nachbarn eigentlich, wenn sie am helllichten Tag die Jalousien herunterfahren? Können Sie Ihrer neuen Flamme wirklich vertrauen oder wäre es nicht ratsam, sie einmal zu überprüfen? Und ist der Konkurrent tatsächlich so solvent, wie er behauptet? Was ist vom neuen Freund der Tochter zu halten?

Stimmt das, was uns die Leute erzählen?
Stimmt das, was Sie selbst erzählen?

Nach rund 20 Jahren Berufserfahrung weiß ich: Wer gut lügt und betrügt, ist manchmal leider erfolgreich – beruflich und privat.

Aus diesem Grund haben Detektive immer Arbeit.

Wer viel redet, verrät auch viel

Die meisten Menschen glauben das, was sie glauben möchten. Deshalb ist es so einfach, sie auszutricksen, wenn man weiß, wie ihr Weltbild aussieht. Darüber hinaus ist fast jeder empfänglich für Lob und Anerkennung. Mit dieser kleinen Schwäche öffnen wir große Türen für Kriminelle und andere, die uns nicht wohlgesonnen sind. Sie dringen unter einem Vorwand ein und verrichten lächelnd ihr Werk, gelegentlich hinterlassen sie Zerstörung und Verzweiflung. Manchmal mag es bloß ein Gerücht sein, das über jemanden in Umlauf gebracht wird, doch selbst ein kleines Gerücht kann sich auswachsen zu einem ernst zu nehmenden Schaden. Bis wir die Angreifer enttarnt haben, sind sie wieder weg. Und davor ist niemand gefeit, auch nicht derjenige mit der sprichwörtlich guten Menschenkenntnis. Denn die haben zahlreiche Betrüger erst recht. »Wie konntest du seinen Beteuerungen nur glauben?«, werden Opfer von Heiratsschwindlern oft kopfschüttelnd gefragt. »Das hat doch kilometerweit nach Betrug gestunken.« Aber die Geschädigten konnten nichts riechen. Der Rosenduft, mit dem der Betrüger seine heimtückischen Absichten tarnte, verwirrte ihre Sinne.

Im Lauf der Jahre habe ich die unglaublichsten Geschichten gehört. Kein Blinder mit Krückstock, wie es in einem Sprichwort heißt, hätte sie für bare Münze genommen. Die Geschädigten haben alles geglaubt, vorausgesetzt, die Kriminellen gingen klug vor. Als Detektiv muss ich mit ihrer Denkweise vertraut sein. Und dann einen Schritt voraus planen, um sie zu entlarven. Im Grunde genommen unterscheiden sich die Betrügereien im großen nicht von denen im kleinen Stil. Die Machart ist die gleiche, auch wenn der Schaden in der Anzahl der Stellen vor dem Komma gravierende Unterschiede aufweisen kann. Aber wer länger betrügt, macht Fehler, wird unvorsichtig, weil es ja bisher immer geklappt hat. Und dann kommt die Gier ins Spiel. Mehr! Es ist doch so leicht. Die Gier richtet nicht nur viel Schaden an, sie hilft letztlich auch, den Schaden zu begrenzen, weil die Gier zum Risiko neigt. So hinterlassen die Kriminellen Spuren, die ich finde – und dann schnappt meine Falle zu. Leider ist das meistens zu spät, denn wenn ich beauftragt werde, ist oft schon ein beträchtlicher Schaden entstanden, ob finanzieller oder emotionaler Art. Oder der Ruf ist bereits beschädigt, was ein Unternehmen in die Insolvenz führen kann. Wenn man dann später darüber nachdenkt, wie es so weit kommen konnte, wann alles angefangen hat, stellt man fest, dass das Unheil auf leisen Sohlen nahte. Man konnte doch nicht ahnen, dass der sympathische ältere Herr, den man zufällig nach einem Meeting an der Hotelbar traf, auf einen angesetzt war. Man hatte doch keine Ahnung, dass sich die neue Kollegin, mit der man mal unverbindlich essen gegangen war, als Mobberin entpuppen würde. Und wer hätte gedacht, dass der Vater des elfjährigen Max plötzlich Stimmung gegen einen macht, in der Neubausiedlung, nur weil der eigene Sohn ihm im Fußballtraining drei Tore verpasst hat. Auch wenn die Geschädigten oft nichts dafür können, so haben sie am Anfang doch alle nichts ahnend mitgespielt. Sie haben Informationen über sich preisgegeben, die der Gegenseite Zündstoff lieferte. Denn die meisten Menschen verwalten ihre persönlichen Angelegenheiten geradezu fahrlässig. Sie denken nicht darüber nach, sie reden einfach drauflos. Und das kann fatale Folgen haben.

Informationen sind Türöffner

Auf den folgenden Seiten möchte ich Ihnen verdeutlichen, wie leicht Sie zum Opfer von Betrügern, Stalkern, Mobbern, Anlagebetrügern und Kriminellen aller Couleur werden können und wie Sie sich davor schützen können. Leider haben die meisten Menschen keine Ahnung, wie schnell sie Informationen über sich preisgeben, die andere schamlos für ihre betrügerischen und manchmal kriminellen Machenschaften ausnutzen. Anhand einer Reihe spannender Fälle aus meiner Praxis werde ich Ihnen zeigen, wie Menschen hinters Licht geführt – und überführt wurden. Dazu muss ich mich manchmal derselben unfeinen Methoden bedienen wie die Täter. Doch im Gegensatz zu ihnen handle ich im legalen Bereich und helfe Menschen in einer schwierigen Lebensphase. Dies erfordert häufig eine gehörige Portion Erfindungsreichtum. Und das ist es auch, was ich an meinem Beruf sehr schätze. Denn Informationen liegen ja nicht einfach auf der Straße. Oft sind sie versteckt, und man muss sich etwas einfallen lassen, um sie zu finden. Das kennen

Sie aus Ihrem Alltag bestimmt auch. Sie möchten etwas über jemanden wissen und überlegen sich eine Strategie, wie Sie an die Information kommen. Stimmt es, dass Frau Meier ihren Laden demnächst schließen wird? Direkt will man nicht fragen. Also fragt man mal nach den Plänen des Sohnes und erfährt, ohne dass es Frau Meier bewusst wird, was sie da sagt, dass ihre Schwiegertochter schwanger mit Drillingen ist. Na, da liegt der Schluss doch nahe, dass sie beruflich kürzertritt und die junge Familie unterstützt. Eine solche Vermutung ist für einen Detektiv jedoch noch kein Beweis. Wie Sie vorgehen müssen, um Beweise zu ermitteln, dazu später.

Ich glaube, dass fast jeder Mensch schon mal ein bisschen Detektiv gespielt hat. Vielleicht haben Sie eben rasch ein fremdes Handy überprüft – das Ihres Partners. Oder Sie haben einen kurzen Blick in eine Handtasche geworfen? Vielleicht haben Sie bei einem Bekannten im Büro, der schnell zur Toilette ging, im Ordner »Finanzamt«, der so überaus einladend auf dem Schreibtisch lag, geblättert. Aber Achtung: Ihr Bekannter könnte den Ordner auch mit Absicht liegen gelassen haben, weil er wollte, dass Sie etwas Bestimmtes erfahren. Und wie oft googeln Sie Personen, die Sie neu kennengelernt haben? Oder beobachten schon mal jemanden durch ein Fenster, vielleicht sogar mit einem Fernglas? Und sicher haben Sie gelegentlich Informationen eingeholt: »Du, sag mal, den X, den kennst du doch. Stimmt es, dass er …?« Detektivspielen macht Spaß, denn es bringt uns Neuigkeiten. Die meisten Menschen sind neugierig, erfahren gern Neues, besitzen gern die neuesten Konsumgüter – die Lust am Neuen gehört ebenso zum Menschen wie die Schadenfreude. Fast jeder will gern mehr über andere, die er kennt, wissen. Hegt einen Verdacht: »Das ist doch bei dem nicht so rosig, wie er vorgibt«, sammelt Beweise für diese These. Davon zehren nicht nur die Klatschspalten, eine ganze Industrie lebt von Informationen. Der Blick durch das Schlüsselloch ist reizvoll – etwas über einen anderen zu erfahren, und der ahnt nichts. Sehen, aber nicht gesehen werden. Verfolgen und unentdeckt bleiben. Etwas wissen, und der andere weiß nichts davon. Doch es macht gar nicht so viel Spaß, wenn man das Wissen für sich behält. Noch viel toller ist es, wenn man es an einen anderen weitergibt – natürlich unter dem Siegel der Verschwiegenheit: »Du, aber bitte, behalt es für dich. Stell dir vor, Peter hat …«

Das Siegel der Verschwiegenheit wird von Gerüchtestreuern sehr oft geklebt, denn es ist ein vortreffliches Mittel, um Nachrichten zu verbreiten.

Klatsch ist ein Bindemittel im sozialen Miteinander. Und übrigens – die Klatschpresse ist ein wichtiger Auftraggeber für manche Detekteien. Ich befasse mich seit vielen Jahren hauptsächlich mit Wirtschaftskriminalität. Da kommt die Klatschpresse auch ins Spiel. Denn die Reichen und diejenigen, die gern dafür gehalten werden, tummeln sich bekanntermaßen gern mit den Schönen.

Wer im Vorteil ist, sichert sich einen Vorsprung

Was steckt nun hinter so vielen kleinen und großen Schwindeleien, Betrügereien, kriminellen Aktivitäten? Es geht immer darum, sich einen Vorteil zu verschaffen. Der kann klein sein, der kann aber auch sehr groß sein, indem zum Beispiel eine Person, die stört, beseitigt wird. Man liest so etwas immer wieder in der Zeitung. Einen Killer aus Osteuropa kann man schon für 1.000 Euro engagieren. Fangen wir mal klein an: Birgit und Petra sind Kolleginnen und arbeiten beide in der Buchhaltung. Birgit weiß, dass Petra Porzellanfrösche sammelt. Petra ist schon länger im Betrieb und obwohl sie dieselbe Position wie Birgit bekleidet, gilt sie aufgrund ihrer Erfahrung als Chefin in der Buchhaltung. Als Birgit Petra den Frosch auf den Schreibtisch stellt, ist Petra gerührt. Es ist weniger der Frosch, über den sie sich freut, als die Tatsache, dass sich Birgit Gedanken um sie gemacht hat. Petra kann sich nicht mal daran erinnern, wann sie Birgit von den Fröschen erzählt haben könnte. Petra findet Birgit jetzt wahnsinnig nett und ist wesentlich großzügiger, wenn Birgit wieder ein Fehler unterläuft.

Eine Aufmerksamkeit kann noch so klein sein. Die meisten Menschen bleiben davon nicht unberührt. Jedoch sind unpersönliche Präsente wie Pralinen und Blumen schnell vergessen. Um jemanden nachhaltig günstig zu beeinflussen, sollte man etwas Persönliches aussuchen. Und dazu braucht man wiederum Informationen: Was ist der andere für ein Typ, was mag er, sammelt er irgendetwas, womit kann man ihm eine Freude machen? So zeigt man: Ich interessiere mich für dich. Ich habe mich mit dir beschäftigt. Und schon ist die Tür offen.

Das heißt jetzt nicht, dass Sie sich nie mehr über kleine Aufmerksamkeiten freuen sollen, hinter denen Sie ab sofort nur noch schlechte Absichten vermuten. Ich möchte Ihnen lediglich einen Mechanismus vorstellen, der mir in meinem Alltag oft begegnet. Denn Birgit könnte ja zum Beispiel auch an Petras Mann interessiert sein und darauf spekulieren, von Petra einmal eingeladen zu werden. Birgits Bruder könnte in der Firma von Petras Schwager arbeiten, und sie könnte sich Vorteile erhoffen. Seitenlang könnte ich Möglichkeiten aufzählen. Unterm Strich kann es aber auch so sein, dass Birgit Petra wirklich gern eine Freude macht. Psychologen haben erforscht, dass wir davon profitieren, wenn wir anderen Gutes tun. Leider gibt es aber auch viele Menschen, die glauben, davon zu profitieren, wenn sie anderen Schlechtes zufügen.

Um sich einen Vorteil zu verschaffen, werden Menschen zu Mobbern, Dieben, Mördern – und sie lügen, dass sich die Balken biegen. Ein Vorteil kann sich im Millionenbereich abspielen oder einzig und allein darin liegen, dass man sich in einer Runde von Leuten interessant macht. Man kennt das von unzähligen Flirts. Da flunkert man ja auch des Öfteren, um sein Gegenüber zu beeindrucken. Man flunkert, um sich einen Vorteil zu verschaffen ... vor der Konkurrenz. Das ist nun mal so, und das sollte man nie vergessen. Alle sind wir so, und wer das nicht berücksichtigt, hat das Nachsehen. Denn wenn wir darüber nachdenken, warum jemand etwas tut, kommen wir immer auf eine heiße Spur, sobald wir uns auf die Suche nach den Vorteilen begeben.

»Ach, wie schön, dass meine Nachbarin jetzt auch bei Ihnen bestellt«, sagt die Kundin zum Gemüsekistenlieferanten und signalisiert damit, dass sie ihn empfohlen hat. In Wirklichkeit hat sie noch nie ein Wort über den Lieferanten verloren. Aber der schenkt ihr ein Kilo Kartoffeln für die Empfehlung. Eine kleine Schwindelei, ein kleiner Vorteil.

»Sie hat zu mir gesagt, sie liebt dich nicht mehr. Aber das will sie dir nicht ins Gesicht sagen, weil sie nicht aus dem Haus ausziehen will.« Eine faustdicke Lüge mit eventuell fatalen Folgen für den Nachbarn, der möchte, dass sich das Paar auf der anderen Seite der Doppelhaushälfte trennt, damit sein Bruder mit Familie dort einziehen kann.

Das Spiel mit Informationen, falschen Informationen, Intrigen ist hochkomplex und wird nur von Profis erfolgreich ausgeführt. Deshalb ist es auch nicht leicht zu durchschauen – außer wir wissen, wie es funktioniert. In diesem Buch werde ich Ihnen die wichtigsten Spielarten verraten.

Frauen sind die besseren Privatdetektive

Vor allem im Privatleben sind Frauen die besseren Detektive als Männer. Denn sie interessieren sich in der Regel mehr für Beziehungen.

Wovon viele Männer ein Lied singen können. Frauen können meistens auch besser lügen. Ihre Seitensprünge bereiten sie deutlich raffinierter vor, und sie sind schwerer zu überführen. Männer agieren diesbezüglich eher plump.

In meinen Ermittlerteams setze ich sehr gern Frauen ein. Wenn es um eine männliche Zielperson geht, sind sie unschlagbar. Allerdings müssen sie gut aussehen – zumindest ein bisschen besser als die Zielperson –, und da sind wir bei der einzigen Gemeinsamkeit, die den wahren Detektiv und den Filmdetektiv in ihren Methoden verbindet. Die Frau muss optisch eine Kategorie höher angesiedelt sein als die Zielperson, damit sich diese von deren Aufmerksamkeit geschmeichelt fühlt. Wer sich geschmeichelt fühlt, wird unvorsichtig.

Die meisten Menschen sind nur zu Beginn einer neuen Beziehung misstrauisch. Der erste Kontakt, der erste Blick, die ersten Sekunden und Minuten entscheiden über Sympathie oder Antipathie. »Den mochte ich auf Anhieb«, stellen wir fest – oder eben: »Der war mir sofort unsympathisch.« Und dabei bleibt es dann meistens. Die einmal getroffene Einordnung wird nicht mehr überprüft. Leichter kann man es Kriminellen und Menschen, die uns nichts Gutes wollen, gar nicht machen.

Frau Müller, eine vermögende Witwe, führt ihren Labrador jeden Morgen im Westpark spazieren. Eines Tages lernt sie den sympathischen Herrn Huber kennen. Auch er hat einen Labrador. Da kann er doch kein schlechter Mensch sein. Als Frau Müller, Monate später und um einige 100.000 Euro ärmer, erfährt, dass diese Begegnung kein Zufall war, ja dass der Hund allein für diesen Zweck, sie auf eine falsche Fährte zu führen, ausgeliehen war, bricht ihr Weltbild zusammen.

Herr Lustig, Leiter der Entwicklungsabteilung eines großen Elektronikkonzerns, der, wovon er nichts weiß, von seinem Arbeitgeber verdächtigt wird, Informationen an die Konkurrenz zu verkaufen, erhält eine SMS. »Hi Saskia, komme gerade aus Dubai, war wieder super! Bin nächste Woche noch mal eingeladen, handverlesene Gästeliste. Melde dich, ich kann jemanden mitnehmen.« Herr Lustig, fünfzig, verheiratet, zwei Kinder, kennt keine Saskia. Das muss eine fehlgeleitete SMS sein. Der

Text macht ihn irgendwie neugierig. Er ruft die Telefonnummer an und erklärt, dass er nicht Saskia sei. Die Gesprächspartnerin hat eine sehr angenehme Stimme. Und sie ist unglaublich charmant. Man kommt vom Hölzchen aufs Stöckchen, und auf einmal hat Herr Lustig 20 Minuten mit Laura – sie waren ganz schnell per Du – telefoniert. Und, so ein Zufall, Laura segelt ebenfalls! Und das ist nicht die einzige Gemeinsamkeit.

Kein Wunder. Wir hatten Herrn Lustig gut observiert und kannten seine Vorlieben. Selbstverständlich musste er Laura einige Male bitten, ehe sie sich mit ihm treffen wollte. Sonst wäre es ja nicht mehr spannend für Herrn Lustig gewesen. Und natürlich schickte Laura ihm einen Köder: ein Urlaubsfoto aus Dubai. Und – noch so ein Zufall – sie sah aus wie die Ehefrau von Herrn Lustig. Mit dem kleinen Unterschied, dass Laura 20 Jahre jünger war. Im Lauf von sechs Wochen konnten wir Herrn Lustig überführen. Er verkaufte seit zwei Jahren technische Informationen an die Konkurrenz. Über Hormone sind Männer leicht zu kriegen. Sogar, wenn sie in einer glücklichen Ehe leben. Die meisten Männer sind überaus empfänglich für Bestätigung. Dass sie tolle Kerle sind. Dass sie gut bei Frauen ankommen. Frauen sind da cooler, sie lassen sich von Hormonen weniger beeinflussen.

So ein Zufall!, denken die Menschen bei manchen Begegnungen. Doch das sind keine Zufälle. Das ist Kalkül. Aufseiten der Kriminellen und erst recht aufseiten der wirklich guten Detektive. Wir überlassen nichts dem Zufall. Verrückterweise ist eine Anmache, je plumper sie ist, umso erfolgreicher. 90 Prozent der Menschen fallen auf Vorwände herein, ob sie nun von Betrügern oder Detektiven benutzt werden. Denn wenn die Vorbereitung stimmt: eine angenehme Atmosphäre, ein Kompliment, eine nette, unverbindliche Art ... Wer denkt denn da schon etwas Böses?

Laien gehen weniger raffiniert vor, fallen häufig mit der Tür ins Haus: Brauchen Sie nicht dringend eine Versicherung? Der Profi nimmt den Weg durch die Hintertür und spaziert vorne hinaus. Menschen sind manipulierbar, wenn man sie auf der persönlichen, freundschaftlichen Ebene anspricht. Ein Detektiv kann das. Und ein Betrüger leider auch. Und natürlich können Sie von beiden lernen, worauf Sie achten müssen, um niemandem auf den Leim zu gehen. Wobei ich die Prognose wage, dass ich Sie trotzdem kriegen würde. Aber dazu besteht ja keine Veranlassung – denn wir beide, Sie und ich, wir gehören zu den Guten. Ich nutze meine Methoden nicht dazu, anderen zu schaden. Oder nein, das ist falsch. Natürlich schade ich ihnen. Ich schade den Kriminellen, die ihre Geschäfte gern unbehelligt im Dunkeln weiterführen würden. Ich verhelfe den Geschädigten zu ihrem Recht. Sicher können Opfer auch die Polizei um Hilfe bitten, und das sollten sie auch tun. Doch das dauert oft sehr lange, und die Beamten werden sich wohl kaum auf die Suche nach einem Anlagebetrüger machen, der ein Rentnerpaar um das Ersparte gebracht hat. Der Heiratsschwindler wird zur Fahndung ausgeschrieben, sicher. Aber es werden keine Beamten auf ihn angesetzt. Zielfahnder bringt die Polizei nur in bestimmten Fällen zum Einsatz. Ich arbeite immer als Zielfahnder – und in der Regel erreiche ich meine Ziele. Alle. Um das zu leisten, muss ich selbst in die Schattenwelt hinabsteigen. Und genau dorthin werden Sie mich nun begleiten.

Folgen Sie mir

Auf den nächsten Seiten werde ich Sie mit dem Alltag eines Detektivs vertraut machen. Bei mir sind Sie in guten Händen. Allerdings möchte ich Ihnen gleich sagen, dass alles, was Sie über Detektive wissen und gelesen haben, höchstwahrscheinlich falsch ist und einem Klischee entspricht. Aber das kennt man ja. Auch der Alltag von Kriminalhauptkommissaren ist völlig anders als 'der, den man in den einschlägigen Tatortkrimis sieht. Bei mir gibt es die Wahrheit, die reine Wahrheit und nichts als die Wahrheit, die ich mit meinem Ermittlerteam und meinem Partnernetzwerk in mehr als 70 Ländern weltweit für meine Kunden herausfinde. Dabei sah der Alltag eines Detektivs für mich vor vielen Jahren auch ganz anders aus. Ich gehöre zur Generation *Magnum*. Diese amerikanische Serie aus den 1980er-Jahren habe ich in meiner Jugend sehr gern gesehen. Thomas Magnum, der attraktive, kluge, humorvolle, mutige Privatdetektiv mit den langbeinigen, langhaarigen, umwerfend schönen Frauen im Arm. Im bunten Hawaiihemd flitzte er in seinem roten Ferrari 308 GTS am Meer entlang. Es war immer Sommer, seine Fälle waren immer toll und er lernte nur interessante Menschen kennen. Keine Frage, was ich mal werden wollte: Detektiv! Und zwar in Amerika, denn die deutsche Konkurrenz war dagegen ja ein Trauerspiel. Mal abgesehen davon, dass es häufig regnete, musste sich Josef Matula – der Privatdetektiv bei *Ein Fall für zwei* – auch ständig an neue Rechtsanwälte gewöhnen. Die Fälle waren langweilig, das Setting vorhersehbar und es gab weder schöne Frauen noch Ferraris.

Ich habe dann trotzdem eine Ausbildung zum Privat- und Wirtschaftsermittler gemacht und viele weitere Zusatzqualifikationen erworben, ehe ich international tätig wurde und sehr schnell merkte, dass Thomas Magnum leider wenig mit der Realität zu tun hat. Aber hin und wieder bin ich auch mal in einem Ferrari gesessen und schöne Frauen habe ich viele getroffen, nicht nur im Kreise meiner Ermittlerinnen, sondern auch auf Kundenseite, den Reichen und Schönen. Und unter den Kriminellen.

In den letzten 20 Jahren habe ich rund 1.000 Fälle erfolgreich gelöst, die meisten davon auf dem Sektor der Wirtschaftskriminalität. Zu meinen Kunden zählen Dax-Unternehmen, Staranwälte, Banken und Versicherungen, Prominente sowie vermögende Privatkunden. Manche der Ermittlungen dauerten viele Monate, einige führten mich um die ganze Welt. Wir werden in diesem Buch für ein Mittagessen mit dem Direktor einer Bank in den Boss-Anzug schlüpfen und am Nachmittag für ein Treffen in der Unterwelt die Rolex anlegen. Ein guter Detektiv ist verwandlungsfähig. Er bewegt sich auf jedem Parkett sicher. Nur so kommt er an die Währung seiner Branche: Informationen. Ich werde Ihnen zeigen, wie auch Sie in Ihrem Umfeld das erfahren, was für Sie wichtig ist. Und wie Sie verhindern, dass Ihr berufliches und privates Umfeld Dinge erfährt, die Ihnen schaden können. Sie werden ein Bewusstsein dafür entwickeln, welche Informationen Sie besser für sich behalten, auch wenn Sie in ihnen keinerlei Zündstoff entdecken. Kriminelle finden, was sie suchen. Sie werden in diesem Buch auch durchaus mit krimineller Energie konfrontiert – und dabei lernen, wie Sie sich selbst vor Übergriffen schützen können. Außerdem bleibe ich immer dicht bei Ihnen.

Wer betrügt, gewinnt

Die gesellschaftlichen Werte haben sich stark verändert. Das Sprichwort vom Dummen, der ehrlich ist, stammt zwar auch aus dem vergangenen Jahrtausend, doch insgesamt galten Moral, Aufrichtigkeit, Ehrlichkeit, ein »Rückgrat« früher etwas. Heute scheint es vielerorts vor allem darauf anzukommen, sich irgendwie durchzuschlängeln, um ans Ziel zu kommen. Das Unrechtsbewusstsein hat stark abgenommen. Der Manager, der Geheimnisse über die Firma verrät, fühlt sich im Recht. Er verdient ja so wenig. Da muss man doch schauen, wo man bleibt. Der Mann, der seine Frau betrügt, findet das fair. Schließlich will sie kaum mehr Sex. Er kann nicht anders. Er ist ein Mann. Ein Jäger. Er braucht das.

Durch unsere verdeckten Ermittlungen können wir feststellen, warum jemand etwas macht. Wenn ich »wir« sage, meine ich übrigens mein Team und mich. Je nach Anforderungen setzen sich die Ermittlerteams unterschiedlich zusammen. Ich bin nicht bei jeder Ermittlung aktiv – doch ich halte stets alle Fäden in der Hand. Denn ich bin gern erfolgreich und vertraue in letzter Konsequenz ausschließlich mir selbst. Ich liebe den Moment, wenn ich meinen Auftraggebern die Dokumentation überreiche, aus der klar hervorgeht, dass ihr Verdacht berechtigt war.

Ja, Ihr leitender Mitarbeiter verkauft Informationen an die Konkurrenz.

Ja, Ihre Frau hat Sie betrogen.

Meistens sind meine Ermittlungsergebnisse im Bereich der Wirtschaftskriminalität umfangreich. Ich decke große Betrugsskandale auf, deren Verbindungen nicht selten bis in die einflussreichen Ebenen von Wirtschaft und Politik reichen.

Aber vieles fängt klein an. Bei einem Mitarbeiter, der mal einen Kugelschreiber einsteckt. Bei einem Versicherungsmakler, der eine Unterschrift fälscht. Bei einem Banker, der sich einen Zahlendreher leistet. Bei einem verheirateten Mann, der versonnen auf den Po der Studentin starrt, bei dem Nachbarn, der seinen Wagen zu eng am Eingang des Nachbarhauses parkt.

Ein Angestellter gibt vor, unter Rückenschmerzen zu leiden, und lässt sich drei Wochen krankschreiben, um seiner Tochter beim Hausbau zu helfen. Er hat kein Unrechtsbewusstsein. Schließlich ist er seit 14 Jahren in der Firma, und die letzte Gehaltserhöhung liegt vier Jahre zurück.

Er bekam dann kein Gehalt mehr, sondern eine fristlose Kündigung.

Menschen, die betrügen, haben immer ihre Gründe, warum sie es tun. Trotzdem schädigen sie andere. Manchmal geradezu verabscheuungswürdig. So wie jener Anlageberater, der ältere Menschen dazu überredete, ihr gesamtes Erspartes zu investieren und dann damit durchbrannte. Bis ich ihn aufspürte. So weit soll es bei Ihnen gar nicht erst kommen.

Ihr Schutzschild für die Zukunft:

 ## Das Gefahr-Radar

Mein Ziel ist es, dass Sie, ohne deswegen allen Menschen gegenüber misstrauisch zu werden, hellhöriger, weitsichtiger, vorsichtiger werden. Sie sollen einen Instinkt für Situationen entwickeln, die eine Falle sein könnten. Dazu möchte ich gern, dass Sie ein Gefahr-Radar bei sich installieren. Das können Sie sich wie eine Art Geigerzähler vorstellen, der sensibler auf Verdachtsmomente reagiert, als Sie selbst es in der Regel tun würden. Ich möchte, dass Ihnen bewusst wird, was bei der ersten Begegnung mit einem Fremden geschieht. Wie Sie seine Informationen bewerten können. Wie Sie herausfinden, ob Sie eventuell manipuliert werden, und wie Sie selbst durch die gezielte Platzierung von Informationen andere manipulieren können. Was jetzt vielleicht kompliziert klingt, ist ganz einfach. Learning by doing. Sie begleiten mich bei meinen Ermittlungen und lernen nebenbei, worauf es ankommt. Folgen Sie mir. Unauffällig.

Wenn die Gier die Neugier weckt – Korruption

Der Anruf wurde von einer Mitarbeiterin aus einem meiner Büros zu mir durchgestellt.

»Herr Bakiner, Sie sind mir von meinem Rechtsanwalt empfohlen worden. Jemanden wie Sie brauchen wir im Moment. Wir würden uns freuen, wenn Sie Zeit hätten. Vielleicht noch in dieser Woche?«

Die Sache war also dringend.

Nachdem ich einige Informationen eingeholt hatte, vereinbarte ich einen Termin mit Herrn Robert Knöpfer in München. So hieß der Mann in Wirklichkeit natürlich nicht. Keiner heißt in diesem Buch so, dass er erkannt werden kann. Detektive verwischen ihre Spuren. Ein guter Detektiv muss auch keine Werbung machen. Sein Name verbreitet sich durch Mundpropaganda. Ich arbeite seit vielen Jahren nur noch auf Empfehlung. Konzerne und wohlhabende Menschen vertrauen keinem Fremden. Zu groß ist die Angst, die Probleme, die dem Detektiv offenbart werden, in der Presse wiederzufinden.

Dass Herr Knöpfer mich persönlich anrief, war ungewöhnlich. Normalerweise wird der Kontakt zu mir über eine Sekretärin oder den Personalleiter eines Unternehmens hergestellt. Doch sein Anwalt schien mich wärmstens empfohlen zu haben. Ich arbeite oft mit Anwälten zusammen, eigentlich ist ein Anwalt sogar schuld daran, dass ich Detektiv wurde. Nein, keiner von *Ein Fall für zwei*, sondern ein ziemlich bekannter Prominentenanwalt, der seinerzeit die Reichen und Schönen in aufsehenerregenden Prozessen verteidigte, meistens sehr erfolgreich, und selbst als Star unter den Anwälten bezeichnet wurde. Er glaubte an den jungen, engagierten Detektiv, der ich damals war, und beauftragte mich mit meinen ersten Fällen.

Kommt ein Treffen durch eine Empfehlung zustande, ist die Stimmung von Anfang an vertraut. Ein Mensch, dessen Meinung man schätzt, hat einen anderen empfohlen. Da verzichtet man auf das Geplänkel am Anfang und kommt schnell zur Sache. Kompetenz, Seriosität und in meinem Fall ganz wichtig, Diskretion, werden nicht infrage gestellt, sondern als gegeben betrachtet. Deshalb sollte man genau überlegen, wen man empfiehlt. Eine falsche Empfehlung kann einen guten Kontakt zerstören. Und jeder Auftrag kann zu einer weiteren guten Empfehlung führen, sollte ich ihn erfolgreich abschließen. Genau das hatte ich auch hier im Sinn.

Robert Knöpfer war um die fünfzig, hatte nur noch wenig graues Haar auf dem Kopf und wirkte dynamisch. Er trug einen Markenanzug, Manschettenknöpfe und eine teure Uhr. Der Mann strahlte Souveränität und Dominanz aus, sein Händedruck war fest. Mit all diesen Zeichen signalisierte Robert Knöpfer seine Führungsqualität. Sicher, auch ein Betrüger kann lernen, diese Souveränität auszustrahlen. Und wer sich darüber hinaus dann noch in einem passenden Umfeld präsentiert, wird auch für denjenigen gehalten, den er darstellen möchte. Herr Knöpfer gehörte zweifellos in dieses Vorstandsbüro mit dem riesengroßen Schreibtisch, auf dem bequem ein Hubschrauber hätte landen können. Kein Papier lag dort, keine Akte. Nur blanke Landefläche und ein paar elektronische Geräte. Und ein Päckchen Kaugummi, Pfefferminz.

Wir setzten uns auf Ledermöbel neben einem Pflanzenarrangement, eine Mitarbeiterin servierte Kaffee und Gebäck. Als sie den Raum verlassen hatte, kam Herr Knöpfer zur Sache. »Wie Sie sicher wissen, ist unser Unternehmen eines der größten in der Baubranche.«

Ich nickte.

»Wir arbeiten mit Hunderten von Zulieferern, manche unserer Projekte bewegen sich im dreistelligen Millionenbereich.« Ich nickte abermals.

»Es geht um einen Projektmanager«, wurde Herr Knöpfer nun konkret. »In seinen Bereich fällt die Vergabe der Aufträge an mittelständische Unternehmen. Er heißt Murtens, Hans-Peter Murtens. Als ich vor zwei Jahren ins Unternehmen kam, war er bereits hier. Der Wechsel in der Führung hat, wie Sie der Berichterstattung in der Presse vielleicht entnommen haben, auch zu einer regen Fluktuation beim Personal geführt. Viele ältere Mitarbeiter haben sich in den Ruhestand verabschiedet, wir haben Abteilungen zusammengelegt, Umstrukturierungen durchgeführt. Herr Murtens gehört, das sollten Sie vielleicht wissen, zur alten Garde.«

Ich überlegte, ob Robert Knöpfer ihn vielleicht deshalb loswerden wollte. So etwas kommt öfter vor. Einem unbequemen

Mitarbeiter wird etwas in die Schuhe geschoben, um ihn entlassen zu können. Aber ein solches Vorgehen schien nicht zu Herrn Knöpfer zu passen, und wie er im Folgenden ausführte, gab es auch einen konkreten Verdacht, wenngleich er nicht verbarg, dass er Herrn Murtens nicht besonders mochte. »Wir hatten einige Differenzen. Es fällt Herrn Murtens offensichtlich schwer, sich an die neue Situation im Unternehmen zu gewöhnen. Mit meinem Vorgänger verstand er sich sehr gut. Der hat die Zügel allerdings schleifen lassen, wie ich meine, in Einzelfällen regelrecht verantwortungslos. Es steht der Verdacht im Raum, dass sich Herr Murtens bestechen lässt«, wurde Herr Knöpfer nun deutlich. »Dass er bei der Auftragsvergabe Firmen bevorzugt oder ihnen Tipps gibt, wie sie die Konkurrenz unterbieten können.« Solche Fälle gehören zu meinem täglich Brot. Doch ein Verdacht allein war zu wenig. »Woran machen Sie das fest?«, fragte ich Robert Knöpfer.

»Herr Murtens lebt über seine Verhältnisse. Was im Übrigen auch für Unfrieden in seiner Abteilung sorgt. Er leistet sich extrem teure Urlaube, trägt Maßanzüge, sein Sohn besucht ein Elite-Internat, er wechselt häufig die Fahrzeuge, neulich ist er mit einem fabrikneuen Mercedes S-Klasse vorgefahren.«

»Und wie erklärt Herr Murtens das?«

»Angeblich hat er im Lotto gewonnen. Aber das wollen wir nicht so recht glauben. Denn oft verwickelt er sich in Widersprüche. Mal gehört das neue Auto ihm, dann hat er es geliehen, einmal hat er auch erzählt, er hätte zusätzlich geerbt – irgendetwas stimmt hier nicht. Und deshalb habe ich Sie hergebeten. Ich möchte, dass Sie Herrn Murtens überprüfen, um herauszufinden, ob er korrupt ist.«

Was mir Herr Knöpfer bis jetzt berichtet hatte, ergab, wenn ich an vergleichbare Fälle dachte, ein klares Bild. Womöglich wirtschaftete Herr Murtens schon seit Jahren in die eigene Tasche. Da es bis dato gut lief, wurde er unvorsichtig. Viele Betrügereien würden bis in alle Ewigkeit unentdeckt bleiben, wenn die Täter sich unauffällig verhalten würden. Doch oft stolpern sie über ihre Geltungssucht. Sie möchten zeigen, was sie haben. Sie protzen, wecken Neid – und kommen so zu Fall, vor allem, wenn sie nicht mit dem goldenen Löffel im Mund geboren wurden. Wer im Reichtum aufwuchs, hat es leichter. Ein zusätzlicher Geldfluss fällt da nicht auf. Ob jemand in einer Zwanzig- oder Dreißigzimmervilla am See lebt, spielt keine Rolle. Ob aber jemand seine gemietete Zweizimmerwohnung gegen ein schmuckes Eigenheim, seinen Golf gegen einen Porsche tauscht, sehr wohl. Außerdem sind reiche Leute an den Umgang mit Geld gewöhnt und verwalten es klug. Lottomillionäre, das ist bekannt, verpulvern ihren Gewinn häufig binnen Jahresfrist.

Herr Murtens lebte in einer gepflegten Eigenheimsiedlung. Das Haus war fast abbezahlt. Er verdiente nicht schlecht, aber keineswegs überragend. Im letzten Jahr hatte er seiner Tochter zur Kommunion ein Reitpferd geschenkt. Er spielte im teuersten Club der Region Golf. Bei der alljährlichen Geburtstagsparty, die Herr Murtens veranstaltete, konnten die eingeladenen Kollegen einen Swimmingpool im Garten bewundern. Robert Knöpfer blickte mich intensiv an »Wenn er nicht im Lotto gewonnen hat und unser Verdacht stimmt, verhält er sich sehr unklug, wenn nicht geradezu dumm. Was meinen Sie?«

»Manche Leute genießen es, beneidet zu werden«, hielt ich mich bedeckt.

»Was geschieht nun? Ich habe noch nie einen Detektiv beauftragt. Wie ist die Vorgehensweise?«

»Als Erstes würde ich eine Observation durchführen, um Herrn Murtens Tagesablauf kennenzulernen: Mit wem trifft er sich, wer sind seine Freunde, gibt es Besonderheiten in der Familie, wie sieht sein finanzieller Status aus? Wenn wir in dieser Phase beispielsweise feststellen, dass er sich mit Mitarbeitern von Firmen trifft, die bei Ihnen unter Vertrag stehen, erhärtet sich der Anfangsverdacht, dass Schmiergeldzahlungen geleistet wurden.«

»Das hört sich gut an, aber das sind doch noch keine Beweise, oder?«

»Nein, die würden wir in der nächsten Phase beschaffen, wenn wir uns die Kontakte von Herrn Murtens genauer ansehen.«

»Gelten diese Beweise vor Gericht?«, erkundigte sich Herr Knöpfer. »Also, falls Herr Murtens gegen seine Kündigung klagt.«

»Selbstverständlich. Seriöse Detektive mit gutem Leumund sind anerkannte Zeugen. Das Material, das wir Ihnen nach unseren Ermittlungen übergeben werden, enthält Berichte, Fotos, Videos.«

Herr Knöpfer nickte. »Ja. Ja, das hört sich gut an. Und wie lange dauert das?«

»Für die Observation würde ich vier Wochen veranschlagen, für die Ermittlungen im Anschluss zwei Wochen.«

Robert Knöpfer stand auf. »Dann machen wir das doch so. Wenn Sie mir Ihren Vertrag zusenden wollen, werde ich ihn umgehend unterzeichnen.« Er reichte mir die Hand und drückte kräftig zu, womit er erneut seine Tatkraft unter Beweis stellte. Zumindest in Deutschland. In Asien wäre ein solcher Händedruck unhöflich. Da berührt man sich nur sanft. Die Beurteilung einer Situation ist immer abhängig von den Gegebenheiten.

Die Zielperson im Netz

Einen solchen Auftrag kann ich nicht ohne Unterstützung bewältigen. Die Zeiten, in denen ich allein loszog, sind lange vorbei. Heute habe ich viele Mitarbeiter mit speziellen Fähigkeiten, die ich zu Teams zusammensetze. Ich kenne jeden Einzelnen genau, weiß über seine Qualitäten Bescheid und wähle mit Bedacht aus, wen ich wofür einplane. Habe ich es beispielsweise mit betrügerischen Anlageberatern zu tun, brauche ich einen Zahlenspezialisten, der sich in der Finanzwelt auskennt. Ermittle ich in Handwerkerkreisen, ist ein Mann aus dem entsprechenden Fachbereich von Vorteil. Manchmal kommt es auf das Charisma eines Ermittlers an, manchmal muss jemand ein gewisses Alter haben, um seriös zu wirken. Auch Charaktereigenschaften sind ein Kriterium. Es gibt Fälle, bei denen ist vor allem Spontaneität gefragt, bei anderen ist es Einfallsreichtum oder Schlagfertigkeit. Und außerdem spielt die Optik eine große Rolle, vor allem bei weiblichen Ermittlern. Attraktive Frauen erhöhen die Erfolgsaussichten, denn um vor ihnen zu protzen, vergessen viele Männer jede Vorsicht. Im Lauf der Jahre habe ich ein kunterbuntes kompetentes Netzwerk aufgebaut und kann in kurzer Zeit den richtigen Partner für eine Aufgabe akquirieren. Den Plan, die Strategie gebe allein ich vor. Um eine passende Legende, also eine erfun-

dene Biografie zu etablieren, mit der ich meine wahren Absichten
verschleiere, recherchiere ich zuerst – und da gehe ich nicht anders vor als die meisten Menschen: Ich google meine Zielperson
und überprüfe ihre Profile in den gängigen sozialen Netzwerken
wie Xing, LinkedIn, Facebook, Twitter etc. Obwohl ich es doch
längst weiß, bin ich immer wieder erstaunt, wie viel andere über
sich preisgeben. Das Internet ist nicht nur für Detektive und Kriminelle eine Fundgrube, sondern auch für Arbeitgeber, Behörden, für jeden, der sich einen Eindruck über eine Person verschaffen will. Und obwohl das alle wissen, reagieren die wenigsten mit Vorsichtsmaßnahmen. Einmal abgesehen von den
Häkchen an den richtigen Stellen, um auf Social-Media-Plattfor-
men vor Zugriffen durch Leute, die man nicht kennt, geschützt
zu sein, plappern viele Leute alles aus. Wo sie waren, was sie gemacht haben, was sie tun werden, was sie toll finden. Ich muss
Ihnen das hier nicht erklären. Aber ich würde vorschlagen, dass
Sie sich mal eine Stunde Zeit zum Surfen nehmen und dabei
überlegen, was Sie mit den Informationen, die Sie dabei über andere erhalten, anstellen könnten. Ja, anstellen. Dass man nicht auf
Facebook posten sollte, von wann bis wann man in Urlaub ist,
um keine Einbrecher anzulocken, rät mittlerweile auch die Polizei. Doch Sie können noch weit mehr herausfinden, wenn Sie
durch das Auge eines Detektivs blicken: Ihre Zielperson ist beispielsweise Mitglied in einem Tennisverein. Das wäre ein Ansatz-
punkt. Man könnte jemanden dort einschleusen. Die Person
sammelt Uhren. So könnte man ins Gespräch kommen – und so
weiter. Und dann schauen Sie sich bitte einmal Ihren eigenen Internetauftritt an und versuchen, ihn zu beurteilen, als gehörte er
zu einer fremden Person. Was erfahren Sie? Was davon möchten

Sie wirklich mit der Öffentlichkeit teilen? Und wo wäre es vielleicht klüger, ein Bild, einen Kommentar zu löschen? Es kann gut
sein, dass Sie jetzt noch alles so belassen wollen. Doch am Ende
dieses Buches werden Sie wohl einige Korrekturen vornehmen,
weil Sie verinnerlicht haben, wie gefährlich es sein kann, Spuren
im Netz zu hinterlassen. Manche Leute entgegnen auf meine
Warnung: »Aber wer soll mir denn schon was wollen? Bei mir ist
nichts zu holen. Ich halte mich an Gesetze, mein Leben ist total
langweilig.« Dann erinnere ich sie daran, dass das Internet nichts
vergisst: »Das mag der Status von heute sein. Doch in fünf Jahren
könnten Sie Feinde haben.«

»Das kann ich mir nicht vorstellen.«

Ich wundere mich manchmal, wie wenig kriminelle Fantasie
viele Menschen haben, sobald es um ihr eigenes Leben geht.
Dabei werden im Fernsehen doch fast nur Krimis gezeigt.

»Sie könnten überraschend zu Geld kommen, was Neider auf
den Plan ruft. Sie könnten in einen Verkehrsunfall verwickelt
werden, der die Wut anderer auf Sie lenkt. Ein Kollege könnte
Ihnen das Leben zur Hölle machen. Oder wildfremde Menschen, die Sie gar nicht kennen. Manchmal können einen
Fremde nicht leiden, und man ahnt nichts davon. Man steht
beispielsweise fremden Interessen im Wege. Es könnte jemandem nicht passen, dass Sie in Ihrer Wohnung leben, weil das
seine Pläne durchkreuzt. Um das zu ändern, kann das Internet
schnell Material liefern, und es kann sehr ungemütlich werden.
Außerdem laufen auch eine Menge Verrückte, Kriminelle,
schräge Vögel da draußen herum.«

»Ach, so ist das.«

»Ja, genau so ist das.«

Gefahr-Radar

- Stellen Sie Ihr Gefahr-Radar scharf. Wählen Sie eine höhere Empfindlichkeit bei den Sicherheitseinstellungen, gerade in Bezug auf Informationen, die Sie posten. Denn sonst werden Sie womöglich zum Fisch, der im Netz von Betrügern zappelt. Höchste Vorsicht sollten Sie beim Chatten walten lassen. Auch wenn es so wirkt: Es ist nicht »privat«.
- Aktivieren Sie vor jedem Internetbesuch Ihr Gefahr-Radar.
- Lernen Sie, sichere von unsicheren Seiten zu unterscheiden.
- Geben Sie niemals persönliche Daten oder gar Bankverbindungen preis, wenn Sie nicht überzeugt davon sind, sich auf einer seriösen Seite zu befinden.
- Behalten Sie Ihren Arbeitgeber für sich.
- Updaten Sie die Sicherheitseinstellungen Ihres Computers regelmäßig.
- Treffen Sie auch mal Menschen zu einem persönlichen Gespräch. Lassen Sie uns mal davon ausgehen, dass sie nicht verwanzt sind und Sie frei sprechen können ...

Ich habe natürlich auch jenseits des Internets Quellen und Möglichkeiten, wie ich an Informationen komme, denn selbstverständlich verlasse ich mich nicht allein auf digitale Quellen. Zumal dort nicht unbedingt die Wahrheit zu finden ist. Jeder kann alles über sich erzählen. Meiner Einschätzung nach ist ein Drittel der Informationen korrekt. Herr Murtens postete wöchentlich mehrmals auf Facebook. Ich sah ihn mit verschiedenen

Autos, er spielte häufig Golf und reiste gern, vor allem in italienische Städte. Nun, das konnte ich verstehen. Ich liebe Italien und genieße die Fahrt über den Brenner. Je komplizierter ein Fall scheint, desto länger fahre ich mit dem Auto. Unterwegs entwickle ich meine Strategien.

Was ich in relativ kurzer Zeit über Herrn Murtens erfuhr, zeigte mir, dass er sich sicher fühlte. Zu sicher. Sollte sich Herrn Knöpfers Verdacht bewahrheiten, betrog Herr Murtens sein Unternehmen vielleicht schon seit vielen Jahren. Die Erfahrung zeigt, dass Betrüger spätestens, wenn die Gier sie packt, Fehler machen. Es sah ganz danach aus, als wäre dies bei Hans-Peter Murtens der Fall. Denn sein Lebensstandard, die vielen geposteten Fotos aus teuren Lokalen, das Reitpferd, der Swimmingpool, das alles passte nicht zu seinem Einkommen. Vielleicht wurde ihm der Betrug aber auch leicht gemacht. Es war womöglich ein Relikt aus den Zeiten seines Vorgängers, da Herr Murtens über die Auftragsvergabe allein entschied. Wenn dies im Team geschehen würde, wenn mehrere Mitarbeiter dafür verantwortlich wären, könnte so etwas kaum passieren. Ausgeschlossen war es nicht, doch das Risiko wäre minimiert. Ich vermutete, dass Herr Knöpfer ein solches System nach dem Ausscheiden von Herrn Murtens einführen würde. Doch zuerst einmal musste der unliebsame Mitarbeiter überführt werden.

Menschen sind bestechlich, weil sie gern einen Vorteil für sich in Anspruch nehmen. Um das einzudämmen, wäre es nötig, seine Mitarbeiter gut zu entlohnen. Wer sich gut bezahlt fühlt, betrügt weniger.

Die Legende

Manchmal, wenn ich gefragt werde, wie ich eine Legende für einen bestimmten Fall entwickle, sage ich: »Ich verdunkle alle Räume, setze mich in einen bequemen Sessel und denke nach.«

Es macht mir Spaß, mit den Klischees der Detektivwelt zu spielen. Doch in diesem Buch sage ich die Wahrheit, und die sieht so aus, dass ich Auto fahre. Meine Blicke gleiten über die Landschaft. An roten Ampeln wartend beobachte ich Passanten. Dort drüben die Frau mit dem Kinderwagen … Eine Idee nimmt Gestalt an, ich spreche sie in mein Diktiergerät und fahre weiter. Da sehe ich einen Briefträger. Ich stelle eine Verbindung zu der Frau mit dem Kinderwagen und der Bäckerei an der nächsten Ecke her, und so setze ich das Puzzle aus inneren und äußeren Bildern zusammen, um mir die Vorwände auszudenken, die ich benötige, um mich meiner Zielperson zu nähern. Kilometer für Kilometer entsteht eine Legende. Es kristallisiert sich heraus, wie und mit welchem Team ich den Einsatz starten und wie ich den Kontakt zur Zielperson aufbauen werde.

Heute gehört die Planung zu meinen Lieblingstätigkeiten. Es macht mir Freude, aus dem Puzzle der Informationen ein Bild zu bauen oder besser gesagt ein Netz zu knüpfen, in dem sich die Zielperson verfangen soll. Ich spüre genau, ob eine Idee gut ist. Es ist wie eine geheimnisvolle Choreografie, wenn plötzlich alle Figuren aus dem Schleiertanz harmonieren und ich eine wasserdichte Legende vor meinem inneren Auge sehe. Es kann aber auch vorkommen, dass nichts zu passen scheint. Dann schiebe ich Ideen hin und her, und das ist kein gutes Zeichen, denn wenn ich schon Schwierigkeiten mit der Legende habe, werde ich womöglich auch im Fall Probleme bekommen. In 10 Prozent der Fälle steigt eine Zielperson nicht auf den Vorwand ein, eine Legende funktioniert nicht oder wird aufgedeckt. Denn ich spiele das Spiel ja nicht allein. Betrüger sind in der Regel vorsichtig, viel vorsichtiger als unbescholtene Bürgerinnen und Bürger. Der Zufall kann meiner Zielperson dabei helfen, mir aus dem Netz zu schlüpfen. Es gibt viele Unwägbarkeiten, das macht meinen Beruf so spannend. Die perfekte Legende ist jedoch immer die Basis. Und natürlich muss ich doppelt so gut sein wie mein Gegenspieler, der auch mit einigen, wenn auch nicht mit allen Wassern gewaschen ist. Platzt die Legende, ist der Auftrag gescheitert. Es gibt keinen zweiten Versuch oder erst nach langer Zeit – mit einer neuen Legende.

Herrn Murtens in seiner gewohnten Umgebung auf den Zahn zu fühlen, barg viele Risiken. Er könnte rasch misstrauisch werden. Da er gern privat verreiste – von Herrn Knöpfer wusste ich, dass er freitags oft nicht im Büro war, um ein verlängertes Wochenende zu verbringen –, beschloss ich, den Kontakt zu ihm während eines solchen Kurztrips zu initiieren. Im Urlaub würde er unvorsichtiger sein, so ist es häufig. In Italien, wohin die Reise hoffentlich führen würde, wäre er privater, ansprechbarer, würde nicht so rasch mit einer Falle rechnen. Und weil er gern nach Italien fuhr und ich dort länger nicht mehr gewesen war, entschied ich, die Observation selbst zu übernehmen. Früher liebte ich den Außendienst. Ich fand es grandios, zu observieren. Es beflügelte mich, den Leuten hinterherzufahren, ihnen nachzugehen, ohne bemerkt zu werden. Ich bin in meinem Leben Tausende von Stunden im Auto vor Gebäuden gesessen und habe gewartet. Ich bin Hunderttausende von Kilometern hinter anderen hergefahren. Das hat keinen Reiz mehr für mich. Vielleicht hat diese Veränderung weg vom Außendienst hin zur strategischen Planung auch etwas mit dem Alter zu tun. Heute plane ich lieber. Dabei fühle ich mich wie ein Regisseur. Und ganz besonders zufrieden bin ich, wenn mein Plan aufgeht. Es ist dann jedes Mal ein bisschen wie in der amerikanischen Action-Serie *Das A-Team* aus den 1980er-Jahren, wenn Hannibal, der Anführer des Teams, an seiner Zigarre sog und den Satz sagte, der mir aus dem Herzen spricht: »Ich liebe es, wenn ein Plan funktioniert.«

Nachbarn sind die besten Informanten

Ich startete die Observation mit Sven, einem langjährigen Weggefährten, mit dem ich viele Fälle gelöst habe. Sven ist Mitte dreißig. Sollte die Zielperson in den Norden fahren, würde ich ihm einen Kollegen zur Seite stellen und selbst im Innendienst bleiben. Da gab es genug anderes zu tun – meistens laufen mehrere Fälle parallel. Ich beauftragte Sven damit, in Erfahrung zu bringen, wann Herr Murtens den nächsten Kurztrip plante. Es gibt mehrere Möglichkeiten, das herauszufinden. Am nächstliegenden war es, die Nachbarin der Familie Murtens zu oberservieren. Sven bekam in kurzer Zeit bei einem netten Pläuschchen im Warengang Tierfutter eines Supermarktes heraus, dass die Nachbarin am kommenden Wochenende die Katze der Murtens füttern würde. Den Namen erwähnte die Frau natürlich nicht, doch es war zweifellos klar, wen sie meinte. Sie erzählte

Sven, dass sie selbst keine Katze habe, sondern ein paar Leckerchen für die Nachbarskatze kaufen wollte, die sie gelegentlich hüte.

»Ach, jetzt gab es ja so viele Brückentage, da fahren die Leute oft weg«, sagte Sven, der Katzen nicht ausstehen kann und sich in diesem Gespräch als einer der größten Katzenfreunde unter der Sonne gab.

»Meine Nachbarn machen oft ein verlängertes Wochenende. Am Donnerstag fahren sie wieder los. Aber wissen Sie«, Frau Bauer beugte sich vor: »Das ist mir nur recht. Die Lilli ist so ein süßes Kätzchen. Wenn mein Mann nicht dagegen wäre – ich hätte mindestens zwei.«

Wohin genau die Murtens fuhren, wusste Frau Bauer nicht, doch sie war sich sicher, dass es nach Italien gehen sollte, weil Frau Murtens einen Italienischkurs an der Volkshochschule besuchte, was Frau Bauer albern fand: »In dem Alter!«

Alle Informationen deckten sich mit unseren Observationsergebnissen. Denn Sven und ein weiterer Mitarbeiter hatten Herrn Murtens einige Tage observiert und ihn für uns gläsern gemacht. Wir kannten viele seiner Gewohnheiten, seinen Tagesablauf und einige seiner Freunde. Bisher hatten wir aber noch nichts gefunden, was den Verdacht der Bestechlichkeit erhärtete. Wir waren ihm aber auch noch nicht auf die Pelle gerückt. Wir befanden uns noch immer in Phase eins – der Observation.

⚡ Gefahr-Radar ⚡

Vorsicht, Nachbarn! Was wissen Ihre Nachbarn von Ihnen? Was könnten sie ausplaudern, ohne es zu merken? Wie gehen Sie mit Informationen über sich auch außerhalb des Internets um? Es lohnt sich, darüber einmal nachzudenken! Beobachten Sie sich selbst bei einem Gespräch mit Ihren Nachbarn, und hören Sie sich dabei zu. Was verraten Sie?

Und: Was wissen Sie über Ihre Nachbarn? Was könnte Ihnen bei einer geschickten Befragung versehentlich herausrutschen? Für Kriminelle und Detektive sind Nachbarn die beste Informationsbörse.

Observation ist ein Knochenjob

Im Auto sitzen und warten. Was soll daran anstrengend sein? Wer das denkt, hat noch nie observiert. Es ist ein Knochenjob. Wir sind oft zu zweit: Einer beobachtet, der andere kann schlafen oder was auch immer tun – lesen, Videospiele, Sudoku – dann wird gewechselt. Man steht 50 bis 100 Meter vom Objekt entfernt und lässt es nicht aus den Augen. Es gibt wenig, das mehr ermüdet. Es ist heiß im Wagen, stickig. Draußen 30 Grad, Hochsommer. Die Fenster müssen geschlossen bleiben. Saunagefühl breitet sich aus. Es ist extrem unangenehm, am Sitz zuerst festzukleben und dann abzurutschen. Oder es regnet, und die Scheiben beschlagen. Frost ist auch nicht besser. Am schlimmsten ist es, wenn man zur Toilette muss, aber nicht aussteigen kann, weil jemand aus dem Fenster starrt oder in seinem Garten stundenlang Unkraut jätet. Manchmal gehen die Getränke aus, und die Wasservorräte befinden sich im Kofferraum. Aussteigen ist, wie gesagt, nicht möglich, um Deckung zu halten. Man trinkt ohnehin nur sehr wenig, weil man eben nicht müssen möchte. Aber wenn man schwitzt, hat man großen Durst. Nein, Observieren ist kein Urlaub. Manchmal steht man zehn, zwölf Stunden vor einem Objekt und nichts passiert. Die längste Observation meines Lebens dauerte 18 Stunden. Ich hatte um sechs Uhr morgens begonnen, und die Zielperson verließ erst 18 Stunden später, um 24 Uhr, das Haus. Da musste ich natürlich dranbleiben. Bei einer Observation gibt es oft auch Fehlalarm. Endlich, die Tür geht auf, die Zielperson erscheint … und trägt nur den Müll heraus oder kauft eine Zeitung. Jedes Mal schießt das Adrenalin durch den Körper – und dann war es doch nichts. Auch das ist sehr anstrengend. Und man muss immer aufmerksam bleiben, auch wenn sich nichts rührt. So wartet man Stunde um Stunde. Da kann es schon mal passieren, dass man kurzzeitig in eine Art Sekundenschlaf fällt und etwas Entscheidendes verpasst. Das ist mir in meiner Karriere zwei Mal passiert. Das eine Mal war mir äußerst peinlich. Mein Auftraggeber rief mich an und fragte nach der Zielperson. Ich antwortete: »Sie ist noch in ihrer Wohnung.« Da musste ich hören: »Nein, sie hat soeben ihr Büro betreten.«

Wer observiert, erregt womöglich Aufsehen. Irgendjemand ruft die Polizei. »Sie, da steht so ein Auto mit zwei Männern vor dem Haus, und die steigen nicht aus.«

Um das zu vermeiden, gibt es in unserem Fahrzeugpool viele Wagen mit verdunkelten Scheiben sowie Kombis und Lieferwagen. Da kann man auch relativ bequem ein Nickerchen halten. Zum anderen haben wir eine Reihe von Magnetschildern, die wir an den Autos befestigen, die unsere Anwesenheit erklären. *Pflegedienst Ulrich, Fahrschule Sonnenberg, Hausmeisterei, Kanalreinigung Nicol* und so weiter. Bewährt hat sich die Magnettafel *Verkehrszählung*. So etwas gibt es nicht, aber es macht einen offiziellen Eindruck und erklärt auch eine längere Anwesenheit.

Trotzdem klopft manchmal ein Polizist an die Scheibe. Ich sage, auch wenn kein Schild am Wagen klebt: »Hier soll ja die Straße verbreitert werden. Wir zählen das Verkehrsaufkommen.« Selbstverständlich liegen entsprechende Unterlagen mit Tabellen im Fahrzeug. Damit geben sich die Polizisten in der Regel zufrieden. Ihnen geht es nur darum, dem Hinweis eines Anrufers gefolgt zu sein. Sie müssen nicht genau wissen, was wir machen, sie überprüfen lediglich, ob wir eine Gefahr für die Allgemeinheit darstellen. Aber wir sind harmlos, was sie an unserem entspannten Verhalten ablesen. Würden wir etwas im Schilde führen, wären wir nervös. So melden sie der Person, die uns angezeigt hat, dann auch: »Alles in Ordnung.« Hilfreich ist es, einen Presseausweis zu besitzen. Journalisten sind häufig mit Recherchen beschäftigt und interessieren sich für alles. Sie können Vögel, Passanten, Autos beobachten, alles ist für eine Story gut. Kurzum: Mit ein bisschen Fantasie ist schnell ein Vorwand gefunden, warum man nicht aus dem Wagen aussteigt, sondern etwas beobachtet. Nun fragen Sie sich vielleicht, warum ich der Polizei nicht sage, was ich da mache. Das ist ja nicht strafbar, und Detektiv zu sein heißt, einen legalen Beruf auszüben. Das liegt daran, dass die Polizei denjenigen, die mich angezeigt haben, Meldung macht. Nun könnte es ja sein, dass mich meine Zielperson angezeigt hat. Oder jemand, der mit ihr in Kontakt steht. Oder der Zufall lässt die Legende platzen, wenn der eine Nachbar im unverbindlichen Gespräch mit dem anderen von seinem Anruf bei der Polizei erzählt. Kritisch ist es immer, wenn man in der Nähe von Kindergärten oder Schulen observiert, da muss man mit einer Anfrage der Polizei rechnen. Wichtig ist es, den Vorwand weit weg vom eigentlichen Fall zu halten, vor allem, wenn ich mich doch einmal als Detektiv zu erkennen gebe, was in der Nähe von Kindergärten manchmal erforderlich ist. »Ich stehe hier, weil ich eine Frau beobachte, die ihren Mann betrügt.« Bei Polizisten stoße ich damit sofort auf Verständnis. Würde mich eine Polizistin fragen, wäre der Ehemann der Betrüger. Niemals gebe ich meinen tatsächlichen Auftrag preis. Im Kontakt mit der Polizei bin ich freundlich und ruhig. Die meisten Menschen fühlen sich in so einer Situation unwohl. Da genügt es, wenn ein Streifenwagen hinter ihnen herfährt, und schon erhöht sich ihr Puls. Sie kontrollieren den Tacho und überlegen, ob und wo sie eine Warnweste an Bord haben. Und wenn die Polizei dann auch noch etwas wissen will, werden sie ganz schnell nervös. Das liegt oft daran, dass sie keine Ahnung haben, was ein Polizist eigentlich darf: nämlich nichts. Auf die Frage, was man hier vor diesem Gebäude mache, müsste man nicht einmal antworten. Ohne Grund darf ein Polizist keine Personenkontrolle durchführen – außer an bestimmten öffentlichen Plätzen wie zum Beispiel Bahnhöfen. Doch scheinbar verleiht ihnen die Uniform Macht, und viele

Menschen lassen sich davon beeindrucken. Selbstverständlich beantworte ich die Fragen der Polizisten, denn ich will sie ja schnell wieder loswerden. Und ich würde auch meinen Personalausweis auf Anfrage zeigen und keine Diskussion anfangen, ob die Beamten den Ausweis überhaupt verlangen dürfen. Da steht nichts über meinen Beruf. Ich könnte wirklich Journalist sein oder Verkehrszähler oder was auch immer.

Für die Observation von Herrn Murtens nutzte ich einen Kombi mit abgedunkeltem Heck. Da viele Leute im Morgengrauen in den Urlaub aufbrechen, legte ich den Beginn der Observation auf drei Uhr morgens. Sven und ich mussten nur drei Stunden warten. Die Nacht wurde allmählich grau, dann durchsichtig, und schon begann der erste Vogel zu singen. Schnell gesellten sich andere Stimmen hinzu und zwitscherten die Morgendämmerung herbei. Ich saß im Wagen und hörte mir dieses Konzert an. Wie friedlich es in der Straße war. Kein einziges Auto fuhr vorbei, und die Menschen hinter den Fenstern schliefen. Auch Sven schlief. In diesem Moment war ich genau am richtigen Ort. Ich mag es, wenn ich nicht weiß, was geschehen wird. Trotzdem bin ich vorbereitet. Das Auto ist vollgetankt, Proviant liegt bereit, Kleidung für jeden Anlass befindet sich im Kofferraum. Das Abenteuer kann beginnen.

Es geht los!

Um kurz nach sechs Uhr in der Früh fuhr das elektrische Garagentor bei den Murtens nach oben, und Herr und Frau Murtens verließen ihr Anwesen, das von außen wegen einer dichten Hecke schwer einzusehen war. Ich ließ den Motor an, Sven schlängelte sich von hinten auf den Beifahrersitz. »Geht's los?«

»Sieht so aus«, erwiderte ich.

Sven griff zum Handy. Je nachdem, welchen Fahrstil Herr Murtens an den Tag legen würde, bräuchten wir ein zweites Fahrzeug. Einen energischen oder aggressiven Fahrer würden wir sonst vielleicht verlieren. So etwas wollte ich nicht riskieren. Doch Herr Murtens hielt sich an die vorgegebene Geschwindigkeitsbegrenzung, sein Fahrverhalten war entspannt. Sven gab den Kollegen in Bereitschaft Bescheid. Die Straßen waren noch leer. Ich ließ einen großen Abstand zu Herrn Murtens silberfarbenem Porsche Panamera, zumal er die Richtung zur Salzburger Autobahn A 8 eingeschlagen hatte. Über Innsbruck führt sie zum Brenner.

Einem anderen Wagen zu folgen, in dem jemand sitzt, der mit so etwas rechnen muss, erfordert Erfahrung, Intuition und fahrerisches Können. Wie ich eingangs erwähnte, werden Sie es wahrscheinlich nicht merken, wenn Ihnen jemand nachfährt. Doch die Leute, die ich beschatte, schauen in der Regel öfter in den Rückspiegel, weil sie wissen, dass sie nicht legal handeln. Außer sie fühlen sich zu sicher. Das wird ihnen dann zum Verhängnis, früher oder später. Im Fall Murtens hatte ich einen großen Vorteil auf meiner Seite. Da Herr Murtens auf dem Weg in den Urlaub war, würde er sich hoffentlich privater fühlen als werktags und sicherer, falls er überhaupt beunruhigt war. Murtens schien nicht zu ahnen, dass er in Verdacht geraten war.

Auch bei einer Observation sollte man sich an die Regeln der Straßenverkehrsordnung halten. Denn wenn man bei Rot über eine Ampel rast und von einer Verkehrskontrolle angehalten wird, werden die Beamten wenig Verständnis dafür aufbringen, dass man jetzt keine Zeit habe und schnell weitermüsse, weil man sich in einer Observation befinde. Das oberste Gebot lautet: unauffällig verhalten. Das gilt für einen Detektiv in jeder Lebenslage. Also fährt er unauffällig und benutzt unauffällige Autos. Bloß nichts Protziges! Es müssen Fahrzeuge sein, die im Straßenbild häufig zu sehen sind. Grau metallic ist bunten Farben vorzuziehen. Niemals knallrot. Auch leuchtendes Grün, Blau, Gelb sind tabu. Und selbstverständlich alle Marken, die so wunderbar ins Detektiv-Klischee passen wie Ferrari, Lamborghini, Corvette und Konsorten. Golf, Passat, BMW bis zur 5er-Reihe, Audi bis A4 oder Mercedes C und E liegen hier gut im Rennen. Wann immer es möglich ist, oberservieren wir mit Motorrädern, da sind wir wendig und schnell.

Im Stadtverkehr fällt es nicht auf, wenn man dicht an das Vorderauto heranfährt, das ist normal. Nähert man sich Ampeln, bleibt man dran, um nicht bei Rot anhalten zu müssen. Nachts auf der Landstraße schaltet man das Licht hin und wieder aus, damit der Verfolgte nicht auf die Idee kommt, verfolgt zu werden. Bei einer Observation mit Fahrzeug muss man stets die

Örtlichkeiten im Kopf haben. Wo könnte die Zielperson abbiegen? – und darauf vorbereitet sein. Gibt es keine Abbiegemöglichkeiten, kann ich mich zurückfallen lassen. Gibt es viele, muss ich dicht dranbleiben. Sollte ein Fahrzeug »verbrennen«, so sagt man, wenn es entdeckt wird, muss ein zweites übernehmen. Und manchmal auch noch ein drittes.

Mit Herrn Murtens hatten wir leichtes Spiel. Zügig näherten wir uns dem Brenner. Wie gut, dass wir vorbereitet waren. Hätte Sven nicht mit der Nachbarin gesprochen, hätte uns das Ausland an diesem Donnerstagmorgen kalt erwischt. Mit Sven arbeite ich gern. Er ist ein sportlicher, smarter Typ, etwas jünger als ich. Ein Team sollte idealerweise aus verschiedenen Altersgruppen bestehen, da man in jedem Alter eine andere Wirkung hat und andere Gefühle auslöst, andere Vorwände glaubhaft benutzen kann. So hat man mehr Möglichkeiten. Ich arbeite schon seit einigen Jahren mit Sven und schätze seinen Erfindungsreichtum, mit dem er sich immer wieder aus brisanten Situationen herausmogelt. Zu den Eigenschaften, die einen guten Detektiv auszeichnen, komme ich später noch.

Murtens fuhr konstant 140 Stundenkilometer. Ich hielt 100 Meter Abstand, manchmal fiel ich zurück, ließ ein anderes Auto zwischen uns. Dann blinkte Murtens und verließ die Autobahn an der Raststätte Irschenberg, wo er den Parkplatz hinter der Tankstelle ansteuerte. Wir fuhren an ihm vorbei, stellten den Wagen in Deckung eines Lkws ab. Sven stieg aus und beobachtete, dass sich die Murtens mit zwei Paaren, wir vermuteten Ehepaare, in einem Mercedes ML AMG und Audi A8 trafen. Sie sprachen kurz miteinander, stiegen wieder in ihre jeweiligen Limousinen ein und fuhren weiter. Jetzt war die Observation für uns leichter, wir konnten mal dem einen, mal dem anderen folgen, denn offensichtlich hatten sie dasselbe Ziel.

Sven notierte die Kennzeichen, und als die drei Paare am Brenner erneut hielten, um etwas zu besprechen, fotografierte er sie und schickte die Bilder an Robert Knöpfer. Prompt kam die Antwort. »Diese Personen kenne ich nicht.«

Das war natürlich schade, aber um sicherzugehen, brauchte Herr Knöpfer die Namen, um sie mit der Lieferantendatei abzugleichen. Wie die Lieferanten aussahen, wusste er verständlicherweise nicht, und ihre Fahrzeugkennzeichen sagten ihm auch nichts. Diese würden wir später recherchieren.

Gefahr-Radar

Wenn ein Fahrzeug über einen langen Zeitraum hinter Ihnen fährt, egal, welches Tempo Sie vorlegen, sollten Sie testen, ob Sie verfolgt werden. Fahren Sie so langsam, dass Sie eigentlich überholt werden müssten. Geschieht das nicht, weichen Sie von Ihrer Route ab und überprüfen den Verdacht. Auf der Autobahn fahren Sie beispielsweise zweimal hintereinander eine Raststätte an. Der Verfolger ist noch immer da? Notieren Sie sein Kennzeichen und zeigen Sie den Vorfall bei der Polizei an.

Kurz vor dem Gardasee bog der Konvoi in Richtung Verona ab. Ich wünschte mir, das wäre unser Ziel, denn ich bin sehr gern in dieser Stadt. Das romantische Flair, die herrlich mittelalterlichen Häuser, die Piazza delle Erbe mit dem Brunnen der Madonna und nicht zuletzt die wunderbare Arena, in der ich mich um Jahrhunderte zurückversetzt fühle. Doch natürlich konnte unsere Zielperson Verona links liegen lassen und nach Mailand oder nach Rom weiterfahren oder die Fähre in Livorno, Genua nehmen. Vielleicht würden wir eine Woche im Auto verbringen, vielleicht wären wir heute Abend wieder zu Hause. So ist es immer, wenn man zu einer Observation aufbricht. Man weiß nicht, was geschieht, wohin die Reise führt. Der Konvoi um unsere Zielperson fuhr ins Zentrum von Verona und parkte vor einem Fünfsternehotel, wo die drei Paare ihre Fahrzeuge und das Gepäck dem Personal überließen.

»Die Namen«, schickte ich Sven los.

Er schnappte sich sein Jackett und stieg aus, zog es im Gehen über sein T-Shirt. Ich vermutete, dass Murtens und seine Freunde reserviert hatten. Am Empfang würden sie ihre Namen nennen. Wenn Sven Glück hatte, würde er sie hier schon herausbekommen, wenn er Pech hatte, musste er sich etwas einfallen lassen.

Fünf Minuten später kehrte Sven zurück. An seinem Grinsen konnte ich ablesen, dass er die Namen hatte.

»Berger und Klaas«, gab ich sie per SMS an Herrn Knöpfer weiter.

»Geben Sie mir eine Viertelstunde«, bat mein Auftraggeber mich. Nach 13 Minuten teilte er mir mit: »Volltreffer! Die Herren stehen beide unter Vertrag bei uns. Eine Trockenbaufirma, eine Schreinerei.«

»Das ist ein Anfang«, sagte ich.

»Und wie gehen Sie jetzt vor?«, fragte Herr Knöpfer. »Wir brauchen einen handfesten Beweis.«

»Wir checken ebenfalls ein«, sagte ich.

»Ich schicke Ihnen eine Mail mit der Bestätigung der Kosten-übernahme«, erklärte Robert Knöpfer ungefragt.

Ehe wir das Hotel zu zweit betraten, zogen wir uns in einer Seitenstraße um. Wir wollten schließlich nicht auffallen. Zum Glück genügt heute ein Jackett über einer ordentlichen Jeans, und weiße Turnschuhe sind im Sommer auch in Fünfsternehotels salonfähig. Aber natürlich hatten wir Garderobe für ein Dinner dabei und auch Outdoor-Klamotten. Unsere Zielpersonen konnten zu einer Wanderung aufbrechen, und da würden wir im Anzug auffallen. Jetzt im Sommer beanspruchte das Gepäck nicht allzu viel Platz, und wir hatten auch kaum technisches Equipment an Bord. Manchmal ist die Ausrüstung sehr umfangreich, und dann gibt es wenig Raum für anderes: Videokamera mit kleinem und großem Stativ, Greifarmstativ, das man beispielsweise um einen Baum wickeln und die Kamera im Blätterdickicht verstecken kann, sodass sie nicht auffällt, verschiedene Fotoapparate, kleine und große, mit Teleobjektiven, Weitwinkel, Nahwinkel. Ferngläser, Funkgeräte und weitere technische Ausrüstung. Das alles ist ziemlich teuer, und man muss auch immer ein Auge darauf haben. Und man muss oft viel schleppen, denn nicht jede Observation kann bequem vom Auto aus erfolgen.

Am Hotelempfang hörten wir, womit ich gerechnet hatte. Da wir nicht reserviert hatten, bekamen wir die teuersten Zimmer. Wir buchten uns für drei Tage ein. Sven hinterließ seine Kreditkarte. Er ist nicht offiziell als Detektiv gemeldet. Ich bleibe gern im Hintergrund.

Ein Hotelmitarbeiter begleitete uns zu unseren Zimmern. Während ich über den weichen Teppich des Flurs lief, erinnerte ich mich daran, wie aufregend ich ein solches Hotel früher gefunden hatte, als junger Detektiv, am Anfang meiner Karriere. Damals fiel ich bestimmt einigen Leuten auf, weil ich noch nicht wusste, wie ich mich in der knisternden Atmosphäre von Reichtum und Luxus bewegen sollte.

Deckmäntel des Detektivs

Bei meinen ersten Stippvisiten in die Welt der Schönen und Reichen machte ich eine Menge Fehler. Ich wusste beispielsweise nicht, zu welchem Gang welches Getränk harmonierte oder wie ich mit dem Personal sprechen sollte. Das Vokabular der Sterneküche war ein Buch mit sieben Siegeln für mich, und ich hatte keine Ahnung, wie die passende Kleidung für verschiedene Anlässe aussah. Also änderte ich das. Bei diversen Herrenausstattern ließ ich mir erklären, wann welcher Typ von Mann was trägt. Der Sportliche, der Akademiker, der Journalist, der Banker, der Sozialarbeiter und so weiter. Ich legte mir eine Grundausstattung zu, die im Lauf der Jahre ziemlich umfangreich geworden ist. Wie heißt es so schön: Kleider machen Leute. Und genau so ist es. Man schließt unbewusst vom Kleidungsstil auf die Herkunft, den Beruf, den Menschen. Es gibt allerdings auch Ausnahmen. Sehr reiche Menschen – und ich spreche hier nicht von Multimillionären, sondern von Milliardären – kleiden sich oft nachlässig. Sie treten in Jeans und T-Shirts an, die von der Stange kommen könnten. Doch wenn man ein Date mit so jemandem hat, darf man nicht den Fehler begehen, ebenso gekleidet aufzutauchen, außer man wäre in derselben Einkom-

mensklasse. Da ich daran noch arbeite, erscheine ich im Maßanzug und trage die entsprechenden Schuhe. Wenn ich die Person kenne, kann ich vielleicht auch sportlich-elegant auftreten
und auf die Krawatte verzichten. Krawatten sind ja prinzipiell
nicht mehr so angesagt, allerdings würde ich bei einem Vor-
standsvorsitzenden niemals ohne anklopfen.

Ein Barkeeper im Hilton Berlin weihte mich seinerzeit in einem
Crashkurs in die Welt der Cocktails ein. Er hatte einige interessante Thesen darüber, welche Charaktere welche Drinks bestellen. Heute weiß ich: Er hatte recht.

Ein guter Beobachter war ich schon immer. Ich schaute mir
ab, was ich wissen musste. Mimik, Gestik, Auftreten, Sprech-
weise. Schnell lernte ich den Unterschied im Verhalten von
Menschen mit geringem, normalem Einkommen, Wohlhaben-
den und Reichen. Jeder muss in seiner Sprache angesprochen
werden. Wenn ich bei einem Autowaschanlagen-Mitarbeiter
ohne Schulabschluss, der tagein, tagaus den Dampfstrahler bedient, daherkomme wie ein Akademiker, und ihn auch so anspreche, wird er mir keine brauchbaren Informationen geben.
Da brauche ich einen anderen Auftritt, vielleicht indem ich auf
eine Nobelkarosse deute und sage: »Wieder so ein Möchtegern,
wo das Fahrzeug geleast oder finanziert ist. Da steckt doch
nichts dahinter, was meinst du?« Ein Banker wird mir keine
wichtigen Informationen geben, wenn ich den Anschein er-
wecke, weit unter ihm zu stehen, was das Einkommen betrifft.
Deshalb ist es für die Informationsbeschaffung erforderlich,
wandlungsfähig zu sein, und nicht nur, was die Garderobe betrifft. Das gesamte Auftreten muss der jeweiligen Situation an-

gepasst werden. Es kommt vor allem darauf an dazuzugehören. Nicht aufzufallen. Innerhalb einer Stunde muss ich mich bei Kleinkriminellen und Großindustriellen wie ihresgleichen benehmen können.

Gelernt habe ich vor allem durch Fehler. Unvergessen ist mir mein erster Besuch in einem Gourmettempel. Ich wollte einer Frau imponieren und scheiterte bereits an der Weinkarte. Da nutzte ich die intensive Betreuung durch den Kellner zu einer Grundausbildung in Sachen Wein, was ich später noch mit Literatur vertiefte. Natürlich gab ich meine vollständige Ahnungslosigkeit nicht preis, sondern erklärte, dass ich nur selten Alkohol trinken würde. Wahrscheinlich hat mich der Kellner durchschaut. Er hat es sich nicht anmerken lassen. Informationsbeschaffung ist das Geschäft des Detektivs. Und dazu gehört extreme Kontaktfreudigkeit. Man darf keine Angst vor Menschen haben. Vor niemandem. Ich kann mich in einem Nachtclub, in dem die Unterwelt verkehrt, an einen Tisch mit fremden Leuten setzen und gehöre ebenso dazu, wie ich mich an der Bar eines Fünfsternehotels in New York, Berlin oder Paris mit fremden Geschäftsleuten unterhalten kann. Ich erfinde eine Geschichte und bin Teil von ihnen. Welcher Art die Geschichte ist, die Verpackung sozusagen, ist durch meinen jeweiligen Kleidungsstil sichtbar, der meine Legende widerspiegelt.

Probieren Sie es ruhig mal aus. Erfinden Sie sich neu und suchen Sie das Gespräch mit Fremden. Aber nicht im Internet, wo das so einfach ist. Schauen Sie dem Mann am Taxistand in die Augen und sagen: »Ich fahre nach Hause.« Obwohl Sie etwas anderes vorhaben. Erzählen Sie von Ihrem Sohn, obwohl Sie eine Tochter haben. Berichten Sie von Ihrem letzten Urlaub in

Schweden, obwohl Sie das Land nur aus den Krimis kennen. Erfinden Sie Ihre eigene Legende. Viel Spaß dabei! Ach ja: Sollten Sie auffliegen, dann ziehen Sie sich am besten mit einem fingierten Anruf aus der Affäre. Ihr Handy könnte vibriert haben. Sie müssen leider weg. Sofort.

Gefahr-Radar

- Achten Sie bei Ihrem Gefahr-Radar besonders auf Ihren persönlichen Eindruck. Ein Gefühl der Irritation kann ein erster wichtiger Hinweis sein, dass etwas nicht stimmt. Erhöhte Vorsicht ist geboten, auch wenn Sie nicht benennen können, weshalb. Vertrauen Sie Ihrer Intuition!
- Auf Dauer ist es nicht zielführend, wenn Sie immer vor Herausforderungen zurückschrecken. Wagen Sie auch mal etwas, das Ihnen auf den ersten Blick als eine Nummer zu groß erscheint. Keine Angst vor Fremden: Die kochen auch nur mit Wasser!

Kontaktaufnahme mit der Zielperson

Sven und ich bezogen unsere Zimmer und begannen nach einem gründlichen Orientierungsgang durch das Hotel mit der Observation. Erfreulicherweise teilten sich unsere Zielpersonen nur in zwei Gruppen auf. Es hätte auch sein können, dass die drei Paare drei verschiedene Unternehmungen planten. Während die Damen nach dem Mittagessen im Wellnessbereich des

Hotels verschwanden, trafen sich die Herren auf der Terrasse. Der Tisch neben ihnen war frei. Dort nahmen Sven und ich Platz. Wir bestellten, wie die Herren, Kaffee und redeten ebenso laut wie sie. Unterwegs hatten wir viel Zeit gehabt, unsere Legenden, die ich entworfen hatte, auszuprobieren und einzuüben. Sven verkaufte Motorbikes, ich besaß ein mehrstöckiges Haus, in dem ich Apartments an Studenten vermietete. Beide Legenden hörten sich solvent an und konnten für die drei Herren interessant sein, weil sie Abwechslung zu ihren Berufen in der Baubranche boten. Seine Legende muss man aus dem Effeff beherrschen. Man darf sich niemals verplappern, nicht ins Stottern geraten. Man müsste nachts aus dem Tiefschlaf gerissen werden können und auf die Frage nach dem Namen wie aus der Pistole geschossen den falschen nennen. Zu zweit würden wir auch mit der eher oberflächlichen Vorbereitung während der Fahrt zurechtkommen. Wir konnten uns ja gegenseitig unterstützen. Sven erzählte mir laut von dem Super Custom Bike, das seine Firma gerade baute und demnächst ausstellen würde. Ich erzählte ihm von dem neuen Hausmeister in meiner Apartmentanlage und dass ich in der letzten Woche drei Wohnungen neu vermietet hätte. So legten Sven und ich offen, wer wir waren. Natürlich hörten uns die drei Herren vom Nebentisch ein bisschen zu, so wie wir ihnen auch zuhörten – ein bisschen mehr als sie. Die drei unterhielten sich über Fußball, genauer: den 1. FC Nürnberg. Herrn Bergers Trockenbaufirma hatte ihren Sitz in der Frankenmetropole. Alle drei waren sie engagierte »Glubberer«, wie die Clubfans im fränkischen Dialekt heißen. Deutlich erkennbares Fränkisch sprach jedoch nur Herr Berger. Gerade mal ein Meter trennte unsere Tische.

Da bekam man allerhand mit. Sven und ich waren keine unbekannten Größen mehr für die Herren. Wir waren zwei Geschäftsleute aus Deutschland, etwas jünger als sie. Wir machten ihnen keine Angst. Sie packten uns in eine Schublade, die neutral war, vielleicht waren sie sogar ein wenig neugierig geworden, denn natürlich stellten wir uns interessant dar. Dann stand Herr Berger auf und ging Richtung Toiletten. Ich wartete einen Moment und folgte ihm. Herr Berger stand bereits am Becken. Seltsamerweise gab es in diesem edlen Hotel keine Trennwände zwischen den einzelnen Pissoirs. So standen wir nebeneinander, blickten beide an die gekachelte Wand, und ich sagte nach vorn: »So ist ja wenigstens Verona in der Hand der Glubberer.«

Herr Berger drehte den Kopf nach rechts. »Allmächd! A Glubberer?«

»Freilich«, erwiderte ich in leicht fränkischem Dialekt »Scho imma.«

»Und wo kommts ihr nachad her?«

»Jetzt gerade aus Augsburg«, log ich.

»Mia kumma aus Nürnberch«, sagte Herr Berger, was ich bereits an seinem KFZ-Kennzeichen gesehen hatte.

An den Waschbecken im Vorraum führten wir unser Gespräch fort. Zuerst über Fußball, denn mir war zufällig eingefallen, dass für den 1. FC Nürnberg am Wochenende ein wichtiges Spiel anstand. Wie so oft ging es beim Club um alles oder nichts. Das hatte ich vorhin in den Nachrichten im Autoradio gehört. »Ich wär dabei gwen, aba i konn ja meine Kumpls ned hänga lassn und unsa Ausflügle hamma scho länga ausgmacht.« Herr Berger schaltete den Heißlufttrockner neben dem Waschbecken ein und brüllte händereibend genau jene Information heraus, die Herr Knöpfer hören wollte. »Wir revanchieren uns bei am guden Freund, der uns öfter mal an Gfalln dud.«

Revanche. Gefallen. Guter Freund. Fragte sich, wer hier Grund zum Händereiben hatte. Jetzt musste ich nur noch herausfinden, wer von beiden die Rechnung bezahlte. Berger oder Klass. Und ich brauchte einen verwertbaren Beweis, nicht nur eine Mitteilung im Waschraum. Weiterplaudernd kehrten Herr Berger und ich zurück auf die Terrasse, und kurz darauf saßen Sven und ich am Tisch der drei Herren. Herr Klass stammte aus Würzburg, war aber in Hannover geboren und sprach hochdeutsch. Nachdem wir das Thema Fußball ausführlich erörtert hatten, wendeten wir uns dem nächsten zu: Autos und im Speziellen der Formel 1. Herrn Murtens Handy klingelte, auch Frau Klaas und Frau Berger baten ihre Männer in den Wellnessbereich, doch alle drei entschuldigten sich bei den Damen wegen ihrer wichtigen geschäftlichen Besprechung. Sven und ich mussten keine einzige Information erfragen, wir bekamen alles auf dem Silbertablett serviert. Dass sie seit vielen Jahren eng befreundet seien. Dass sie oft zusammen wegfahren würden. Dass Herr Murtens, also der Hans-Peter, ihnen hin und wieder einen Gefallen tue, und da revanchiere man sich doch gern unter Freunden. Als die Damen auftauchten, um die Herren persönlich abzuholen, verabschiedeten Sven und ich uns.

»Bleibts halt noch a weng«, lud uns Berger ein.

Frau Murtens lud uns in holprigem Italienisch aus. Dass wir Deutsche waren, störte sie nicht. Viele Italienisch-Sprachkursler vergessen ab dem Brenner ihre Deutschkenntnisse. Unüberhörbar währte Frau Murtens Sprachkurs an der Volkshochschule noch nicht allzu lange: »Il mio marito è andare con me adesso perque vacanze.«

»Jetzt komm mit, Erwin«, führte Frau Berger ihren Mann als Erste ab.

»Sì, sì, Chefin«, nickte er und zwinkerte uns zu.

⚡ Gefahr-Radar ⚡

- Halten Sie sich Fremden gegenüber bedeckt. Viele Menschen glauben, dass sie gerade bei Unbekannten im Urlaub keine Vorsicht walten lassen müssten, weil sie sie sowieso nie wiedersehen. Das ist richtig. Auch Herr Berger hat mich nur einmal gesehen. Nichtsdestotrotz zerstörte ich seine gute Geschäftsbeziehung zu seinem Kumpel Hans-Peter Murtens.

- Verinnerlichen Sie, dass auch ein unverbindliches Kennenlernen von langer Hand geplant sein kann. Seien Sie im Urlaub besonders vorsichtig.

- Überprüfen Sie Ihre Reflexe. Wenn jemand nett zu Ihnen ist, reagieren Sie wahrscheinlich ebenso. Doch das müssen Sie nicht. Sie müssen nichts von sich erzählen, nur weil der andere etwas von sich erzählt hat. Woher wollen Sie wissen, ob das alles stimmt? Es könnte alles auch ganz anders sein. Lassen Sie sich nicht aus der Reserve locken! Und glauben Sie nur, was Sie wirklich überprüft haben.

- Kontrollieren Sie Ihre Eigendarstellung. Manchmal ist es eine Art Selbstläufer, dass man gut dastehen möchte und deshalb zu viel von sich verrät.

- Das gilt auch, wenn Sie nichts zu verbergen haben und keine Schmiergeldzahlungen entgegennehmen, so wie Herr Murtens. Informationen sind der Beginn vieler krimineller Handlungen. Seien Sie sich darüber bewusst, was Informationen anrichten können. Behalten Sie die Kontrolle darüber, wem Sie was erzählen.

Erst das Vertrauen, dann die Information

In Hotels gilt meine besondere Aufmerksamkeit stets dem Servicepersonal. Was die Informationsbeschaffung betrifft, sind diese Menschen oftmals genauso hilfreich wie Nachbarn. Allerdings muss man sie konkret ansprechen, wenn man etwas wissen will. Und natürlich würde kein Angestellter eines Hotels auf eine Frage über einen anderen Gast einfach so Auskunft geben. Schließlich könnte diese Person von der Hotelleitung beauftragt worden sein, die Diskretion, die gerade in Fünfsternehotels großgeschrieben wird, zu überprüfen. Da würde auch kein Geldschein helfen. Letztlich bekommt man gewisse Informationen nur, wenn einem die Leute vertrauen und sie einen mögen. Deshalb sollte man zu jedem potenziellen Informanten frühzeitig ein Vertrauensverhältnis aufbauen. Ein netter Wortwechsel mit dem Liftboy, dem Concierge, dem Doorman und natürlich den Zimmermädchen. Auch Masseur, Fitnesstrainer und Barkeeper können Schlüsselrollen spielen. Mein Zimmermädchen war eine Frau Mitte dreißig, mollig, mit dichtem, schwarzem Haar, das sie zu einem Pferdeschwanz geflochten hatte. Er baumelte bis zur Taille herab. Ich sah sie schon beim Einchecken. Im Bad fehlten die Handtücher, denn das Zimmer war nicht reserviert und noch nicht komplett vorbereitet gewesen. Sie entschuldigte sich. Ich bot ihr eine Praline an. Kleine Geschenke habe ich immer im Gepäck. Meistens lasse ich sie schön verpacken. Das Zimmermädchen lachte, nahm die Schokolade, und wir kamen ins Gespräch. Wann immer sie mir künftig auf dem Flur begegnete, grüßte ich sie. Da Sven und ich viel im Hotel unterwegs waren, weil wir die drei Herren öfter heimlich fotografierten, waren wir bald schon alte Bekannte. Am zweiten Tag unseres Aufenthalts – unsere Zielpersonen waren nach dem Frühstück zum Shopping aufgebrochen, davor hatte man noch ein paar nette Worte gewechselt – fragte ich das Zimmermädchen, sie hieß Antonella, ob sie mir einen kleinen Gefallen tun würde. Sie riss die Augen auf. Ich lächelte sie an, reichte ihr einen Fünfzigeuroschein und erklärte: »Ich würde meinen Bekannten, Herrn Murtens«, ich nannte seine Zimmernummer, »gern einladen und ihm das Zimmer bezahlen. Aber ich befürchte, dass mir Herr Berger oder Herr Klass zuvorgekommen sein könnten. Ich möchte mir die Peinlichkeit ersparen, das zu erfragen. Ob Sie das wohl für mich herausfinden könnten?«

Antonella hatte mich am Morgen im Foyer im Gespräch mit den drei Herren gesehen, was mir nicht entgangen war, und glaubte meinem Vorwand. Sie überlegte, dann nickte sie und strahlte mich an. »Das steht auf der Liste. Ich schaue nach.«

Und weg war sie.

Sollte es so einfach sein? Manchmal löst sich alles wie von selbst. Und manchmal ist es äußerst schwierig, auch nur an den kleinsten Beweis zu kommen. Es ist immer wichtig, dass man andere nicht mit seinen Problemen belastet. Das möchte ich auch Ihnen mit auf den Weg geben: Wenn Sie etwas erfahren wollen, nehmen Sie den Druck aus Ihren Fragen heraus. Kreisen Sie das Thema ein. Suchen Sie sich einen Vorwand, warum Sie etwas wissen möchten. Das sollte stets ein positiver sein. Menschen helfen einem gern weiter, wenn man sie um etwas bittet, das ihnen gefällt. Und jemanden einladen zu wollen, ist doch eine ausgesprochen nette Geste.

Zehn Minuten später berichtete Antonella mir: »Si! Signore Berger.« Sie wechselte in ihr charmantes, weiches Englisch »Mr Berger, he paid everything. Six persons, three rooms. One bill.«

Ich bedankte mich bei Antonella. Als Sven und ich am nächsten Morgen auscheckten, hinterließ ich noch einen Schein für sie. Antonella hätte mir diese Information wahrscheinlich auch ohne Geld gegeben. Wichtiger als das Geld war ihr Vertrauen. Aber natürlich freute sie sich über die unerwarteten Einkünfte. Ich an ihrer Stelle hätte befürchtet, dass der Herr von der Hotelleitung gesandt worden war. Doch erfahrungsgemäß denken Menschen, die solche Jobs machen, nur selten darüber nach, was passieren könnte. Ich bin da anders. Ich behalte ständig im Blick, was wie passieren könnte. Und dabei fallen mir nicht unbedingt die positiven Dinge ein. So viel zur *déformation professionnelle* eines Detektivs.

Ein Detektiv lebt gefährlich

Insgesamt dauerten die Ermittlungen im Falle Murtens drei Wochen. Danach konnte ich eine umfangreiche Sammlung von Beweisen an Herrn Knöpfer übergeben, der umgehend Strafanzeige stellte. Neben Luxusurlaubsreisen, Einkäufen in Edelboutiquen und einem für seine Einkommensverhältnisse nicht angemessenen Fuhrpark entdeckte ich auch eine Ferienimmobilie in Frankreich. Die staatsanwaltschaftlichen Ermittlungen bezifferten später einen Schaden von rund fünf Millionen Euro. Herr Murtens kam in Untersuchungshaft. Dort wird er gegrübelt haben, was schiefgelaufen war. Ob er dabei jemals an seinen Aufenthalt in Verona und die nette Begegnung mit den beiden Herren aus Augsburg und München dachte, ist mehr als fraglich.

Oft jedoch wissen die Kriminellen, wem sie ihre Enttarnung zu verdanken haben. Ich sage auch häufig als Zeuge vor Gericht aus. Wenn die Angeklagten dann sehen, dass der vermeintliche Banker, Pilot, Vermieter von Apartments für Studenten in Wirklichkeit ein verdeckter Ermittler ist, verlieren sie oft die Fassung. Jetzt fangen sie an zu begreifen, warum sie aufgeflogen sind. Manche beschimpfen mich schon mal als das, weswegen sie selbst angeklagt sind: Betrüger!

Nicht selten führen meine Ermittlungen dazu, dass jemand nicht nur seinen Job verliert, sondern manchmal auch für lange Zeit ins Gefängnis wandert. Er büßt sein Ansehen ein, seine Familie wendet sich von ihm ab, nichts mehr ist, wie es einmal war. Kein Wunder, dass diese Kriminellen mich nicht weiterempfehlen würden. Im Lauf der Jahre habe ich zahlreiche Morddrohungen erhalten. Das ist nicht angenehm. Wenn ich gerade einen großen Fall abgeschlossen habe, nehme ich diese Drohungen durchaus ernster. Es gab Zeiten, in denen kontrollierte ich meinen Wagen, ehe ich einstieg, und schaute unterwegs sehr oft in den Rückspiegel. Mehrfach wurde ich oberserviert. Der »Müllskandal«, über den auch diverse Nachrichtensendungen im Fernsehen berichteten, gehört zu jenen Korruptionsfällen, bei denen gleich mehrere Existenzen vernichtet wurden. Müll wurde nicht fachgerecht entsorgt, sondern in großem Stil verbuddelt. Der Betrug kam ans Licht, weil sich ein Energiekonzern wunderte, dass seine Verbrennungsöfen, die er für sehr viel Geld und mit Fördermitteln der Regierung gebaut hatte, plötzlich nicht mehr ausgelastet waren. Nach abenteuerlichen und auch lebensgefährlichen Ermittlungen konnte ich den Betrug in der Müllkette beweisen. Firmen aus Osteuropa holten den Müll ab und entsorgten ihn geschreddert in Gruben, wo sie davor Tonerde ausgebaggert hatten – doppelter Gewinn. Dass mit dem Giftmüll im Boden das Grundwasser verseucht wurde, interessierte dabei niemanden. Es ging um sehr viel Geld. Je mehr Geld im Spiel ist, desto unwichtiger ist das Gesundheitsrisiko für Menschen, die nichts davon wissen, die in der Nähe wohnen, die vergiftete Produkte kaufen. Die Skrupellosigkeit und Gier mancher Unternehmen ist erschreckend.

Eine der Morddrohungen kam per Post: »Du bist zu weit gegangen.« Mehr nicht. Gerade das beunruhigte mich. Das war dann auch die Zeit, in der ich mich selbst als übervorsichtig bezeichnen würde. Wenn ich ein Gebäude verließ, kontrollierte ich, ob mir jemand folgte. Nach 100 Metern überprüfte ich die Lage erneut. Ich ging nie auf direktem Weg zu meinem Wagen. Im

Auto behielt ich den Rückspiegel im Blick und merkte mir die Fahrzeuge hinter mir und die dahinter. Wenn sie mir zu lange folgten, wählte ich Wege, die ich sonst nicht nahm, und fuhr prinzipiell langsamer. Überholten die vermuteten Verfolger mich nicht, bog ich ab. Ich fand immer sehr schnell heraus, was Sache war. Mein Gefahr-Radar ist nie ausgeschaltet. Ich bin mir über das Risiko meines Berufes bewusst. Im Lauf der Jahre haben viele Menschen durch meine Ermittlungen viel verloren. Sie waren Betrüger, ja. Aber das haben sie vielleicht anders gesehen. Die meisten Kriminellen fühlen sich im Recht. Und sie hassen diejenigen, die sie auffliegen lassen.

Ich bin kein ängstlicher Typ, aber wenn ich ermittle und herausfinde, dass Politik und Justiz mit beteiligt sind, weiß ich, dass der Boden heiß werden könnte. Ich brauche nicht viel Fantasie, um mir vorzustellen, was mit einem unbequemen »Schnüffler«, wie ein Detektiv dann genannt wird, geschieht. Zumal wir ja vor dem Gesetz normale Bürger sind. Ein Detektiv hat keine Sonderrechte, genießt keine Immunität. Verschwindet er auf Nimmerwiedersehen, wird dem so viel Aufmerksamkeit gewidmet wie dem Verschwinden eines Normalbürgers. Verschwindet ein Polizist, erregt das schon mehr Interesse, auch ermittlungstechnisch. Als Detektiv gehe ich volles Risiko in dem Bewusstsein, dass mir womöglich niemand helfen wird, sollte ich selbst einmal ins Schussfeld geraten.

Wenn ich überzeugt davon bin, verfolgt zu werden, parke ich in einer Seitenstraße, verlasse mein Auto, gehe zu Fuß weiter und merke mir das Kennzeichen des Wagens, der mir gefolgt ist. Ich gebe mir dabei den Anschein, nichts mitbekommen zu haben.

Dann melde ich den Vorfall der Polizei. Die Polizei ist verpflichtet, jeder Anzeige nachzugehen. Somit erfährt die Person, die mir gefolgt war, dass sie aufgefallen ist. Ich könnte sie natürlich auch direkt ansprechen. Aber wenn ich den Fall aktenkundig mache, ist die Person deutlich beeindruckter.

Gefahr-Radar

Der Neidfaktor

Sagen Sie lieber zu wenig als zu viel, besonders, wenn sich Ihre Lebensumstände plötzlich stark zu Ihren Gunsten verändern. Sollten Sie selbst einmal tatsächlich im Lotto gewinnen oder zu Geld kommen, gehen Sie vorsichtig mit dieser Information um. Hängen Sie das nicht an die große Glocke. Auch gute Freunde sind vielleicht nicht gefeit vor Neidgefühlen. Kollegen erst recht nicht. Da kann man lange darüber diskutieren, warum das so ist und ob es etwas über den Charakter eines Menschen aussagt. Vergessen Sie es. Beherzigen Sie einfach meinen Rat: Plaudern Sie nicht alles aus! Eine Information verselbstständigt sich. Einmal in die Welt gesetzt, haben Sie sie nicht mehr unter Kontrolle. Sie wissen nicht, wohin sie flattert, welche Lawinen sie ins Rollen bringen könnte.

Ja, es ist schön, nicht nur sein Leid, sondern auch seine Freude zu teilen. Aber in den letzten Jahren beobachte ich ein starkes Ansteigen des Neidfaktors. Auch das führt zu kriminellen Handlungen. Ich will haben, was ein anderer hat, und ich setze alles daran, es auch zu kriegen. Mit Lügen, Mobbing, Diebstahl, Verleumdung. Was natürlich dazu führt, dass sich in der Gesellschaft immer mehr Angst breitmacht. Während jüngere Leute noch gern und relativ blauäugig über ihr neues Smartphone, die Kopfhörer, das Auto sprechen, werden ältere immer stiller. Ich schätze, das liegt daran, dass jeder von uns im Lauf seines Lebens Neiderfahrungen macht. Und das ist ja nichts Schönes, zumal es auch das Wertesystem bedroht. Man möchte selbst nicht neidisch sein, sondern anderen Schönes und Gutes gönnen, so wie man auch von Menschen umgeben sein möchte, die einen nicht beneiden. Aber das ist leider nur Theorie. Menschen neigen nun mal zu Neidgefühlen. Sie machen es sich und anderen leichter, wenn Sie manches für sich behalten.

Ich möchte niemandem ausreden, an das Gute im Menschen zu glauben. Ich weiß, dass es gute Menschen gibt, und hatte das große Glück, einigen zu begegnen. Doch ich kenne auch die Kehrseite der Medaille und meine deshalb, dass man nicht zu gutgläubig sein sollte. Also: Bleiben Sie wachsam!

Zielfahndung in Asien – Anlagebetrug

Gelegentlich werde ich von Anwälten beauftragt, jemanden zu finden, zum Beispiel einen Schuldner, der seinen Mandanten betrogen hat. Denn wenn jemand keinen festen Wohnsitz hat, kann ihm auch vom Gericht keine Ladung zugestellt werden. Dies übernehme ich ebenfalls manchmal – in solchen Fällen agiere ich als Zielfahnder. Ich finde die Person und händige ihr die Gerichtspost aus. Dadurch werde ich gleichzeitig zum Zeugen, der vor Gericht bestätigen kann, dass mein Gegenüber die Ladung erhalten hat. Solche Ermittlungen haben mich um die ganze Welt geführt, da meine Zielpersonen nach ihren Straftaten meistens über die finanziellen Mittel verfügten, irgendwo von vorn anzufangen. Bis ich sie aufspürte. So habe ich im Lauf der Jahre fast alle Länder der Welt bereist und konnte viele Eindrücke sammeln. Natürlich sind Ermittlungen in einer Gegend, die ich nicht kenne, besonders spannend. In einem fremden Land verfüge ich zunächst einmal über keine Infrastruktur. Die ist aber unabdingbar für einen Detektiv. Also habe ich in jedem Land, in dem ich zu tun hatte, ein Netzwerk aufgebaut, das mir in Folgefällen vieles erleichtert. Ohne einheimische Kontakte sind Ermittlungen im Ausland nahezu unmöglich. Wie sollte man an Informationen gelangen, wenn niemand Englisch spricht? Und warum sollten einem irgendwelche Behörden Auskunft erteilen? Ein Ausländer weckt auch schnell Misstrauen. Deshalb schicke ich meine einheimische Kontaktperson los, die für mich Adressen, Arbeitgeber, Familienstand und weitere Informationen einholt. Die meisten Menschen glauben, es sei schwierig, solche Kontaktpersonen zu akquirieren. Das ist es nicht, wenn man aufmerksam durchs Leben geht. Auch Sie könnten jederzeit wichtige Kontakte knüpfen, wenn Sie vielleicht von dem einen oder anderen Vorurteil ablassen. Es mag richtig sein, dass die Bäckereifachverkäuferin nicht den Eindruck erweckt, auf der sozialen Leiter nach oben zu streben und einflussreiche Leute zu kennen. Aber sogenannte wichtige Menschen kaufen auch mal Brot ein und tratschen vielleicht gern. Beispielsweise wusste es diese Verkäuferin als eine der Ersten, dass in der Bank gegenüber ein Abteilungsleiter für die Sparte Immobilien gesucht wird. Was ich damit sagen will, ist, dass man andere Menschen nicht nur oberflächlich betrachten darf, wenn man in Erwägung zieht, dass sie einem ab und an kleine Dienste erweisen könnten. Wenn ich eine Kontaktperson anwerbe, dann läuft das immer über Sympathie. Niemand wird mir für einen Geldschein allein einen Gefallen tun. Man redet miteinander, ich lade die Person zu einem Drink ein, sollte sie zum Hotelpersonal gehören, gebe ich großzügig Trinkgeld. Ich möchte damit erreichen, dass ich als sympathisch wahrgenommen werde. Denn sympathischen Menschen erzählt man lieber etwas, und man schlägt ihnen auch keine kleine Bitte ab. Nach einigen Treffen werde ich manchmal sogar zu den Familien meiner Informanten eingeladen, rein freundschaftlich. Sie wissen nicht, dass ich sie in meine Pläne einbezogen habe, und bevor ich das anspreche, habe ich sie auch sehr genau überprüft. Sind sie zuverlässig? Halten sie Verabredungen ein? Sind sie diskret? Verfügen sie über Erfindungsreichtum? Wie wirken sie in der Öffentlichkeit? Strahlen sie Selbstbewusstsein und Durchsetzungsvermögen aus?

Ohne Ihnen zu nahe treten zu wollen, behaupte ich, dass Ihnen diese Methode bekannt vorkommt und dass Sie sie mit hoher Wahrscheinlichkeit bereits selbst einmal angewendet haben. Denn diese Art von Freundlichkeit führt zu einem Vorteil. Und der Vorteil, Sie erinnern sich, ist es, wonach jeder strebt. Man kann das Manipulation nennen, man kann es aber auch einfach kluges Vorgehen nennen. Jemand versucht, die Dinge so zu beeinflussen, dass er es leichter hat. Was soll daran verwerflich sein? Sind wir nicht alle auf die Sympathien anderer angewiesen und versuchen, Menschen in vielen Situationen für uns zu gewinnen – für unsere eigenen Ziele? Dass die Mathelehrerin des Sohnes gnädig ist und doch noch eine Vier statt eine Fünf gibt, dass ein Kollege für einen einspringt, dass der Nachbar die Blumen gießt, während man im Urlaub ist. Kleine Gefallen erhalten die Freundschaft. Eine Hand wäscht die andere. So funktioniert das soziale Zusammenleben. Wer behauptet, dahinter stecke niemals Berechnung, glaubt womöglich auch an den Weihnachtsmann.

Wenn ich einen positiven Eindruck von meinen zukünftigen Mitarbeitern gewonnen habe, teste ich sie, indem ich sie um einen kleinen Gefallen bitte: Ich müsste mal wissen, ob … Könntest du mir dabei behilflich sein … Ich brauche deine Hilfe … Selten wurde mir eine solche Bitte abgeschlagen, und die meisten weisen das angebotene Geld zurück – manchmal sogar empört. Ein kleiner Gefallen ist keine Dienstleistung! Im Gegenteil – ist es nicht ein Beweis, dass der andere einem vertraut, wenn er einen um etwas bittet? Ich revanchiere mich immer, mit einer tollen Essenseinladung oder etwas anderem, womit auch immer ich diesem Menschen eine Freude machen kann. Und ein Geldschein kommt obendrauf. Denn ich bin an einer langfristigen Zusammenarbeit interessiert. Verrückterweise fragt niemand, warum ich dies oder das wissen möchte. Ich lege meine Absichten auch nicht offen. Niemand weiß, dass ich Detektiv bin. Meistens fragt ein Informant erst nach zwei oder drei »Gefallen« einmal nach. Und dann sage ich auch die Wahrheit, mehr oder weniger.

Bei der Wahl der richtigen Informanten ist Fingerspitzengefühl erforderlich. Intelligente Menschen sind oft zu vorsichtig. Sie denken zu weit in die Zukunft, stellen sich vor, was alles passieren könnte, und das macht sie ängstlich und unsicher. Auch mittellose Menschen würden scheitern, denn ihnen fehlt das selbstbewusste Auftreten, das erforderlich ist, um Informationen zu sammeln. Am besten sind Leute aus der Mittelschicht, die sich über einen Nebenverdienst freuen. Sie sollten gebildet sein, aber nicht zu sehr, weil sie sonst wiederum zu viel denken. Sie sollten mutig und im Ausland souverän im Umgang mit Touristen sein, was von Selbstbewusstsein zeugt. Am liebsten arbeite ich mit Büroangestellten zusammen. Sehr gute Erfahrungen habe ich auch mit Hotelmitarbeitern gemacht, die in den Fünf-

sternehotels, in denen ich oft absteige, arbeiten, bestens ausge-
bildet sind und über perfekte Umgangsformen verfügen.

Der geheimnisvolle Mandant

Ich traf Herrn Dr. Schümperli am Luganer See. Er war der Hausanwalt seines Mandanten, dessen Namen er mir vorerst ver-
schwieg. Überhaupt hielt sich Herr Dr. Schümperli sehr bedeckt.
Wir saßen in seinem Büro im obersten Stockwerk eines Jugend-
stilgebäudes mit einer atemberaubenden Aussicht auf den See.
Die Sonne strahlte über dem petrolblauen Wasser, auf dem einige
Segelboote kreuzten. Ein Blick, der eine beruhigende Wirkung
hatte, wie ich fand. Überhaupt verbreitete das ganze Ambiente in
dieser noblen Rechtsanwaltskanzlei Kontemplation, Erhabenheit
und Ruhe. Es roch gut in den stilsicher ausgestatteten Räumen,
und die edlen Granitböden vermittelten den Eindruck, auch einem Erdbeben standzuhalten. Hier war man in Sicherheit, fast in
einem Tresor des Reichtums, aber ich befand mich ja auch auf
dem teuersten Pflaster der Schweiz. Herr Dr. Schümperli, ich
schätzte ihn auf Mitte sechzig, machte noch länger als ein her-
kömmlicher Schweizer keine Anstalten, mir zu verraten, worum
es eigentlich ging. Umständlich, als wäre ich zu Fuß gekommen,
fragte er nach meiner Reise, wollte dies und jenes von mir wissen
und trug seine Fragen in einem schleppenden, doch sympathischen Tonfall vor. Natürlich täuschte er mich nicht. Seine wachen
Augen entlarvten seine Umschweife als Strategie. Alles, was er
sagte, war wohldurchdacht. Er prüfte mich. Sein Mandant musste
sehr einflussreich sein oder einen bekannten Namen haben. Herr

Dr. Schümperli wollte wissen, seit wann ich als Detektiv tätig und wie hoch meine Erfolgsquote sei. Obwohl ich überzeugt war, dass er das alles längst in Erfahrung gebracht hatte, gab ich geduldig Auskunft. Aber irgendwann schaute ich ihm fest in die Augen und sagte: »Ich bin Ihnen empfohlen worden, und Sie haben sich ausführlich erkundigt.«

»Gewiss«, lächelte Herr Dr. Schümperli und erging sich weiter in allgemeinen Betrachtungen, bis schließlich das Wort »Anlagebetrug« fiel. Aha, darum ging es. Und dann wollte er in nebensächlichem Tonfall wissen: »Haben Sie diesbezüglich auch Erfahrungen?«

»Ich habe allein im letzten Jahr im In- und Ausland mehrere Fälle erfolgreich bearbeitet.«

»In unserem Fall liegt die Sache vielleicht ein wenig anders. Ich nehme an, dass Sie meistens beauftragt werden, um das verlorene Geld zurückzuholen. Nun, mein Mandant hat zwar sehr viel investiert, doch das Geld ist für ihn zweitrangig. Er hat es bereits«, Herr Dr. Schümperli seufzte, als würde ihm das starke Schmerzen bereiten, »als verloren verbucht. Mein Mandant ist vordringlich daran interessiert, die Person zu finden, die es veruntreut hat. Es ist sein Wunsch, diese Person vor Gericht zu bringen. Leider haben wir keine Ahnung, wo sich diese Person aufhält. Sie könnte sowohl in Alaska als auch in Malaysia oder Japan, also überall sein.«

»Um welchen Betrag geht es denn?«, erkundigte ich mich.

»20 Millionen Schweizer Franken.« Herr Dr. Schümperli klang gequält. Sein Mandant musste wirklich sehr reich sein, um eine solche Summe einfach abzuschreiben. »Und wie lange ist die Person schon verschollen?«

»Die Probleme begannen vor acht Monaten. Wie es in solchen Fällen wohl üblich ist, versuchte die Person, meinen Mandanten hinzuhalten. Treffen wurden versprochen und nicht eingehalten, nun, man kennt das. Ich war von Anfang an hochgradig alarmiert. Seit sechs Monaten haben wir überhaupt keinen Kontakt mehr. Weder telefonisch noch per Mail. Die Person hat sich in Luft aufgelöst.«

»Niemand kann sich in Luft auflösen«, widersprach ich.

Herr Dr. Schümperli blickte skeptisch

»Jeder hinterlässt Spuren«, ergänzte ich.

»Ich hoffe, Sie finden ihn, Herr Bakiner.«

»Dazu wäre es hilfreich, wenn ich den Namen der Person kennen würde.«

Herr Schümperli schmunzelte. Dann stand er auf, ging zu seinem Schreibtisch, drückte dort auf eine Taste. »Frau Hörnli, bitte bringen Sie nun die Akte.« Frau Hörnli war atemberaubend wie der See. Wie eine Luxusjacht mit Fock stöckelte sie in ihrem grauen Kostüm, das oberhalb des Knies endete, herein, die Hochsteckfrisur hart am Wind. Kaum hielt Herr Dr. Schümperli die Akte in Händen, begann er zu sprechen. Gerade so, als verbinde ihn nun eine geheimnisvolle Nabelschnur, eine Wörterkette mit den Informationen. Sein Mandant, den Namen nannte er noch immer nicht, hatte in der Vergangenheit eine hohe Rendite durch einen gewieften Finanzberater namens Tobias Graf erwirtschaftet. Sein Mandant vertraute diesem Berater, da er ihn seit vielen Jahren kannte. Früher hatte Tobias Graf bei einer Bank gearbeitet, der sich sein Mandant ebenfalls verbunden gefühlt hatte.

Ich nahm zur Kenntnis, dass man sich in der Schweiz Banken verbunden fühlte.

Dann hatte sich Tobias Graf als Vermögens- und Anlageberater selbstständig gemacht. Die investierten 20 Millionen Schweizer Franken sollten sich um 10 Prozent erhöhen. »Jährlich!«, stieß Herr Dr. Schümperli hervor und schürzte verächtlich die Lippen »Und das alles auch noch sauber. Die Summe wurde in ein Umweltprojekt investiert, in eine Solaranlage in Spanien. Ich habe meinem Mandanten schon bei der Unterzeichnung der Verträge abgeraten, doch Herr Dr. Oberling wollte es so.«

Nun kannte ich den Namen seines Mandanten. Das war kein Zufall. Schümperli wusste sehr genau, wann er welche Information streute. Ich erfuhr, dass Herr Dr. Oberling die Berechnungsgrundlage des Investitionsprojektes nur flüchtig geprüft hatte. »Sträflich geradezu«, wie der Hausanwalt ergänzte. Aber Herr Dr. Oberling vertraute dem Geldmakler Tobias Graf, der ihn in der Vergangenheit immer bestens beraten hatte. In den ersten beiden Jahren sah Herr Dr. Oberling auch keinen Grund zur Besorgnis. Wie vereinbart erhielt er nach zwölf Monaten die erste Zinszahlung von zwei Millionen Franken und im Folgejahr floss wie vereinbart die zweite. Doch im dritten Jahr blieb die Zahlung aus. Daraufhin kontaktierte er seinen Finanzberater. Tobias Graf meldete sich umgehend. Er wisse nicht, warum die Zinsen ausblieben, er würde sich um die Sache kümmern. Unverzüglich. Das sicherte er noch öfter zu. Und dann war er verschwunden. E-Mails blieben unbeantwortet, telefonisch war er unter keiner seiner Nummern erreichbar, auch privat nicht, sein Büro war geschlossen.

Herr Dr. Schümperli schüttelte den Kopf. »An seinem Wohnort haben wir ihn kein einziges Mal angetroffen, alle unsere Einschreiben, Mahnungen, auch die Gerichtspost konnte nicht zugestellt werden.«

»Haben Sie die Anlage in Spanien überprüft?«, fragte ich.

»Leider nein«, bedauerte Herr Dr. Schümperli und wurde dann vertraulich. »Eine persönliche Anmerkung, wenn Sie gestatten. Ich habe meinen Mandanten mehrfach eindringlich gebeten, diese Investition zu bedenken. Sie erschien mir hoch riskant. Doch ich konnte nichts ausrichten.«

Eine Woche später wusste ich, dass Herrn Dr. Schümperlis Bedenken gerechtfertigt waren. Eine Vor-Ort-Recherche in Spanien brachte ans Licht, dass die Solaranlage zwar geplant, aber niemals gebaut worden war. Es verwunderte mich nicht, dass Herr Dr. Oberling das nicht wusste. Korrektur: nicht wissen wollte. Oft halten wir Menschen an einer einmal gefassten Meinung fest. Herr Dr. Oberling hatte seinen Finanzberater für gut befunden und wollte sein Urteil nicht in Zweifel ziehen, wovon Tobias Graf profitierte. Diese Unfähigkeit, seine persönliche Einschätzung zu revidieren, hatte Herrn Dr. Oberling bislang 16 Millionen Schweizer Franken gekostet.

Gefahr-Radar

Vertrauen ist gut. Kontrolle ist besser. Sobald Geld ins Spiel kommt, sollten Sie Vorsicht walten lassen. Auch wenn Sie jemandem schon lange vertrauen – in Geldangelegenheiten ist Kontrolle angeraten. Ja, auf Ihren Steuerberater konnten Sie sich bislang verlassen. Aber ist er wirklich noch up to date? Kennt er die neuen Gesetze? Ja, Ihre Finanzdienstleisterin hat schon mehrere Investitionen für

Sie getätigt – aber waren die wirklich immer so lohnend? Oder redet man sich das ein, weil sie sympathisch und ein Wechsel stressig ist? Bis man da jemand anderen gefunden hat ... Und dann muss man noch mal alle Unterlagen hinschleppen und alles erklären ... Na und?

Lassen Sie sich nicht einlullen! Bleiben Sie wachsam! Ja, es stimmt häufig: Never touch a running system! Aber manchmal läuft es eben nicht so gut, wie man glauben möchte. Und dann sollte man etwas ändern. Also: Verlassen Sie Ihre Komfortzone und stellen Sie auch Ihre Konstanten immer mal wieder auf den Prüfstand.

Makelloser Makler

Auf der Fahrt vom Luganer See an den Comer See und weiter nach Deutschland plante ich meine Vorgehensweise. Als ich an meinem Wohnort im Süden Deutschlands ankam, war mein Plan fertig. Die erste Legende war zugegebenermaßen plump, doch erfahrungsgemäß haben solche Strategien oft durchschlagenden Erfolg. Nachdem ich in den nächsten beiden Tagen diverse Informationen gesammelt hatte, holte ich mir aus dem Fundus alles, was ich für ein Auftreten als Makler brauchte. Klemmbrett, Aktenmappe, zwei, drei Pläne mit Grundrissen, die bei Bedarf aus der Aktenmappe hervorlugen konnten, und ich druckte mir Visitenkarten aus. Da ich in Sankt Gallen ansetzen wollte, war »Müller« ein guter, ein typisch deutscher Name. Ich platzierte den Firmennamen *Immobilien Müller* unter das Logo eines Hausdachs. Dann dachte ich mir noch einen netten

Spruch aus: *Weil Wohnen Lebensqualität ist.* Und natürlich fehlte die Telefonnummer eines meiner Prepaid-Handys nicht. Selbstverständlich benutze ich mehrere Handys. Es erfordert Konzentration, hier nichts durcheinanderzubringen!

Bestens vorbereitet fuhr ich nach Sankt Gallen in der Nähe des Bodensees zu Tobias Grafs Wohnadresse. Ich trug einen typischen Makleranzug, also kein Designerstück, seriös, solide, dazu schwarze Schuhe. Alles schön unauffällig. Nicht umsonst hatte ich einmal mehrere Wochen lang in einem Maklerbüro das Berufsbild von der Pike auf recherchiert. Denn Makler ist eine nützliche Legende. Ich hatte mich ihr auch innerlich angepasst. Herr Müller war ein netter Kerl, höflich, ordentlich gekleidet, gut rasiert, einer, vor dem man keine Angst haben musste. Einer, der nur seinem Job nachging. Und den wollte er so gut wie möglich machen. Herr Müller war ein engagierter Makler. Keiner, der nur ans schnelle Geld dachte. Kundenzufriedenheit stand für ihn an oberster Stelle.

Dem geräumigen Einfamilienhaus von Tobias Graf sah ich auf den ersten Blick an, dass es unbewohnt war. Es stammte wohl aus den 1980er-Jahren, wirkte im Prinzip gepflegt, doch gleichzeitig auch verwahrlost, was vor allem an dem wild wuchernden Garten lag. Der Sommer neigte sich jetzt im September seinem Ende zu, und da Herr Graf bereits seit einem halben Jahr verschollen war, hatte hier viel Unkraut sprießen können. Ein Fenster im Erdgeschoss war komplett eingewachsen, aber man hätte auch sonst nichts gesehen, denn alle Jalousien waren heruntergelassen, manche allerdings schief. Das Haus wirkte wie auf der Flucht zurückgelassen, die Tür zu einem Geräteschuppen stand offen, konnte gar nicht mehr geschlossen werden, so viel Unkraut wucherte. Das alles ließ ich auf mich wirken. Dann wurde ich offiziell, nahm einen Kugelschreiber zur Hand, notierte hin und wieder etwas auf dem Papier an meinem Klemmbrett, zückte den Fotoapparat, knipste, notierte wieder etwas, ging weiter. Jetzt wollte ich nicht verdeckt ermitteln, ich wollte wahrgenommen werden – am liebsten von einem Nachbarn. Dieser sollte mich ansprechen, weil er dann niemals auf die Idee käme, ich hätte ihn ausgefragt. Den Kontakt hatte doch er hergestellt. Glaubte er.

Ich musste relativ lang warten. Fast eine halbe Stunde. Dann kam ein Herr um die fünfzig mit ausgeprägten O-Beinen aus dem Nachbarhaus, das eigentlich genauso aussah wie das von Tobias Graf, allerdings sehr gepflegt mit einem herrlichen Garten, in dem Blumen aller Farben blühten. Eine Gardine am Fenster im ersten Stock bewegte sich. Vielleicht stand dort oben die Ehefrau. Vielleicht hatte sie mich entdeckt und ihren Mann vorgeschickt.

»Sie! Sie da! Was machen Sie da?«

Ich tat so, als hätte ich ihn noch nicht gesehen, fuhr herum, lächelte dann, klemmte mir meine Unterlagen unter den Arm und trat ihm freundlich entgegen. »Grüß Gott. Müller. Ich bin der Makler.« Und der war ich mit Haut und Haar. Ich war hier, um in Erfahrung zu bringen, wo sich der Eigentümer dieses Hauses aufhielt, weil einer meiner Kunden sich für das Objekt interessierte. Ein Maklerkollege vor Ort hatte mir den Tipp gegeben. Allein deshalb war ich den weiten Weg nach Sankt Gallen gefahren. Wie gesagt: Das Wohl meiner Kunden lag mir am Herzen.

Wenn man jemandem freundlich begegnet, wird man meistens ebenso behandelt. Herr Stocker, wie er sich vorstellte, schüttelte mir die Hand. Ich wusste sofort, dass ich leichtes Spiel mit ihm haben würde. Dabei sah er alles andere als auskunftsfreudig aus. Doch nach so vielen Jahren Erfahrung merke ich sehr schnell, ob ein Mensch mir das verraten wird, worauf ich aus bin. Ich freute mich über unsere Begegnung, denn wäre kein Nachbar aufgetaucht, hätte ich bei den einzelnen Häusern klingeln müssen, und das war keine so günstige Ausgangsposition, um Informationen zu erlangen.

»Ich komme aus Deutschland«, sagte ich offen, was sich Herr Stocker vielleicht ohnehin dachte. Mein Wagen, ein unauffälliger Opel mit Münchner Kennzeichen, stand vor dem Haus. »Ich habe einen Interessenten für dieses Haus, deshalb mache ich ein paar Bilder.«

Dass Herr Graf mich nicht mit dem Hausverkauf beauftragt hatte, spielte keine Rolle. Einer meiner Kunden könnte mich gebeten haben, ein Haus in Sankt Gallen für ihn zu kaufen. Oft legt man in solchen Fällen dann noch das Viertel fest oder die Straße, wo sich das Haus befinden sollte, und der Makler macht sich auf die Suche. Genauso gut könnte mich Herr Graf selbst beauftragt haben. Nachbarn wissen viel, aber nicht alles. Und das sollte auch so bleiben. Ich lenkte vom Thema ab. »Aber Ihr Haus ist ja noch viel besser. Wollen Sie nicht vielleicht auch verkaufen? Und so ein schöner Garten, da haben Sie aber viel Arbeit reingesteckt.«

Herr Stocker nickte. Dass ich seine Arbeit würdigte, gefiel ihm. Dann erklärte er mir, dass er nicht daran denke zu verkaufen. Ich unterhielt mich eine Weile mit ihm über die Wertsteigerung von

Immobilien, die Zahlen aus der Gegend waren mir geläufig. Vorbereitung ist das A und O, wenn man sich für jemand anderen
ausgibt.

Dann sprachen wir über Gärten im Allgemeinen und im Besonderen. Herr Stocker wurde zutraulich. Wer uns beobachten
würde, musste den Eindruck gewinnen, hier unterhielten sich
zwei Männer angeregt. Es schien auch lustig zuzugehen, hin und
wieder wurde herzlich gelacht, beide schienen sich wohlzufüh-
len. Dass der eine den anderen aushorchte, wäre absolut nicht
erkennbar. Und nur deshalb funktionierte es. Immer wieder mal
kam ich kurz auf den Eigentümer des Hauses, Herrn Graf, zu
sprechen, vertiefte jedoch nichts, streifte ihn nur. Und als ich sicher war, dass Herr Stocker mich sympathisch fand, so sympathisch, dass er mir gern weiterhelfen wollte, fragte ich ihn, ob er
denn eine Idee hätte, wo ich Herrn Graf erreichen könnte. Dann
winkte ich sofort ab. »Aber nein. Ich werde ihn schon selbst finden. Und wenn nicht, dann muss sich mein Kunde eben ein anderes Haus aussuchen.« Ich lachte schelmisch. »Und ich könnte
ihm da auch etwas vorschlagen …«

»Nein, nein, nein!«, fiel Herr Stocker in mein Lachen ein.
»Mein Haus ist und bleibt unverkäuflich. Aber was den Herrn
Graf betrifft …« Ich beschäftigte mich mit meinem Fotoapparat,
um keinen zu interessierten Eindruck zu machen, eher nebenbei, vielleicht nur aus Höflichkeit zuzuhören.

»Also Herr Graf, der ist ja schon länger fort.

»Ja, das ist nicht zu übersehen. Ein Jammer, was hier alles an
Unkraut wuchert.«

Herr Stocker seufzte. »Meiner Frau ist das ein Dorn im Auge.
Weil das doch alles zu uns rüberwächst.«

»Ja, ja, wenn man auf dem Nachbargrundstück Unkraut hat, geht die Arbeit erst recht nicht aus«, nickte ich mitfühlend.

»Also, was ich sagen will«, Herr Stocker drängte mir die Information, für die ich nach Sankt Gallen gereist war, regelrecht auf. »Der Graf war ja früher verheiratet. Seine Frau ist dann ausgezogen. Dann hat er mal eine Freundin aus Thailand gehabt. Die hat bestimmt drei Jahre hier gewohnt. Und plötzlich war sie weg. Mit dem Kind. Also wenn Sie mich fragen …«

»Ja?«

»Ich glaube, dass der in Thailand ist.«

»Um Gottes willen!«, rief ich gespielt verzweifelt. »Thailand! Den finde ich nie. Da muss sich mein Kunde nun wirklich nach einem anderen Objekt umsehen«

»Irgendwo bei Bangkok, wenn ich mich recht erinnere«, wurde Herr Stocker nun ziemlich konkret.

»Waren Sie da schon einmal?«, fragte ich und dehnte die Frage sofort auf das ganze Land aus. »Das soll ja ein Traum sein. Also nicht Bangkok. Aber die Strände, der ganze Süden. Und dann das gute Wetter, Sonnengarantie.«

»Mich zieht nichts weg von hier«, erklärte Herr Stocker.

Ich überprüfte, ob er nicht doch mehr wusste, und war mir dann sicher, dass er mir alles gesagt hatte. Er verhehlte nicht, dass die Thailänderin seiner Meinung nach Herrn Graf finanziell ausgenützt habe. Und er regte sich darüber auf, dass das Kind darunter leiden musste. »Kinder brauchen doch beide Eltern.« Ich gab ihm recht.

Nun hätte ich mich einfach verabschieden können. Das wäre ein Fehler gewesen. Herr Stocker hätte sich dann daran erinnert, mir diese Information gegeben zu haben. Ich blieb noch zehn Minuten und ließ mir erklären, was Herbstzeitlose lieben, wie man Läuse an Sonnenblumen wirksam bekämpft und warum es immer weniger Singvögel gibt. Würde Herr Stocker irgendwann an mich denken, würde er mich eher als Gartenliebhaber denn als Makler abgespeichert haben. Hochzufrieden verließ ich Sankt Gallen.

Wenn mich Herr Stocker nicht angesprochen hätte, hätte ich außer Plan B, selbst bei den Nachbarn zu klingeln, auch noch Plan C in die Tat umsetzen können. Er ist jedoch im Graubereich der Legalität angesiedelt, und dort halte ich mich nicht gern auf. Ich könnte beispielsweise mit einem Fragebogen, den das Logo einer bekannten Zeitung oder eines Wochenmagazins ziert, von Haus zu Haus gehen. »Guten Tag, wollen Sie sich 50 Euro verdienen?«

»Wie denn das?«

»Ich mache eine Umfrage. Dauert fünf Minuten. Wenn Sie mir ein paar Fragen beantworten, bekommen Sie 50 Euro.«

»Echt?«

»Echt.«

»Nur fürs Mitmachen? Ich muss nichts unterschreiben oder so?«

»Nein.«

»Und Sie wollen auch nicht meinen Namen und das Geburtsdatum?«

»Nein.«

»Und warum machen die das?«

»Das kann ich Ihnen nicht beantworten. Ich bin hier nur der Interviewer, der von Tür zu Tür geht. Ich schätze, die brauchen das für ihre Statistik.«

»Verstehe.«

»Sie machen mit?«

»Ja. Aber was Persönliches sag ich nicht.«

»Das müssen Sie ja auch nicht. Also …«

Und dann fragt man irgendetwas Verkehrspolitisches. Soll eine Straße verbreitert werden? Fahren viele Autos durch Ihre Straße? … Oder man erkundigt sich nach dem Ausländeranteil im Viertel oder ob hier viele Familien mit Kindern wohnen. Die Leute entspannen sich. Dann fängt man an, nach den Nachbarn zu fragen. Je nach Wohngebiet erkundigt man sich nach den Heizquellen der Wohnungen oder fragt, ob es mehr Doppelhaushälften oder Einfamilienhäuser gibt etc. Wenn man weiß, dass die Zielperson Kinder in einem gewissen Alter hat, erkundigt man sich nach der Zufriedenheit, was die Erreichbarkeit der umliegenden Schulen angeht, und so weiter. Um diese Frageaktion erfolgreich durchzuführen, muss man sich gut vorbereiten und Fragen finden, die zielführend sind, ohne die Befragten auf falsche Gedanken zu bringen. In der Regel fragen die Leute nicht nach, wie denn die Firma überprüfen will, wer befragt wurde, wenn man keinen Namen nennt und nichts unterschreibt. 50 Euro genügen, um die Gier zu wecken. Sobald sie wach ist, schaltet sich der Verstand aus.

Nun könnte man einwenden, dass den Auskünften nicht zu trauen sei. Ich könnte belogen werden. Nun, ich glaube, dass ich das merken würde. Was Lügen betrifft, bin ich Experte. Wenn Menschen lange überlegen, bevor sie antworten, ist eher mit einer Ausrede zu rechnen, als wenn sie spontan etwas sagen würden. Dies und einige weitere Wahrnehmungen lassen mich sehr genau erkennen, ob jemand die Wahrheit sagt. Was mir im Übrigen in Bezug auf die Verkehrspolitik egal ist. Mir kommt es einzig und allein auf die Informationen über meine Zielperson an, und diese möchte ich so beschaffen, dass mein Informant gar nicht merkt, worüber wir eigentlich sprechen.

Als ich im Büro alle gesammelten Informationen durchging, abwog und mit dem verglich, was ich über andere Quellen erfahren hatte, rief ich Herrn Dr. Schümperli an.

»Ich bin auf einem guten Weg. Ich finde Ihren Schuldner.«

»Was macht Sie so sicher?«

»Das kann ich Ihnen im Moment noch nicht sagen. Aber ich weiß, dass ich ihn finden werde.«

»Dann, wie sagt man in Ihrer Branche? Hals und Beinbruch?«

»Das kann nicht schaden, danke«, erwiderte ich.

 ## Gefahr-Radar

- Seien Sie hellhörig, wenn Sie den Verdacht haben, jemand wollte Sie aushorchen.
- Wirklich gute Ermittler fragen so nebensächlich nach den entscheidenden Dingen, dass sie Ihnen entgehen könnten.
- Sollten Sie selbst etwas über andere erfahren wollen: Führen Sie das Gespräch mit Umsicht. Und zwar so, dass Ihr Gegenüber das nicht merkt. Bereiten Sie sich gründlich vor, erfinden Sie Motive, warum Sie etwas wissen wollen, damit Sie im Ernstfall nicht ins Stottern geraten.

- Selbst wenn sich Ihr Gegenüber offen und gutmütig zeigt: Leiten Sie immer wieder vom heißen Thema weg.
- Beenden Sie einen Kontakt niemals mit dem Thema, um das es geht. Entfernen Sie sich so weit wie nur möglich davon. Erst dann verabschieden Sie sich.

Die heiße Spur: Bangkok

Ich rief meine Kontaktperson in Bangkok an. Siam, wir waren gleich alt, hatte früher einmal als Concierge im *Mandarin Oriental* gearbeitet. Dort hatten wir uns kennengelernt und auch ein wenig angefreundet. Wir mailten uns mehrmals im Monat, und ich hatte schon einige Fälle in Thailand mit seiner Hilfe gelöst.

»Gib mir 24 Stunden«, bat Siam, nachdem ich ihm den Vor- und Nachnamen der thailändischen Freundin von Herrn Graf buchstabiert sowie die ungefähren Daten genannt hatte. Wichtig war hier natürlich, wann sie sich in der Schweiz aufgehalten hatte, und die Tatsache, dass ihr Sohn einen deutschen Vater hatte. Nun möchten Sie wahrscheinlich erfahren, woher ich ihren Namen wusste. Aber erstens gibt es auch noch ein paar Geheimnisse, die ein Detektiv für sich behält. Und zweitens: Da kommen Sie doch sicher auch drauf. Irgendeinen Weg werden Sie schon finden, nachdem Sie nun bereits ein wenig in das Handwerk der Informationsbeschaffung eingeweiht sind.

Schon nach 14 Stunden erhielt ich eine SMS von Siam. »Auftrag erledigt.« Er hatte sich mal wieder selbst übertroffen. Ich rief ihn an und erfuhr, dass Seeda Buengmooms Mietwohnung

Möglichkeiten

in einer der teuersten Wohnanlagen in Bang Chueak lag. Ihre
Räumlichkeiten umfassten 200 Quadratmeter, es gab drei Bäder
und einen Wirtschaftsteil mit Mädchenzimmer für Hausangestellte. Zu der von Security bewachten Wohnanlage gehörten
Schwimmbad, Garten, Restaurants, Fitnessclub. Die Monats-
miete betrug bis zu 60.000 Baht, das sind rund 1.500 Euro, und
das in einem Land, in dem man für 1 Euro in einer Garküche satt
werden kann. Wie konnte sich Frau Buengmoom das leisten?
Das roch nach Sponsoring durch Tobias Graf. Also war er auch
hier? Wohnten die beiden gar gemeinsam in der Wohnung?

Ich rief Herrn Dr. Schümperli an und teilte ihm mit, dass ich
Herrn Graf in Bangkok vermutete.

»Bangkok also. Und Sie sind sicher?«

»Ziemlich.«

»Wunderbar, Herr Bakiner, wunderbar!«

»Ich möchte Businessclass fliegen.«

»Selbstverständlich. Ich lasse Ihnen gleich eine Bestätigung
faxen. Benötigen Sie sonst noch etwas?«

»Nein, danke.«

»Ich hoffe, bald wieder von Ihnen zu hören. Guten Flug!«

Den hatte ich. Wenn man mit ThaiAirways fliegt, beginnt der
Urlaub sogar während einer Geschäftsreise beim Einchecken.
Ausgeruht landete ich auf dem Suvarnabhumi International
Airport, wo mich Siam mit einem klapprigen Kleinwagen abholte. Wir hatten uns länger nicht gesehen, und die eineinhalb-
stündige Fahrt in mein Hotel verging noch einmal wie im Flug.
Ach, wie schön war es, endlich wieder einmal hier zu sein. Ich
liebe diese Stadt, die Menschen und das Essen. Nirgendwo auf
der Welt habe ich so gut gegessen wie in Thailand. Mein Zim-

mer im *Hilton Millenium*, direkt am Ufer des Chao Phraya River gelegen, bot mir einen herrlichen Blick über die Stadt. Zum Tempel Wat Arun waren es nur wenige Minuten, und auch das berühmte Einkaufszentrum Asiatique war bequem zu Fuß zu erreichen.

Abends lud ich Siam zum Essen ein und überreichte ihm den ersten Schein für seine Bemühungen. Doch es ging Siam nicht so sehr ums Geld. Hauptsache, er konnte mit mir ausgehen. Wir haben schon eine Reihe von super Abenden erlebt, an denen ich es an nichts fehlen ließ. So auch diesmal. Weit nach Mitternacht kehrte ich in mein Hotel zurück.

Am nächsten Vormittag machten wir uns auf den Weg zu Frau Buengmooms Wohnanlage. Die Dame wohnte wirklich vom Feinsten, wie ich vor dem Gebäudekomplex feststellte. Und sehr sicher. Zwei Security-Leute patrouillierten vor einer rot-weißen Schranke, jeder Wagen wurde kontrolliert. Siam parkte sein Auto, wir gingen zum Empfang, und ich erklärte dort, dass ich an einer Wohnung interessiert sei. Schon nach zwei Minuten kam ein junger Thailänder, der perfekt Englisch und gebrochenes Deutsch sprach und uns zu einer Führung abholte. »Sie haben Glück«, ließ er mich wissen. »Derzeit sind einige Wohnungen zu vermieten.«

»Ich weiß ehrlich gesagt noch nicht, ob ich mieten oder kaufen möchte.«

»Ich zeige Ihnen die Objekte einfach einmal. Vielleicht hilft Ihnen das bei der Entscheidung.«

»Ja, vielleicht«, sagte ich im gelangweilten Tonfall eines Mannes, der schon alles hat.

Siam und ich folgten dem Manager. Wir wussten, in welchem Gebäude Frau Buengmoom lebte, und legten es darauf an, in diesem Block eine Wohnung zu besichtigen. »Sie haben noch mal Glück«, sagte der Manager. »Zufällig ist in diesem Gebäude seit Montag eine Wohnung frei.«

Ich sagte natürlich nicht, dass ich mich für Frau Buengmoom interessierte, sondern gab vor, den Blick von genau diesem Gebäude auf den Swimmingpool malerisch zu finden.

»Oh ja, Sir, da haben Sie recht«, nickte der Manager, und seinem gleichbleibend freundlichen Gesicht entnahm ich, dass es ihm völlig gleichgültig war.

In Asien ist es nicht so einfach, etwas an Gesichtern abzulesen. Erstens sind die Menschen dort meistens nett und fröhlich und lächeln viel. Zweitens gehört das Zurschaustellen von schlechter Stimmung, Wut, Ärger in Asien nicht zum guten Ton. Ein Europäer, der unbeherrscht herumbrüllt, hat bei einem Asiaten oft jeden Respekt verloren und macht sich obendrein lächerlich. Was sich der Asiate allerdings nicht anmerken lässt. Er lächelt und bleibt freundlich. Ich bin mir bewusst darüber, dass dies grob verallgemeinernd ist. Es ist jedoch wichtig, die herausstechenden Merkmale und vor allem auch die Benimmregeln einer fremden Kultur, in der man zu Gast ist, zu kennen und zu beherzigen. Ein guter Detektiv fällt nicht auf. Nirgendwo.

»Wohnen hier im Haus eigentlich auch Schweizer?«, fragte ich den Manager im Fahrstuhl.

»Nein. Wir haben Amerikaner, Russen, Deutsche und natürlich Thailänder.«

»Ach, dann fehlt ja noch ein Schweizer«, sagte ich.

»Sie stammen aus der Schweiz?«

Ich nickte.

»Dann gibt es vielleicht doch eine Landsmännin hier. Sie ist zwar Thailänderin, hat allerdings einige Jahre in der Schweiz verbracht«, ließ der Manager mich zuvorkommend wissen, als gehöre die Nationalitätenverwandtschaft mit zum Service.

So rückten wir Frau Buengmoom immer näher. Und es wurde noch besser, denn nachdem der Manager uns die Wohnung gezeigt hatte, schlug er vor, doch einmal bei der Dame, die in der Schweiz gelebt hatte, zu klingeln. Sicher könnte sie mir meine Fragen zum Service und dem allgemeinen Wohngefühl zufriedenstellender beantworten als er. Zumal sie als Quasi-Landsmännin ja wisse, worauf ein Schweizer Wert lege.

Besser konnte es kaum laufen. Doch leider war Frau Buengmoom nicht zu Hause. Niemand öffnete die Tür. Auch nicht Herr Graf, was wirklich ein Knaller gewesen wäre.

Siam und ich aßen eine Kleinigkeit, besorgten Wasser, und dann begann der unangenehme Teil der Mission. Observation in Bangkok in einem Kleinwagen, gefühlte 70 Grad im Wageninneren. Und so warteten wir und warteten und warteten. Ich bin das ja gewöhnt, aber für Siam war es eine Tortur. Dennoch blieb er treu an meiner Seite. Von unserem Parkplatz aus hatten wir die Schranke im Blick. Siam war skeptisch. »Woher willst du wissen, welche von den vielen Frauen, die da ständig rein- und rausgehen, sie ist?«, fragte er mich. »Du weißt doch gar nicht genau, wie sie aussieht.« Das stimmte. Das Lichtbild, das Siam auf seine Art und Weise organsiert hatte, zeigte wenig. Zumal es für einen Europäer schwierig ist, Thailänder auseinanderzuhalten.

»Ich werde sie erkennen«, behauptete ich, und genauso war es
dann auch, als nach drei Stunden ein Taxi vorfuhr. Eine elegante
Frau mit einem circa sechsjährigen Kind stieg aus. Sie war anders gekleidet als eine traditionelle Thailänderin, obwohl sie
ohne Zweifel von hier stammte. Sie benahm sich auch anders als
eine Thailänderin. Ihre Bewegungen waren raumgreifender,
selbstbewusster. Und sie bezahlte den Taxifahrer im Wagen,
nicht auf der Straße durchs Fenster. Auch dem Jungen sah man
seine europäische Herkunft an. Sein Gesicht konnte ich zwar
nicht erkennen, doch er trug saubere Jeans, ein Poloshirt, was
alles noch als thailändisch durchgehen würde. Nicht jedoch
seine Basketballstiefel. Hier trugen Jungs seines Alters gewöhnlich Flip-Flops. Ich fotografierte die beiden. Frau Buengmoom
sah umwerfend aus. Einmal warf sie ihr langes Haar über die
Schulter und blickte nach hinten, direkt in meine Linse. Es
durchzuckte mich förmlich. Adrenalin schoss durch meine
Blutbahnen. Ich sah sie, sie sah mich nicht. Durch mein Objek-
tiv war sie so nah, als stünde sie neben mir. Ich hätte ein winzi-
ges Stück Melonenfruchtfleisch in ihrem Mundwinkel sehen
können. Solche Momente genieße ich. Immer wieder. Siam
grinste. Er fragte mich nicht, warum ich diesen Aufwand betrieb, nie fragte er irgendetwas. Ein sehr angenehmer Mitarbeiter. Frau Buengmoom stöckelte auf ihren langen, wohlgeform-
ten Beinen in ihre Luxusherberge. Eine Zielperson, die man
gerne beobachtete.

Wir observierten Frau Buengmoom fünf Tage. Allmählich
wurde Siam müde. Das stundenlange Im-Auto-Sitzen zer-
mürbte ihn, zumal bei diesen Temperaturen, die immer um die

33 Grad lagen. Aber keine trockene Hitze, sondern dampfig, ab-
gestanden, Smog. Doch unsere Mühe lohnte sich, wir hatten
schon viel herausgefunden. Ich kannte die Schule des Jungen,
den Tagesablauf seiner Mutter, der vor allem aus Shoppen und
Freundinnen-Treffen bestand. Woher hatte sie das Geld? Und
wo war Tobias Graf? Kein einziges Mal hatten wir ihn gesehen.
Ob er sich in der Wohnung versteckte? Am fünften Abend endlich kam Bewegung in die Sache. Frau Buengmoom stieg um
17 Uhr in ein Taxi. Das war ungewöhnlich. Sie ließ sich zum
Hotel *Grand Hyatt* fahren. Als sie ausstieg, sprang ich ebenfalls
aus dem Auto und schickte Siam nach Hause. Adrenalin durch-
flutete mich. Jetzt würde sie sicher meine Zielperson treffen. Im
Hyatt verkehrten fast nur wohlhabende Europäer. Da passte Tobias Graf doch ins Bild. Seeda Buengmoom durchquerte die
Lobby und steuerte den Lift zum bekannten *Spasso Nightclub*
an. Sie drehte sich kein einziges Mal um. Sie spürte meine Blicke
in ihrem Rücken nicht. Sie rechnete ja nicht mit einem Verfolger. Sie fühlte sich sicher. Wenn jemand befürchten muss, entdeckt zu werden, reagiert er sensibler auf fremde Blicke. Und
mancher Kriminelle scheint sogar im Rücken Augen zu haben.

Die Kontaktaufnahme

Seeda Buengmoom, ich schätzte sie auf Ende zwanzig, war eine
Klassefrau. Sie könnte sofort als Model arbeiten. Für eine Thailänderin war sie sogar recht groß, sicher über 1,70 Meter, mit
den High Heels an die 1,80 Meter. Sie erinnerte mich ein wenig
an die junge Tina Turner mit ihren langen, rötlichen Haaren,

aber sie war graziler, anmutiger, schmaler, auch Naomi Camp-
bell kam mir in den Sinn. Ich folgte ihr in den Nachtclub, setzte
mich an die Bar und beobachtete sie. Dabei gibt es gewisse Regeln zu beachten, damit die Zielperson das nicht merkt, und
auch sonst niemand darauf aufmerksam wird: »Der Herr dort
drüben lässt Sie nicht aus den Augen.« Oder die Zielperson
wird gewarnt, weil sie bekannt ist. Oder sie hat jemanden dabei,
der abcheckt, dass sie nicht ins Visier gerät. Beobachten, ohne
aufzufallen, ist sehr anstrengend, erfordert höchste Konzentration und ermüdet die Augen. Wie immer in solchen Fällen benahm ich mich so, wie es sich für diesen Ort gehört. An der Bar
gab ich den launigen Touristen, redete mit anderen Männern,
sprach mit ihnen über das Wetter und das Essen, erkundigte
mich nach Geheimtipps, ich lachte mit ihnen, verwickelte den
Kellner in ein Gespräch. Niemand hätte daran gezweifelt, dass
ich ein wahrscheinlich wohlhabender Tourist war. Und bei all
dem ließ ich meine Zielperson nicht aus den Augen. Schließlich
wendete ich mich meinem Nachbarn linker Hand zu, der so
saß, dass ich Seeda im Blickfeld behielt, und begann eine längere Unterhaltung mit ihm. Der Mann sollte nicht merken, dass
ich nicht vordringlich an seinen Geschichten interessiert war,
musste sich aber gemeint fühlen. Er sollte nicht spitzkriegen,
dass er mich langweilte. »Ach, wie interessant«, sagte ich deshalb des Öfteren und versuchte, hin und wieder etwas Gehalt-
volles sagen, um das Gespräch in Gang zu halten. Und dabei
stets meine Zielperson zu observieren. Klingt wie Schwerstarbeit? Ist Schwerstarbeit!

In einer kleinen Verschnaufpause, als sich mein Gesprächspartner mit dem Kellner unterhielt und ich meine Blicke durch

den Nightclub schweifen ließ, überkam mich dieses vertraute und doch immer wieder prickelnde Gefühl, das sich nach einiger Zeit einer Observation einstellt. Ich muss allerdings gestehen, dass dieses Prickeln im Lauf der Jahre an Intensität verloren hat. Als junger Detektiv haute es mich manchmal regelrecht um. Mit den Jahren habe ich mich daran gewöhnt. Aber natürlich bin ich mir doch immer über die Besonderheit meines Berufes bewusst. Ich folgte dieser Frau seit mehreren Tagen. Ich wusste sehr viel über sie, schlich mich in ihr Leben, und sie hatte nicht die geringste Ahnung von meiner Existenz. Sie ahnte nicht, wie viele Gedanken ich mir um sie machte. Wer bist du? Was geht in dir vor? Wie sehen deine Pläne aus? Darüber zumindest erhielt ich nun Aufklärung.

Es war offensichtlich, dass Seeda Buengmoom an einem Europäer interessiert war, denn sie hielt sich an diese. Es gab auch einige Thailänder, die hier verkehrten, und ich sah ihnen ihre Zugehörigkeit zur Unterwelt auf den ersten Blick an. Wie immer in ihrer Position waren sie eher fett als dick, mehrere Flaschen Champagner und mehrere schöne Frauen kreisten um sie. Und natürlich hatten sie ihre Bodyguards dabei. Mit solchen Gestalten ist nicht zu spaßen. Eine falsche Bewegung, ein falsches Wort, und es gibt Ärger. Als Tourist sollte man sich von ihnen fernhalten, ihre Verbindungen reichen bis in die Politik und in die Verwaltung. Auch zur Polizei haben sie beste Kontakte, und sie können einem den Aufenthalt in einem Urlaubsland ziemlich vergällen.

Seeda sprach Männer an, die deutlich älter, deutlich schlechter aussehend waren als sie. Aber alle strahlten sie Macht und Reichtum aus. Seeda wirkte auf mich nicht wie eine Prostituierte, sondern sie suchte anscheinend einen finanzkräftigen Mann, der sie mit nach Europa nehmen würde.

Beim Kellner orderte ich zwei Siam-Sunray-Cocktails, weil sie dieses Getränk bestellt hatte. Das Lieblingsgetränk vieler Thailänder besteht unter anderem aus Wodka, Kokosnuss, Thai Chilis und Lemongrass – eine interessante Mischung. Als Seeda Buengmoom allein neben einer Säule stand, ging ich mit den beiden Gläsern zu ihr und lud sie ein. Sie musterte mich neugierig, dann nahm sie meinen Drink an. Von Nahem sah sie noch umwerfender aus. Es war mir klar, dass ich nicht in ihr Beuteschema passte. Ich war zu jung und womöglich auch zu attraktiv, da mir Bauchansatz und Doppelkinn fehlten. Also musste ich ihr zeigen, dass sie sich täuschte. Auf die Frage, was mich nach Bangkok führte, erklärte ich ihr, dass ich beabsichtigte, in Pattaya eine Villenanlage für Europäer zu bauen und deshalb in Bangkok zahlreiche Termine wahrzunehmen hätte. Da wurde sie hellhörig und wendete sich mir ganz zu. Bis dahin hatten ihre Blicke noch herumgeschweift, ob es nicht einen besseren Kandidaten gäbe. Nun nahm sie gern an einem Tisch mit mir Platz. Ich bestellte ein paar spicy Dips, später noch zwei Siam Sunray, und wir unterhielten uns angeregt. So fiel es Seeda nicht auf, dass ich nur an meinem Drink nippte; schließlich brauchte ich einen kühlen Kopf. Sie wurde immer lockerer. Ich ließ einige Male ins Gespräch einfließen, wie vermögend ich war. Neulich hatte ich mich ziemlich über einige Zollbeamte geärgert, die es mir vereitelt hatten, meine Jacht nach Phuket zu bringen. »Immer neue Schikanen haben sie sich einfallen lassen. Sogar meine Anwälte, und die sind normalerweise nicht aus der Ruhe zu bringen, haben sich aufgeregt.«

»Anwälte!« Sie machte eine wegwerfende Bewegung. »Ich hätte dir helfen können, Peter.« Meinen Decknamen sprach sie melodiös, mit zwei lang gedehnten Vokalen aus. »Schade, dass wir uns erst jetzt kennenlernen.«

Sie wurde anschmiegsamer, weicher. Wir unterhielten uns über die Schweiz. Sie wechselte vom Englischen in ein relativ gutes Deutsch mit einem leichten Schweizer Akzent, was überaus charmant wirkte bei ihrem exotischen Aussehen.

Nach circa 30 Minuten wagte ich einen Vorstoß und fragte sie direkt, wo sie wohne.

Sie zögerte nicht. »Ach, nicht weit weg. Aber zu mir können wir nicht. Weißt du, ich hab einen Sohn.«

»Den möchte ich gern mal kennenlernen. Wie alt ist er denn?«

»Sechs.«

»Wenn ich dich besuche, sehe ich ihn ja.«

»Das geht zurzeit nicht.«

Interessant, dachte ich mir. Weil sich Tobias Graf in der Wohnung versteckte?

»Bist du verheiratet?«

»Nein, nein«, wehrte sie schnell ab. »Ich bin frei.« Sie legte ihre Hand auf meinen Unterarm. »Ganz frei.«

Als wir uns kurz vor Mitternacht voneinander verabschiedeten, hatten wir unsere Telefonnummern ausgetauscht. Seeda kannte nun meine thailändische Prepaid-Nummer.

Schon am nächsten Mittag rief sie mich an. »Hallo Peter.«

»Hallo Seeda.«

»Du, heute würde es bei mir sehr gut passen. Der Vater meines Sohnes ist in der Stadt und wird den Kleinen abholen. Ich habe Zeit bis morgen Abend.«

»Das klingt großartig«, sagte ich und log dabei kein bisschen.

In Windeseile bereitete ich alles vor. Siam war wenig begeistert von der Aussicht, abermals vor der Wohnanlage zu observieren, doch Tobias Graf würde eventuell bald auftauchen. Wenn er mit seinem Sohn wegfuhr, konnten wir herausfinden, in welchem Hotel er logierte. Doch es tauchte kein Tobias Graf auf. Stattdessen erschienen Seeda und ihr Sohn. Ein Taxi war bereits bestellt. Siams Auto sprang nicht an. Ich riss die Tür auf und meinen Rucksack an mich und enterte ein Tuk-Tuk. In letzter Sekunde sprang auch Siam in das Gefährt und instruierte den kaum Englisch sprechenden Fahrer, einen jungen Inder, auf Thailändisch dem Taxi zu folgen.

Sich in einem Tuk-Tuk normal fortzubewegen, ist schon ein Abenteuer. Eine Verfolgungsfahrt in einem Tuk-Tuk ist lebensgefährlich. In mehreren Kurven glaubte ich, wir würden umkippen. Zugleich war ich völlig benebelt von den Abgasen, die von unten aufstiegen. Am schlimmsten aber war diese ohrenbetäubende indische Musik. Siam lachte. Diese Sache war ganz nach seinem Geschmack. Das Taxi mit Seeda hielt vor einem großen Einkaufszentrum. Unter höchsten Vorsichtsmaßnahmen schaute ich ihr eine Stunde lang beim Shopping zu. Selbstverständlich verkleidete ich mich. In meinem Rucksack hatte ich eine Mütze und ein graues T-Shirt, wie es viele Thailänder trugen, und ich setzte eine große Sonnenbrille auf. Das war keine professionelle Verkleidung, aber wenn ihr Blick mich streifen würde, wäre es genug, um nicht hängen zu bleiben. Und sie rechnete nicht damit, mich hier zu sehen. Das war meine beste Deckung.

Wenn uns manchmal die Namen von Leuten nicht einfallen, die wir an Orten treffen, wo sie nicht hingehören, merken wir das auch. Kennen wir sie überhaupt, oder sieht der oder die nur jemandem ähnlich? Ben gehört ins Fitnessstudio, nicht hinter den Schalter in der Postfiliale. Da kommt er einem nur bekannt vor, und später erinnert man sich: War das nicht Ben?

Ich rückte Seeda nicht zu nah auf den Pelz. 10, 20 Meter ließ ich immer zwischen uns. Wenn möglich, blieb ich in Deckung. Dabei musste ich aber gleichzeitig auf meine Umgebung achten. Ich durfte mich nicht auffällig benehmen, sondern musste trotz meiner konzentrierten Observation den Eindruck erwecken, entspannt zu sein, zu bummeln, Schaufenster zu betrachten. Dementsprechend kaputt kehrte ich in mein Hotel zurück. Außer Shopping war nichts weiter geschehen. Ich stand unter der Dusche, als sich Seeda meldete. »Passt dir 17 Uhr?«

»Ja, gern.«

»Holst du mich ab?«

»Es wird mir ein Vergnügen sein.«

Ich rief Siam an und beauftragte ihn, das Haus weiterhin zu observieren, auch nachdem ich mit Seeda weggefahren wäre. Es könnte sein, dass sie den Jungen in der Obhut einer Nanny zurückließ und Tobias Graf ihn später abholen würde. Es könnte aber auch anders kommen. Und genau so war es dann.

Als ich um 17 Uhr im Taxi vor Seedas Wohnanlage vorfuhr, kam sie mir mit ihrem Sohn entgegen. »Können wir ihn bitte noch schnell zu seinem Vater bringen? Dann habe ich Zeit bis morgen Mittag.« Jackpot!

Ahnungslos nannte sie dem Fahrer die Adresse. Tobias Graf wohnte am All Seasons Place im *Conrad Bangkok*. Er war, so hörte ich von Seeda, schon eine Weile hier. Das Conrad war meines Wissens das einzige Hotel, das auch Apartments an Leute vermietete, die länger blieben.

Der Junge schaute mich kaum an, er war mit seiner Playstation beschäftigt. Seeda gab sich in seiner Gegenwart distanziert, das war mir sehr recht. Sie war eine wunderschöne Frau, doch ich würde niemals eine Affäre im Umfeld eines Einsatzes beginnen.

Als Seeda mit dem Jungen ausstieg und zur Rezeption ging, rief ich Siam an und erlöste ihn von seiner Observation. Dann folgte ich Seeda. Sie stieg in den Fahrstuhl zu den Residenzen, wie die längerfristig vermieteten Apartments bezeichnet wurden. Ich beobachtete auf der Anzeige, wo der Fahrstuhl hielt, und erkundigte mich dann beim Doorman nach »meinem Freund aus Europa im 19. Stock. Können Sie mir bitte seine Telefonnummer geben, damit ich nicht über die Vermittlung anrufen muss?«

Der freundliche Doorman rief beim Concierge an, und ich erhielt auch noch die Zimmernummer, da sie von der Telefondurchwahl abzulesen war.

Ich ging zurück zum Wagen. Kurz darauf erschien Seeda.

»Das ist ja eine praktische Lösung«, begrüßte ich sie. »So kann dein Sohn immer auch Zeit mit seinem Vater verbringen, oder ist er nur vorübergehend hier?«

»Nein. Er ist schon länger da und wird wohl noch eine Zeit bleiben.«

»Schön«, sagte ich. Das bedeutet, dass ich Zeit hatte, Tobias Graf im *Conrad* abzufangen.

»Wieso schön?«, frage Seeda irritiert.

»Weil der Junge dann regelmäßig seinen Vater sieht. Ich finde das gut. Jungs brauchen Väter.«

Sie grinste. »Und Frauen brauchen Männer.«

Auf der Fahrt in das Sterne-Restaurant *The Dome* in der Silom Road, wohin ich Seeda zum Essen eingeladen hatte, plauderten wir über Väter und Söhne und gescheiterte Beziehungen, und ich erfuhr, dass Tobias Graf keiner Beschäftigung nachging. Seeda sprach recht abfällig von ihm. Offensichtlich war sie nur an seinem Geld interessiert. Laut ihrer Auskunft hatte er davon eine Menge. Sie hielt nicht hinterm Berg damit, dass er ihr Leben in Bangkok finanzierte.

Für mich war es ein wundervoller Abend. Ich hatte meinen Auftrag erfolgreich zu Ende gebracht, Tobias Graf gefunden. Es machte mir Freude, Seeda mit dem Besten zu verwöhnen, denn sie hatte mir sehr geholfen – was sie am Ende sicher bitter bereut hätte, denn diese Hilfe würde ihr sorgloses Leben beenden. Zum Abschluss lud ich sie noch in die Skybar *Sirocco* im 63. Stockwerk ein, von wo aus man einen herrlichen Blick über die Skyline dieser großartigen Stadt genießt.

Bald würde ich, die Zeitverschiebung berücksichtigend, Herrn Dr. Schümperli informieren, damit er alles für einen Zugriff in Bangkok vorbereiten konnte. Blieb allein das Problem, wie ich die überaus anschmiegsame Seeda loswerden sollte, die damit rechnete, die Nacht mit mir zu verbringen. Nachdem ich ihr versichert hatte, was für eine schöne und kluge Frau sie sei, erklärte ich ihr, dass ich gebunden sei.

»Das macht doch nichts!«, meinte Seeda.

»Oh doch«, widersprach ich.

»Aber deine Freundin ist doch nicht hier!«

»Sie ist in meinem Herzen«, erklärte ich. »Überall und immer.« Und da akzeptierte Seeda, dass sie keine Chance hatte.

Es dauerte vier Tage, bis Rechtsanwalt Dr. Schümperli alles Nötige in die Wege geleitet hatte und mit seinem Mandanten Herrn Dr. Oberling im Hotel ankam. So lernte ich auch den Geschädigten kennen, der angesichts der bevorstehenden Begegnung sehr angespannt wirkte. Nach einem Gespräch mit dem Concierge fuhren die beiden Herren in Begleitung von vier Polizeibeamten und zwei anderen Herren zu Tobias Graf in den 19. Stock.

Ich bestellte mir ein Wasser und wartete in der Lobby. Und dann sah ich meine Zielperson Tobias Graf zum ersten Mal. Ich kannte sein Haus, seine Biografie, seine Frau, seinen Sohn – und er ging an mir vorbei wie an einem Fremden. Für den Bruchteil einer Sekunde begegneten sich unsere Blicke. Für Graf eine nichtssagende Alltäglichkeit. Für mich der Schlusspunkt hinter einem weiteren erfolgreichen Einsatz.

Gefahr-Radar

- Wenn Sie gerade erst jemanden neu kennengelernt haben: Halten Sie sich beim ersten Gespräch bedeckt. Geben Sie nicht allzu viel preis. Viele Leute sagen: »Ich habe doch gar nichts ausgeplaudert.« Aber sie haben es doch getan. Um sich selbst auf die Schliche zu kommen, könnte es interessant sein, ein Gespräch einmal aufzuzeichnen und dann zu erkennen, welche Informationen tatsächlich geflossen sind. Sie werden staunen! Zumal Sie ja mittlerweile über genug detektivischen Spürsinn verfügen, um zu kombinieren.

- Halten Sie sich beim Alkohol zurück. Trinken Sie nur das, was Sie wirklich trinken wollen und auch gut vertragen. Lassen Sie sich keine Drinks aufdrängen. Sie müssen davon ausgehen, dass man Sie in angetrunkenem Zustand leichter aushorchen kann.

- In Liebesangelegenheiten und solchen, die es werden sollen, können Sie das Interesse Ihrer Bewerber schnell austesten. Es gibt Frauen, die suchen vor allem einen Mann, der sie finanziell unterstützt. Signalisieren Sie hier als Mann, dass es bei Ihnen nichts zu holen gibt – Insolvenz, Scheidung, Hartz IV – so merken Sie schnell, ob die Dame Sie meint oder Ihren Geldbeutel. Ich weiß, dass es vielen Männern schwerfällt, das Protzen einzustellen, das sich ihrer bemächtigt, sobald sie einer schönen Frau begegnen. Doch manchmal ist es klüger, glauben Sie mir. Das Gleiche gilt auch für Frauen. Verschweigen Sie Ihre Jacht, Ihr Cabrio, Ihre Villa. Ist der Herr noch immer interessiert?

- Wann immer Ihnen jemand, den Sie erst flüchtig kennen, viele Fragen zu Ihren persönlichen Lebensumständen stellt, sollten Sie Vorsicht walten lassen.

- Viele Menschen haben Schwierigkeiten damit, Fragen, die ihnen gestellt werden, nicht zu beantworten. Sie antworten brav wie wohlerzogene Kinder. Hören Sie einmal Politikern zu. Die antworten höchst selten auf die Fragen, die ihnen gestellt werden. Diese Taktik können Sie ebenso für sich nutzen. Werden Sie also von jemandem etwas gefragt und wollen darauf nicht antworten, dann machen Sie sich doch den Spaß und erfinden eine Antwort. Das ist gewöhnungsbedürftig, aber üben Sie es ruhig einmal im Freundes- und Familienkreis.

Bist du traurig, weil Wolfgang ausgezogen ist?
Ich bin jedes Wochenende unterwegs. Letzten Samstag war ich mit Beate beim Wandern. Dort haben wir …

Und warum hat Ihnen Ihr Chef gekündigt?
Ich bin sehr froh, dass ich jetzt keine so lange Anfahrt mehr zur Arbeit habe. Und ich habe das Radfahren für mich entdeckt. Manchmal fahre ich sogar mit dem Rad zu meinen Kundenterminen.

Wie viel verdienen Sie in Ihrem Job?
Das ist natürlich ein Kriterium, aber man hat ja zum Glück die Wahl. Es gibt viele Jobs, und ich finde, dass man allgemein für mehr Gerechtigkeit in puncto Bezahlung sorgen müsste. Gerade Frauen sind hier benachteiligt.

Merken Sie es? Plötzlich ist man weg vom Thema, eine neue Richtung – die Ihnen mehr behagt – ist eingeschlagen. Sie leiten das Gespräch. Behalten Sie die Kontrolle. Jederzeit.

Der Verrat, der aus
der Kälte kam – Doppelleben

Nicht immer verlaufen die Ermittlungen so reibungslos wie in Bangkok, und auch das Klima ist oft ein anderes, zuweilen rau. Wenn ich in zwei sehr verschiedenen Fällen nacheinander ermittle, werden mir manche Unbequemlichkeiten, die mein Beruf auch mit sich bringt, noch bewusster. Aber das sind letztlich nur Kleinigkeiten. Ich liebe es, Detektiv zu sein. Und jeder Auftrag stellt mich vor andere Herausforderungen.

Ich flog nach Zypern, um meine neue Auftraggeberin kennenzulernen. Sie hatte einen Detektiv für Weißrussland gesucht und Freunde sowie ihre Anwältin hatten mich recherchiert. Es war schwierig, einen Treffpunkt zu vereinbaren. Aysel Resa hatte anscheinend große Angst. Am Telefon wollte sie mir nicht erzählen, worum es ging.

Wir verabredeten uns in einem Lokal in Nikosia. Ich wartete bereits eine Viertelstunde, da erschien eine Frau mit modisch geknotetem Kopftuch und einer Sonnenbrille, die fast bis zu den Mundwinkeln reichte. Sie war zierlich und attraktiv. Und sehr nervös. Bei der Begrüßung am Tisch stieß sie mein Wasserglas um. Es dauerte eine Weile, bis ich sie beruhigt hatte.

»Haben Sie denn Gründe zu vermuten, dass man Ihnen gefolgt ist?«

»Nein, nein. Es ist nur … Was ich vorhabe … Das ist doch, also das macht man doch nicht.«

»Kommt darauf an«, erwiderte ich.

Aysel Resa hatte mit ihrem Mann Mustafa auf Zypern ein erfolgreiches Unternehmen in der Telekommunikationsbranche aufgebaut. Vor drei Jahren bekamen sie den Zuschlag für ein Megaprojekt in Weißrussland. Dort sollte ihre Firma die Kabel für ein schnelleres Internet und Telefon verlegen.

»Waren Sie persönlich schon einmal in Minsk?«, fragte sie. Ich verneinte.

»Ja dann … Können Sie diesen Auftrag überhaupt annehmen?« Sie schaute mich verzweifelt an, und ich merkte, dass sie mir bereits jetzt, nach der kurzen Zeit, die wir uns gegenübersaßen, vertraute.

»Deshalb bin ich hier. Aber was genau wäre mein Auftrag?«

Sie biss sich auf die Unterlippe. Das machte sie öfter und betonte damit, sicher ohne es zu ahnen, ihren schönen Mund.

»Wir haben zwei Kinder, mein Mann und ich. Deshalb bin ich hiergeblieben und habe unsere Firma in Nikosia geleitet. Mein Mann fuhr ohne mich nach Minsk, mietete Büroräume, stellte Leute ein und sorgte vor Ort für alles. Am Anfang kam er jede Woche nach Hause. Dann alle drei Wochen. Ich habe das verstanden. Ich kenne das Geschäft. Er hat viele Probleme in Minsk: mit einheimischen Firmen, mit den Behörden, obwohl sie uns zum Teil beauftragt haben. Wir hatten Lieferschwierigkeiten, die Arbeiter haben Mist gebaut, technisches Gerät ging kaputt.« Wieder biss sie sich auf die Unterlippe. »Ich will damit sagen, dass es durchaus Gründe gab, warum er immer seltener nach Hause kam. Zumal wir unseren Großkunden in Nikosia verloren haben. Es ist wichtig, dass mein Mann das Projekt in Weißrussland erfolgreich zu Ende bringt. Aber …«

»Ja?«

»Seit einem Jahr kommt er nur noch alle zwei Monate und bleibt nur drei, vier Tage. Er sagt, länger könne er die Baustelle nicht allein lassen. Aber ich habe ein komisches Gefühl. Ich glaube, dass er mich betrügt. Aber wie soll ich ihm das nachweisen? Ich will ihn auch nicht von der Arbeit abhalten. Ich will nicht die unzufriedene Frau sein, die ihm das Leben zur Hölle macht. Er soll nicht glauben, ich wüsste nicht, wie wichtig dieses Projekt ist. Aber trotzdem«, wieder biss sie sich auf die Unterlippe, »zwei Monate sind sehr lang, finden Sie nicht?«

»Haben Sie ihn darauf angesprochen?«

»Ja. Er sagt, ich bilde mir das ein. Er sei völlig kaputt von der Arbeit und wolle nicht mit mir streiten, wenn er zu Hause sei. Ich will das ja auch nicht. Aber ich habe so ein Gefühl … Ich kann es nicht erklären … Irgendetwas ist anders. Letztes Mal hat er die Badezimmertür abgesperrt. Das hat er noch nie gemacht. Die Kinder haben es gemerkt, weil sie reinwollten. Er hat dann ein Spiel daraus gemacht. Aber ich glaube, er hat heimlich telefoniert.«

»Haben Sie irgendwelche Beweise?« Aysel Resa legte ihre Hand auf ihre Brust und schaute mich eindringlich an.

Bitte verwanzen Sie meine Frau

Seitensprünge sind ein beliebtes Feld bei Detektiven. Da ich überwiegend als Wirtschaftsdetektiv agiere, übernehme ich aktuell nur noch sehr selten derartige Aufträge, und dennoch öfter, als es mir lieb ist. Es kommt immer wieder vor, dass mich Unternehmenschefs, Vorstände und Mitarbeiter in leitender Funktion, für die ich im Bereich der Wirtschaftskriminalität ermittelt habe, beiseitenehmen oder aus »privaten Gründen« anrufen und dann mit ihrem Problem herausrücken: Ich glaube, meine Frau betrügt mich.

Gerade sehr erfolgreiche, beruflich hoch engagierte Männer und auch Frauen sind manchmal, was Beziehungen betrifft, regelrecht hilflos. Sie beherrschen die Verhaltensregeln außerhalb der Führungsetage, also im normalen Leben, nicht. Da sie im Job häufig in Intrigen und Machtspiele verwickelt sind, übertragen sie das auf ihren Privatbereich. Und wissen sich bei einer Ungereimtheit oft nicht anders zu helfen, als einen Detektiv zu engagieren. Da fungiere ich hin und wieder auch als Psychologe und habe nicht wenigen geraten, die eine Totalüberwachung ihrer Ehefrau anstrebten: »Vielleicht sprechen Sie erst einmal mit Ihrer Frau.«

Manchen Männern bereitet es Bauchschmerzen, wenn sie beruflich viel unterwegs sind, was ihre Frau allein zu Hause macht. Bleibt sie allein? »Können Sie vielleicht einige Kameras in meinem Haus installieren, die sind doch jetzt ganz klein, und ja, auch Wanzen, natürlich. Ich möchte gern wissen, was meine Frau so treibt, wenn ich nicht da bin, in Bild und Ton. Das kann ich doch dann mit meinem Laptop von unterwegs aus abrufen, oder? Und ihr Auto soll auch verwanzt werden, wenn Sie schon dabei sind. Ich wüsste auch gern, wohin sie fährt. Das ist doch machbar?«

Theoretisch ist so etwas möglich, und das wissen die Leute aus Film und Fernsehen. Aber es ist illegal. Was aber viele Ehepaare nicht zu stören scheint, die immer wieder den Wunsch an mich herantragen, ihren Partner, also eigentlich den ihnen am nächsten stehenden Menschen, komplett zu verwanzen. Es bringt nichts, wenn ich meinen Kunden erkläre, dass sie damit ihre Beziehungsprobleme keinesfalls lösen. Also sage ich ihnen, dass sie einen Lauschangriff planen, der ins Gefängnis führen kann.

»Aber sie ist doch meine Frau.«

»Deswegen dürfen Sie sie trotzdem nicht abhören.«

»Gibt es denn gar keine Möglichkeit?«

»Doch.«

»Und das wäre?«

»Sie holen eine schriftliche Einverständniserklärung Ihrer Frau ein, dass sie einer Totalüberwachung zustimmt.«

»Sehr witzig.«

»So lautet das Gesetz.«

»Aber Sie sind doch Detektiv!«

»Genau deshalb halte ich mich daran.« § 201 des deutschen Strafgesetzbuches stellt die unbefugte Aufnahme des nicht öffentlich gesprochenen Wortes, zum Beispiel eines Gesprächs, auf einen Tonträger unter Strafe, ebenso die Verwendung einer solchen Aufnahme oder ihre Offenlegung gegenüber Dritten. Strafbar sind auch das unbefugte bloße Abhören des nicht öffentlich gesprochenen Wortes mit einem Abhörgerät und die öffentliche Mitteilung des aufgenommenen und abgehörten

Wortes. Letztere ist aber nur strafbar, wenn sie berechtigte Interessen eines anderen beeinträchtigen kann. Sie ist nicht rechtswidrig bei der Wahrnehmung überragender öffentlicher Interessen.

Da schon die heimliche Wortaufnahme – der Lauschangriff – gegen Art. 1 Abs. 1 GG verstößt, setzt ein befugtes Handeln eine besondere Rechtfertigung voraus, etwa eine gesetzliche Grundlage (§§ 100 a, b StPO und das sogenannte Abhörgesetz, Gesetz zu Art. 10 Grundgesetz, G 10) oder eine Ausnahmelage, so etwa beim Abhören einer Verabredung zu einer schweren Straftat.

Heutzutage gibt es Wanzen, sie sind so groß wie der Kopf einer Stecknadel. Wer illegal operiert, klebt sie von außen an eine Fensterscheibe und hört so alle Gespräche im Haus. Auch in Restaurants oder wann immer es darum geht, ein Gespräch zu belauschen, kommen diese kleinen Wanzen, man kennt das aus Film und Fernsehen, zum Einsatz. Jemand geht in einer Szene nah an einem Tisch vorbei, lässt etwas fallen, bückt sich oder bindet sein Schuhband, und klebt dabei die Wanze unter den Tisch. Solche Wanzen sind teuer, werden aber in Krimis nie eingesammelt. Beim Film haben sie Geld oder die Requisiteure sind vergesslich.

Ich selbst setze niemals Wanzen ein. Aber manchmal eine Kamera, die in verschiedenen Accessoires versteckt ist. In der Zigarettenschachtel, im Feuerzeug, in der Uhr, der Krawattennadel. Oder im Kugelschreiber, der bei Bedarf auch schreibt. Im Gegensatz zum Lauschangriff ist eine Filmaufnahme vor Gericht unter Umständen als beweisstützend verwertbar. Einen solchen Fall schildere ich später noch. Fotografieren ist auch erlaubt, wenn ein »berechtigtes Interesse« besteht. Diese juristi-

sche Formulierung kann in vielerlei Hinsicht greifen. Im Großen und Ganzen gilt jedoch, dass alle Informationen, die illegal
beschafft wurden, nicht gewertet werden und mehr noch: Sie
sind strafbar. Streng genommen dürfte man also auch nicht fotografieren. Aber wenn man ein berechtigtes Interesse nachweisen kann, ist es in Ausnahmefällen gestattet. Das juristische berechtigte Interesse kann nicht beansprucht werden, wenn Sie
einfach mal so wissen wollen, was in Nachbars Garten geschieht.
Auch wenn Sie Ihr Interesse für berechtigt halten, der Gesetzge-
ber sieht das anders. Ich stelle häufig fest: Die Neugier treibt
zuweilen absonderliche Blüten.

Aysel Resas Neugier hielt ich für berechtigt. Nach allem, was ich
gehört hatte, vermutete ich auch, dass ihr Mann sie betrog und
vielleicht sogar versuchte, sie aus der gemeinsamen Firma zu
drängen. Nach so vielen Jahren habe ich einen Instinkt entwi-
ckelt, ob ein Fall wirklich oder nur in der Einbildung meiner
Auftraggeber existiert. Und obwohl die Menschen, die mich mit
Ermittlungen in Liebesdingen beauftragen, ja selbst vermuten,
dass etwas nicht stimmt, hoffen sie doch alle. »Wissen Sie, ich
glaube ja nicht wirklich, dass es so ist«, höre ich oft. »Aber ich
möchte Gewissheit. Bestimmt täusche ich mich. Doch ich will
meine Zweifel ausräumen.«

Alle hoffen. Und die meisten irren sich. Und sie haben Angst
vor dem, was ich herausfinde. Natürlich werde ich auch gefragt,
warum es dazu gekommen ist. Meiner Erfahrung nach geschehen Seitensprünge häufig dann, wenn ein Partner sexuell kein
Interesse mehr am anderen zeigt, der das vermisst. Es gibt auch
Paare, die leben glücklich ohne Sex zusammen. Aber wenn ei-

ner etwas vermisst, ist das immer eine Gefahrenquelle für eine Affäre. Und natürlich kann Streit oder Stress in der Beziehung zu einem Seitensprung verführen. Mit dem Geliebten ist auf einmal alles so schön, liebevoll, zärtlich, aufregend, prickelnd. »Ich hatte schon vergessen, wie es sein kann«, höre ich manchmal, wenn mir Menschen von ihren unglücklichen Beziehungen erzählen. Davon scheint es viele zu geben. Man hält aneinander fest, obwohl man sich nicht guttut. Aber bevor man sich trennt, schickt man lieber erst mal einen Detektiv los. Manchmal durchaus mit berechtigtem Interesse, denn eine Trennung ist oft kompliziert, und wenn Geld im Spiel ist, braucht man Beweise.

Gefahr-Radar

Die meisten Menschen sind gutmütig und denken: Mein Partner betrügt mich nicht. Deshalb schalten sie ihr Gefahr-Radar irgendwann aus. Was ihr Partner, der den Seitensprung begeht, natürlich weiß. Man kennt sich schließlich. Viele Leute glauben, gerade weil man sich so gut kenne, sei ein Seitensprung nicht zu vertuschen. Das Gegenteil ist der Fall: Weil man so vertraut ist, ist es so leicht, sich hinters Licht zu führen. Also schalten Sie Ihr Gefahr-Radar auch in einer Beziehung hin und wieder für einen Testlauf kurz ein. Nicht, weil ich Ihnen Misstrauen einreden will. Nein, damit Sie sich mit dem Thema beschäftigen. Denn die Realität zeigt mir, dass ein Seitensprung jene Menschen am härtesten trifft, die überhaupt nicht damit gerechnet haben. Manche fallen dann in ein tiefes Loch, aus dem sie nicht mehr herauskommen. Also: Machen Sie sich mit dem Gedanken vertraut, dass es auch Sie treffen könnte. Und sollte dieser Fall dann eintreten, sind Sie wenigstens ein kleines bisschen vorbereitet. Das macht es leichter, glauben Sie mir.

Verdächtige Spuren

Der Verdacht auf Untreue macht die meisten Menschen zu Hobbydetektiven. Sie checken die Mails und SMS ihrer Partner, kontrollieren den Kalender, stellen Fangfragen, um ihren Verdacht zu erhärten. Manchmal finden sie Spuren, mit denen sie nicht gerechnet haben. Zum Beispiel Make-up auf einem Hemd. Oder Flecken an der Wäsche. Haare an der Kleidung. Parfümduft. Man kennt das alles aus Filmen. Wenn man selbst betroffen ist, sieht die Welt urplötzlich anders aus. Alles, worauf man sich verlassen hat, droht einzustürzen. Das Gefühl der Sicherheit ist stark bedroht, die Zukunft auf einmal ungewiss. Wie geht es weiter? Und was ist, wenn der Partner alles abstreitet? Oder, auch das kommt vor, wenn die Verdächtigungen falsch sind, ein eifersüchtiger Partner aber dennoch daran festhält? Eifersucht ist ein schweres Schicksal, das einem das Leben zur Hölle machen kann.

Gerade in Liebesangelegenheiten habe ich oft noch weitere Funktionen als die des Ermittlers. Ich fungiere als Beichtvater, Psychologe, seelischer Beistand. Und außerdem stelle ich beim Erstgespräch eine Menge Fragen, was gerade für Frauen, die mich ja eben erst kennengelernt haben, oft unangenehm ist. Doch ich brauche so viele Informationen wie möglich.

Wie hat sich Ihr Verhältnis im Gegensatz zu früher verändert?

Hat sich Ihr Mann im Wesen verändert?

Wann waren Sie das letzte Mal mit Ihrem Mann intim?

Glauben Sie, dass er gern mehr Sex hätte?

Hat sich der Sex mit Ihrem Mann verändert?

Von wem geht die Initiative meistens aus?

Können Sie die Zuneigung Ihres Mannes spüren?

Haben sich seine Gewohnheiten verändert?

Und so weiter.

Männer frage ich das alles auch, aber von Mann zu Mann fallen die Antworten in der Regel leichter. Wenn eine Frau fremdgeht, merkt man das oft daran, dass sie sich plötzlich hübsch macht. Sie verändert auch oft ihr Äußeres, geht zum Friseur, ins Nagelstudio, kleidet sich körperbetont. Hellhörig sollten Männer, die einen Verdacht hegen, werden, wenn sich ihre Partnerin auffallend oft mit Freundinnen trifft. Freundinnen sind der Nummer-eins-Vorwand von Frauen.

Auch ein Mann, der fremdgeht, kann seinen Kleidungsstil ändern oder das Rasierwasser und die Frisur wechseln – wie es seiner Geliebten gefällt. Wenn er sich zudem gründlicher pflegt als zuvor, oft in den Spiegel schaut, viel Arbeit vorschützt und häufig Überstunden macht … dann könnte eine Affäre dahinterstecken.

Männer, die vermuten, betrogen zu werden, verfolgen ihre Frauen öfter als Frauen, die dasselbe von ihren Männern befürchten. Von einem solchen Kunden höre ich dann: Am Vormittag war sie wahrscheinlich in ihrem Home-Office und beim

Einkaufen, über Mittag ist sie mit dem Hund rausgegangen, nachmittags war sie für zwei Stunden im Fitnessstudio.«

»Wie oft sind Sie denn hinterhergefahren?«, frage ich dann, und die Männer starren mich verblüfft an.

»Woher wissen Sie, dass ich ihr gefolgt bin?«

Gefahr-Radar

Wenn Sie die Treue Ihres Partners bezweifeln, sind folgende Anzeichen häufig ein Indiz dafür, dass Sie recht mit Ihrem Verdacht haben könnten:

- Ihr Partner checkt sein Smartphone auf einmal überraschend häufig nach neuen Nachrichten.
- Sie finden ein zweites Smartphone bei Ihrem Partner.
- Ihr Partner ist weniger zu Hause als gewöhnlich.
- Sie verbringen insgesamt weniger Zeit zu zweit.
- Ihr Partner arbeitet plötzlich viel länger.
- Sie streiten häufig.
- Ihr Partner geht häufig allein oder mit Freunden aus.
- Es gibt nur noch selten oder keinen Intimkontakt mehr.

Ein Seitensprung, eine Affäre ist immer sehr schmerzhaft. Geschieht es in einer Beziehung, die auf Augenhöhe basiert, hat man bessere Chancen. Denn beide Partner können ohneeinander existieren. Ist jedoch einer abhängig vom anderen, ob emotional oder finanziell, wird es schwierig.

Auch heute noch wünschen sich viele Männer eine Frau, die nur für sie da ist. Sie soll am besten nicht arbeiten und immer schön zu Hause bleiben und dort für Ordnung sorgen. Das sagen sie vielleicht nicht laut oder nur unter Gleichgesinnten, doch in vielen Männern ist dieser Wunsch tief verankert. Statistiken zeigen ebenfalls, dass Männer in der sozialen Hierarchie lieber nach unten heiraten – der Chef die Sekretärin, der Arzt die Sprechstundenhilfe –, und die Frauen bleiben dann oft zu Hause und kriegen Kinder. Gerade Akademikerinnen würden gern auf Augenhöhe heiraten, aber das klappt aus genannten Gründen oft nicht. Und so bleiben sie häufig allein, was ihnen dann schon mal als Gebärunfreudigkeit angekreidet wird. Diese Unruhe im Beziehungsmarkt öffnet Tür und Tor für Seitensprünge. In Deutschland kommt eine Frau ohne Mann dennoch gut zurecht. In anderen Ländern ist das nicht so. Da hat die Beziehung für eine Frau existenzielle Bedeutung: Sicherheit, satt werden, sozial integriert sein. Ohne Mann hat sie kein Geld, da sie völlig abhängig ist. Selbst wenn der Mann reich ist, bekommt sie keine Unterstützung, wenn er sich von ihr trennt. Ich habe oft für Frauen von reichen Männern ermittelt, die herausfinden wollten, ob ihr Gatte fremdging. Ihre Verzweiflung hat mich manchmal stark berührt, vor allem, wenn ich merkte, dass sie ihn nicht mehr liebten. Doch es gab keine andere Perspektive, als zu bleiben. Der Beruf des Detektivs kann psychisch sehr anstrengend sein, gerade wenn Gefühle im Spiel sind. Auch deshalb sind mir Ermittlungen in der Geschäftswelt lieber. Sicher, da kochen die Emotionen auch mal hoch, doch solche Fälle sind für mich meistens leichter zu verarbeiten.

Während früher viele Frauen in unglücklichen Beziehungen verharrten, weil sie keine Alternative sahen, machen sie sich

heute via Internet schlau und suchen beispielsweise einen Detektiv, der ihrem Mann auf die Schliche kommt. Auf diesem
Wege hatte mich auch Aysel Resa gefunden.

Harte Landung

»Ich muss wissen, was da los ist. Ich bin finanziell vollständig
von meinem Mann abhängig, da die Firma auf seinen Namen
läuft. Meine Kinder sind erst drei und fünf. Ich kann sie nicht
mitnehmen nach Weißrussland, zumal der Junge Asthma hat.
Hier haben wir gute Ärzte.« Aysel Resa griff nach meinem Unterarm. Die Kraft, mit der sie mich geradezu packte und die ich
dieser zierlichen Person nicht zugetraut hätte, erstaunte mich.
»Ich muss wissen, was los ist.«

Behutsam befreite ich mich.

»Entschuldigung«, stammelte sie.

Ich lächelte sie aufmunternd an.

»Wenn sich meine schlimmsten Befürchtungen bewahrheiten«, sie atmete tief durch, »vielleicht würde ich dann zurück in
die Türkei gehen. Meine Eltern wohnen in Ankara. Dort gibt es
auch gute Ärzte.«

»Warum hatten Sie solche Angst vor unserem Treffen?«, fragte
ich noch einmal, weil mir das noch immer nicht klar war.

Sie zögerte. Ihre Blicke wanderten durch das Lokal. »Ich weiß
nicht«, sagte sie schließlich. »Es ist vielleicht … weil ich meinen
Mann damit betrüge? Das Geld, das ich Ihnen bezahlen werde,
habe ich mir aus der Firma genommen. Aber ich mache etwas
damit, das gegen ihn ist. Verstehen Sie? Das fällt mir nicht leicht.«

»Aber ist es nicht auch Ihr Geld? Sie haben die Firma doch zusammen aufgebaut. Gehört sie Ihnen dann nicht ebenfalls?«

»Das dachte ich auch einmal«, sagte Aysel Resa leise. »Ich glaubte, wir wären eine Familie.«

Ich bat sie um Informationen über ihren Mann. Sie reichte mir ein Foto.

»Und wo wohnt er in Minsk?«

»Das ist es ja!«, rief sie. »Ich weiß es nicht. Das macht mich ja auch so misstrauisch. Er behauptet, dass er die Pensionen ständig wechseln müsse, wegen der Konkurrenten, die hinter ihm her seien. Ich habe keine feste Telefonnummer.«

»Er wird doch wohl ein Handy haben.«

»Ja, sicher. Doch das Netz ist schlecht. Das glaube ich ihm sogar. Aber ob er tatsächlich immer zur Post muss, um mich anzurufen? Die Post schließt abends. Er arbeitet bis in die Nacht. Wenn die Post morgens öffnet, arbeitet er schon wieder.« Sie verstellte ihre Stimme: »Ich würde dich gern täglich anrufen, Aysel. Aber ich kann nicht. Weil ich arbeite wie ein Tier. Und das mache ich für dich und die Kinder.« Tränen stürzten in ihre Augen. »Und ich beauftrage einen Detektiv!« Sie schlug sich eine Hand vor den Mund. Doch schnell hatte sie sich wieder unter Kontrolle. »Entschuldigung. Ich will Sie nicht mit meinen Zweifeln belasten. Ich bitte Sie, diesen Auftrag zu übernehmen.«

»Einverstanden.«

Am selben Abend flog ich zurück nach Deutschland und bereitete dort alles vor. Ich informierte auch Igor, einen Kollegen aus Litauen, mit dem ich in Russland schon öfter zusammengearbeitet habe. Mit ein bisschen Restwärme aus Thailand in den

Knochen bestieg ich den Flieger einer türkischen Airline und landete nach einem unruhigen Flug mit heftigen Turbulenzen am internationalen Flughafen der Hauptstadt von Weißrussland. Korrektur: Ich landete im Nebel. Schon von oben sah ich nichts, was mich motivierte auszusteigen. Es wurde auch nicht besser, je näher wir der Erde kamen. Die Maschine landete in einer Nebelsuppe. In Minsk war alles grau. Und es war eiskalt. Minus 20 Grad. Die Ankunftshalle erinnerte mich an die ehemalige DDR. Die Abfertigung dauerte ewig. Die Menschen blickten verschlossen, ich sah viele verhärmte Gesichter. Endlich hatte ich alle Formalitäten erledigt und konnte ins Freie treten. Die Kälte traf mich wie ein Schlag. Natürlich hatte ich recherchiert und trug einen Daunenanorak, Wollmütze, Schal, Handschuhe. Doch von Schnee und 20 Minusgraden zu lesen und sie nun zu spüren, das ist dann doch ein gänsehauterregender Unterschied. Vor dem Gebäude parkten Autos, deren Marken ich nicht kannte. Ich fasste sie unter dem Oberbegriff »alt« zusammen und korrigierte mich abermals: uralt.

Der Impuls war stark: Ich will nach Hause. Oder noch besser: Zurück nach Thailand. Ich dachte an Aysel Resa. Noch nie habe ich mein Wort gebrochen. Ich würde auch diesen Fall lösen. Sie gehörte zu den Menschen, denen ich von Herzen gern half. In vielen Fällen arbeite ich ausschließlich wegen des Geldes. Aber immer ist mein Ehrgeiz groß, die Ermittlungen erfolgreich abzuschließen. Manchmal kommt die Lust an einem besonders komplizierten Fall dazu. Spaß an der Legende, an der Planung habe ich jedes Mal. Und natürlich liebe ich Adrenalin. Aber hin und wieder spüre ich so etwas wie einen inneren Auftrag, einem anderen Menschen zu helfen.

Ich stieg in ein Taxi und nannte als Zielort ein Café in der Karla
Marksa, wo ich mit Igor verabredet war. Igor hatte ich seit einem
Jahr nicht mehr gesehen. Er hatte mir geschworen, dass man in
diesem Café würde essen können, ohne danach an massiven
Verdauungsproblemen zu leiden. Ich mochte den kleinen,
dicken, quirligen Russen. Im Moment war er mein einziger
Lichtblick. Im letzten Jahr hatten wir sehr erfolgreich in Moskau
ermittelt. Mit Igors Hilfe konnte ich einen betrügerischen
Internet-Onlineshop enttarnen. Der Blick aus dem schmierigen
Fenster des Taxis motivierte mich nicht. Alles grau, auch die
Häuser, keine Menschen auf der Straße. Wo waren die knapp
zwei Millionen Einwohner? Wie sollte ich hier an Informationen gelangen? Ich kam mir vor wie aus der zivilisierten Welt
gefallen. Und wer würde sich darum scheren, wenn mir etwas
zustieß? Als Detektiv wird man von so einem Nebelloch schnell
mal verschluckt. Igors Strahlen bei der Begrüßung machte einiges wett. Er umarmte mich herzlich.

»Du bist ja noch dicker geworden!«, stellte ich fest.

Er lachte.

»Und einen Bart hast du auch.«

»Muss ich haben, Tamor. Habe neue Frau.«

Igor nannte mich wie immer Tamor. Ich hatte mich daran gewöhnt. Und auch an die Unmengen von Wodka, die er in sich
hineinschüttete, ohne dass man es ihm anmerkte. Ich hatte Igor
noch nie betrunken gesehen.

»Tamor, wir trinken heute viel Wodka und morgen wir viel
arbeiten. Gutt?«

»Gut«, sagte ich. »Aber jetzt erzähl mir erst mal, was du in
Erfahrung gebracht hast.«

Es war nicht viel, aber immerhin kannte Igor die Adresse der Baustelle, wo unsere Zielperson derzeit tätig war. Außerdem hatte er bei den Behörden gegen Bakschisch, also eine Art Trinkgeld, das man auch als Schmiergeldzahlungen oder Bestechung bezeichnen könnte, von der Geberseite allerdings gern als »Geschenk« eingestuft wird, einige Informationen über die Firma eingeholt. Und dann wollte Igor essen und trinken und feiern. Ich hielt mich zurück, freute mich allerdings an der Begeisterung, mit der mein Partner Unmengen an Essen vertilgte und noch mehr Wodka trank. Das alles erinnerte mich an unsere wilde Zeit in Moskau. Igor schnalzte mit der Zunge, als er von dem Hotel erzählte, das er für uns gefunden hatte. »Sehr schönes Haus. Habe ich geschlafen wie ein Baby.«

Na, wenigstens etwas, dachte ich. Als ich dann vor der Pension *Nezavisimosti* stand, wäre ich am liebsten sofort umgekehrt. Ich hatte nur einen einzigen Gedanken: Diesen Auftrag so schnell wie möglich zu beenden und nichts wie weg.

Igor strahlte mich an »Tamor! Was du sagen? Ist Luxushotel, hä? Habe ich gemacht gut. Igor ist der Beste.«

Wir betraten das heruntergekommene Gebäude. Durch einen schäbigen Flur mit abblätterndem Putz an den Wänden gelangten wir zur Rezeption, wo eine sehr dicke Frau mit strähnigen langen grauen Haaren ihre Fingernägel feilte. Neben ihr stand eine Wodkaflasche. Vor ihr ein Teller mit einem angenagten fettigen Hähnchenbein. Träge schaute sie uns entgegen. Igor sagte etwas auf Russisch zu ihr, woraufhin sie mich interessiert von oben bis unten musterte und sich die Lippen leckte. Dabei konnte ich sehen, dass sie kaum mehr Zähne im Mund hatte. Dennoch schien sie durchaus zu erwägen, mich zu verspeisen, wie ich dem Funkeln in ihren Augen entnahm. Igor schlug mir auf die Schulter. »Das ist Ludmilla. Gutt, Tamor?«

»Gut«, sagte ich.

Ludmilla kramte in einer Schublade herum und zog einen riesengroßen Schlüssel hervor, der sich selbst Lügen strafte, weil ein so altes Schloss, in das er passen würde, in Sekunden zu öffnen war. Ich nahm den Schlüssel. Er fühlte sich klebrig an. In Ludmillas Dunstkreis konnte ich riechen, dass sie seit mehreren Tagen in denselben Plastikklamotten steckte. Ich war dankbar, im Café nur wenig gegessen zu haben. Als ich mein Zimmer gesehen hatte, überlegte ich ernsthaft, mir einen Polarschlafsack zu kaufen und irgendwo draußen zu nächtigen.

»Gutt?«, fragte Igor.

»Gut«, sagte ich. Meinen Koffer ließ ich geschlossen, damit kein Getier hineinkrabbelte. Ein Blick in die Dusche, die sich auf dem Flur befand, ein Paradies für Schimmelpilz, ließ mich den Ort des Grauens fluchtartig verlassen. Es ist nicht so, dass ich verwöhnt wäre. Doch wenn einem der Luxus aus Thailand noch in den Knochen nachglüht, braucht es eben eine Zeit der Umstellung. Diese Pension war übrigens bei Weitem nicht die unbequemste Unterkunft in meiner Laufbahn. Da ging es noch viel weiter nach unten, am schlimmsten in einer Baracke in Syrien, wo ich mehrere Monate in einem großen Fall verdeckt ermittelt hatte.

Ich sagte Igor, dass ich eine Weile spazieren gehen wollte. Er schaute mich verständnislos an. Spazieren gehen? In Minsk? Als er merkte, dass ich seine Begleitung nicht erwartete, wirkte er erleichtert. Wegen der extremen Kälte blieb ich nur 30 Minuten draußen. Es fiel mir auf, dass alle Häuser mit Zahlencodes gesi-

chert waren. Nirgendwo standen Namen. Das würde die Ermittlungen erschweren. Man musste die Nummer kennen, um
in ein Haus zu gelangen. Als ich ins Hotel zurückkehrte, saß
Igor neben Ludmilla am Empfang. Die Wodkaflasche, die zuvor
noch dreiviertel voll gewesen war, stand leer zwischen ihnen.

»Igor, morgen früh geht's los.«

»Kein Problem, Tamor. Alles gutt.« Er zwinkerte mir zu und
schlug Ludmilla auf den Po. Sie brach in kreischendes Lachen
aus und streckte dabei die Zunge heraus, von der mir gelblicher
Speisebrei entgegenschrie. Rasch wechselte ich von der Vorhölle
der Rezeption in die Hölle meines Zimmers.

Plan B im Koffer

Ich beschloss, kein Auto zu mieten, sondern per Taxi zu ermitteln. Igor würde unserem Chauffeur irgendetwas erzählen, um
unsere Fahrten zu begründen. So schickte ich ihn frühmorgens
los, um ein Taxi für längere Zeit zu akquirieren, und es dauerte
nur 30 Minuten, bis wir aufbrechen konnten. Igor und der Taxifahrer machten den Eindruck, als würden sie sich seit Ewigkeiten kennen. Das wunderte mich nicht. Viele Russen sind sehr
kontaktfreudig. Bei Ermittlungen im Ausland habe ich oft
den Eindruck, wir Deutschen seien ungesellig. In zahlreichen
anderen Ländern ist es deutlich leichter, zu Fremden Kontakt
herzustellen. In Deutschland denken viele Leute gründlich
darüber nach, was passieren könnte … und dann verzichten sie
womöglich auf eine neue Bekanntschaft. Aber wenn man weiß,
wie es geht, klappt es natürlich auch in Deutschland. Kontakt-

freudigkeit ist eine der wichtigsten Eigenschaften eines Detektivs.

Der Nebel hatte sich ein wenig gelichtet, doch das trug nicht unbedingt zur Aufhellung meiner Stimmung bei. Denn nun fiel das Grau der Häuser, das Grau der ganzen Stadt noch mehr auf. Wir ließen uns zu der Baustelle unserer Zielperson bringen. Die Arbeiten waren bereits in vollem Gang. Ein Bagger stand vor einer Grube. Wie wollten die Arbeiter in diesem gefrorenen Boden vorankommen? Von Igor wusste ich, dass die Temperatur bei 14 Grad minus lag. Im Vergleich zu gestern also mild. Ich merkte nichts davon.

Um acht Uhr erschien unsere Zielperson in einem Lieferwagen. Mustafa Resa stieg aus.

»Und jetzt, wohin fahren wir jetzt?«, fragte der Taxifahrer. Es wurde allmählich kalt im Wagen.

Igor zwinkerte mir zu. »Soll ich?«

»Was?«, fragte ich.

»Habe Plan B. Ist alles im Koffer.«

Ach, der Koffer. In Moskau hatte ich Igor unter anderem ein GPS-System geschenkt. Der Einsatz ist ohne Einwilligung der Person, die mit dem GPS herumfährt, in Deutschland zwar verboten, aber wir würden hier erfrieren, wenn wir keinen technischen Helfer zur Ortung des Fahrzeugs unserer Zielperson in Minsk nutzten. Und womöglich würde unser Vorgehen in Weißrussland gar nicht gegen die Gesetze verstoßen. Um das herauszufinden, hätte ich einen Anwalt anrufen müssen. Ich verzichtete darauf, zumal es ja Igors GPS war.

»Okay«, gab ich grünes Licht.

Zumal unsere Observation leicht hätte auffliegen können, da hier kaum Autos auf den Straßen unterwegs waren.

Igor stieg aus. Zehn Minuten später verließen wir die Baustelle und wärmten uns in einem Lokal auf. Auf Igors Handy, das wir als Empfänger verwendeten, regte sich nichts. Der Lieferwagen unserer Zielperson parkte weiterhin an der Baustelle.

Der Detektiv im Netz des Datenschutzes

GPS hat mittlerweile fast jeder. Im Navi, im Handy. Das ist nicht strafbar. Strafbar ist es allerdings, ein GPS einem anderen unterzujubeln, um herauszufinden, wann er wo ist. Seit 2013 ist das höchstrichterlich verboten, es verstößt gegen das Datenschutzgesetz. Und das ist aus Detektivsicht schade, denn natürlich wäre ein GPS gelegentlich eine wunderbare Arbeitserleichterung für uns. Wenn ein Detektiv den Wagen einer Zielperson verliert, kann er ihn mittels GPS wiederfinden. Man kennt das auch aus Krimis, in denen nicht nur die Bösen, sondern manchmal auch die Polizei zu solchen Mitteln greift. Ein GPS ersetzt keine Observation, aber es macht sie einfacher. Wir wissen ja nicht, was die observierte Person treibt, nur wo sie sich ungefähr aufhält.

Viele Leute statten ihren Wagen mit GPS aus – als Diebstahlsicherung. Da in einem solchen Fall der Eigentümer und der Überwacher eine Person sind, ist das nicht strafbar. Mietwagenfirmen dürfen ein GPS nur einsetzen, wenn diejenigen, die das

Fahrzeug leihen, darüber informiert sind. Gerade hochwertige Limousinen sind ja extrem diebstahlgefährdet. Vor Gericht werden durch GPS gewonnene Daten nicht gewertet. Bis 2005 verstieß der Einsatz eines GPS-Systems nicht gegen das Gesetz, es war im Falle eines berechtigten Interesses sozusagen geduldet. Doch beim Thema Datenschutz wurden viele Gesetze nachgebessert. Am 4. Juni 2013 entschied der Bundesgerichtshof, dass die verdeckte Überwachung eines Fahrzeuges mittels eines GPS-Empfängers durch eine Privatdetektei grundsätzlich als strafbewehrter Verstoß gegen das Bundesdatenschutzgesetz zu werten sei. GPS bedeutet immer: Graubereich. Ich würde die Finger davon lassen, wenn Sie sauber ermitteln wollen. Und als guter Detektiv haben Sie ein GPS nicht nötig. Sie schaffen das auch ohne, zumal in Deutschland, da die Verkehrssituation fast immer eine reibungslose Observation ermöglicht. Zumindest solange sie keinem Ferrari auf der Autobahn folgen müssen.

In meinen Anfangsjahren als Detektiv und somit in den Zeiten vor dem Internet im letzten Jahrtausend sorgte ein GPS einmal für Schweißausbrüche bei mir und meinen Mitarbeitern: Wir hatten auf ausdrücklichen Wunsch unseres Auftraggebers eines seiner Firmenfahrzeuge mit einem Peilsender präpariert, weil eine Führungskraft im Verdacht stand, Arbeitszeiten nicht einzuhalten und gefälschte Spesen abzurechnen. Die Observation lief gut an, doch dann wurde unsere Zielperson in einen Unfall verwickelt, und wir hatten keine Möglichkeit mehr, das GPS zu entfernen. Der Unfall wurde von der Polizei aufgenommen, ein Abschleppwagen brachte das Fahrzeug zur Werkstatt, dort kam es sofort auf die Hebebühne. Einer meiner Mitarbeiter aus dem

Observationsteam rief mich an. »Tamer! Sie haben die Stoß-
stange abgebaut. Ich sehe unseren Sender mit bloßem Auge!«

»Wo bist du?«

»Ich stehe 20 Meter von der Werkstatt entfernt, die haben das
Tor offen, ich habe freien Blick auf das GPS. Was soll ich tun?«

»Nichts«, sagte ich und dachte: Beten.

Der Wagen blieb zwei Tage in der Werkstatt. Keinem der Mechaniker dort fiel das kleine schwarze Kästchen in der Größe
von zwei Zigarettenschachteln auf. Was kurios klingt, ist nicht
verwunderlich. Die Mechaniker suchen Fehler oder reparieren
Unfallschäden. Alles, was nichts mit ihrem Job zu tun hat, blenden sie aus. So etwas kann jedem passieren. Manchmal hat man
etwas direkt vor Augen und erkennt es nicht, weil man nicht
damit rechnet. Am Nachmittag des zweiten Tages wurde der
Wagen im Hof abgestellt, zum Glück weit hinten neben einem
Container, und es gelang einem meiner Mitarbeiter, das GPS zu
bergen. Es ist mit einem Magneten befestigt und leicht zu entfernen. Hätte die Zielperson davon Kenntnis erhalten, wäre das
sehr unangenehm für meinen Auftraggeber und auch für mich
geworden, obwohl es das oben erwähnte Datenschutzgesetz für
GPS damals noch nicht gab. Doch die Observation wäre aufgeflogen. Zwei Wochen Arbeit für nichts.

Selbstverständlich untersuche ich mein eigenes Auto, wenn ich
Grund zu der Annahme habe, es könnte mal wieder so weit
sein. Nicht, dass ich Ihnen Angst einjagen möchte, doch zu wissen, welche Teile zu einem Wagen gehören und welche vielleicht
plötzlich über Nacht dort angewachsen scheinen, ist nie verkehrt.

⚡ Gefahr-Radar ⚡

- Ein Überblick über die technischen Möglichkeiten der Überwachung ist ratsam. Wann immer Ihnen etwas auffällt, dessen Herkunft Sie nicht erklären können: Gehen Sie der Sache auf den Grund. Sie werden merken, dass Sie Ihre Umgebung aufmerksamer wahrnehmen. Neulich erzählte mir eine Bekannte, dass sie glaube, in ihrer Autowerkstatt habe es bei der Inspektion ihres Wagens einen Vorfall gegeben, denn ihr Rückspiegel sehe auf einmal ganz anders aus. Sie erkundigte sich. Die Werkstatt behauptete, alles sei reibungslos verlaufen, nein, es wurde kein Spiegel getauscht. Erst ein Foto brachte den Beweis: Tatsächlich, da war schon immer ein Strich durch den Spiegel gegangen, der war nicht neu. Meine Bekannte hatte ihn nur nie zuvor gesehen.

- Aus Krimis im Fernsehen ist mittlerweile bekannt, dass wir überall von Kameras überwacht werden. Kaum geschieht eine Straftat, erkundigen sich die Ermittler schon nach den Kameras in der Nähe. Wie viele Überwachungskameras es in Deutschland gibt, weiß niemand genau. Man kann allerdings von Millionen ausgehen. Kameras liefern Bilder von öffentlichen Plätzen, Straßen, Bahnhöfen, aus Schwimmbädern, Museen und Schulen. Dazu kommen jene in privaten, aber öffentlich zugänglichen Räumen wie Supermärkten, Firmen, Banken etc. Und nicht zu vergessen: Die Überwachung der öffentlichen Verkehrsmittel, die schon zur Ergreifung einiger Täter geführt hat. Sind Sie sich darüber bewusst? Schauen Sie manchmal, ob da eine Kamera ist? Nein, weil Sie nichts im Schilde führen? Das mag schon sein, doch Sie werden gefilmt. Wir alle werden zu gläsernen Menschen. Dagegen kann man wenig tun, doch ich finde es wichtig, wenigstens zu wissen, wo es geschieht. Und manchmal kann man einer Linse ja auch ausweichen – vorausgesetzt, man hat sie wahrgenommen. Das soll nicht heißen, dass ich gegen Kameraüberwachung bin. Das wäre ja auch kurios, da die Kamera ein so wichtiges Hilfsmittel für einen Detektiv ist. Und oft kann eine Kameraauswertung Straftäter überführen. Trotzdem bleibe ich dabei: Laufen Sie nicht blind durch die Gegend. Entwickeln Sie ein Gespür für die vielen Augen, die Ihnen folgen.

Ich habe eventuelle Kameras immer auf meinem Gefahr-Radar. Denn ich möchte nicht gern dabei beobachtet werden, wenn ich jemanden anschwindle. Was ich ja leider manchmal tun muss. Wenn meine Lüge auffliegt, könnte ich über die Kamera vielleicht identifiziert werden. In Deutschland bin ich da gelassener, doch im Ausland bin ich vorsichtig. Dort kann ich mich nicht so gut wehren, habe meine Rechtsanwälte nicht in der Nähe, die darauf achten, dass ich fair behandelt werde. Aber ich schaue auch, wenn ich beispielsweise auf die Bank gehe, wo da die Kamera hängt. Obwohl ich sie nicht überfallen will. Es ist der Blick des Profis. Sobald man seine Identität wechselt und in einer Legende lebt, sollte man Kameras meiden. Je weniger Zeugen, desto besser.

Der Türcode

Igors GPS bescherte uns einen friedlichen und vor allem einigermaßen warmen Tag. Gegen 17 Uhr, es wurde dunkel, fuhren
wir mit dem Taxi erneut zur Baustelle. Wir hatten Glück, unsere
Zielperson verließ das Gelände, ehe wir an den Sitzen festgefro-
ren waren. Mustafa Resa fuhr zu keiner Pension, sondern parkte
vor einem dreistöckigen Haus, in dem er dann auch verschwand.
Na prima. Wie sollten wir hineinkommen und wie herausfinden, ob er dort eine Wohnung hatte? Es gab keine Klingeln,
keine Namensschilder, nur die Tasten für den Türcode. Unser
Taxifahrer wollte nach Hause. Igor und ich stiegen aus. Weit
und breit gab es kein Restaurant, nichts, wo wir uns aufwärmen
und das Zielobjekt im Auge behalten konnten.

»Bestimmt er kommt gleich raus und geht was essen«, sagte
Igor.

Das hoffte ich auch. Denn es war kein Vergnügen, bei diesen
Temperaturen vor einem Haus zu stehen. Auch wenn wir warm
eingepackt waren. Wir sahen aus wie Eskimos auf einer Expedi-
tion. Ich fühlte mich, als würde ich am Nordpol darauf warten,
zu einem Schneemann zu werden. Ich will diese lange Nacht
lieber kurz machen: Wir standen 14 Stunden vor dem Haus,
und es geschah nichts. Zwei Personen kamen heraus, niemand
ging hinein. Und es wurde immer kälter.

»Igor, wie spät ist es?«

»Halb zehn.«

»Igor, wie spät ist es?«

»Immer noch halb zehn.«

»Scherzbold.«

»Doch, Tamor. Ist so. Aber weißt du: Gleich kommt eine schöne Frau vorbei. Eine wirkliche schöne Frau, Tamor. So eine, wo du kriegst keine Luft mehr. Und dann du weißt, dass es gut war, hier zu bleiben und zu warten.«

»Dein Wort in Gottes Ohr.«

»Für schöne Frauen du musst leiden. Kommen sie nicht einfach so.« Er hob seine behandschuhten Hände. Sein Fingerschnippen konnte ich nicht hören. Ich dachte an Thailand und die Sonne. Die Erinnerung daran war immerhin noch warm. Und irgendwie vergeht die Zeit dann doch. Man läuft auf und ab, versucht, nicht einzufrieren. Igors gute Laune war unkaputtbar. Aber er war an solche Temperaturen gewöhnt. Wichtig war, dass wir nicht auffielen. Das heißt, wir konnten nicht ständig herumlaufen, sondern mussten uns verborgen halten, was schwierig genug war, denn in Minsk standen für gewöhnlich keine Leute auf der Straße herum. Schließlich fanden wir noch eine Tankstelle, an der wir uns hin und wieder mit einem Pappbecher Tee versorgten.

Und dann kam wirklich eine schöne Frau aus dem Haus. Oder halluzinierte ich? Ich konnte sie doch gar nicht richtig sehen, eingemummt, wie sie war. Sie war schlank, ihre Kleidung wirkte teuer, ein edler Parfümschleier umwehte sie. Und das Beste, obwohl eine schöne Frau allein ja eigentlich bereits das Beste wäre, das Beste in diesem Fall war, dass sie nicht allein war. Sie verließ das Haus um 7.30 Uhr im Beisein unserer Zielperson. Volltreffer! Ich wollte das Paar fotografieren, musste jedoch feststellen, dass mein kleiner Fotoapparat eingefroren war. Mustafa Resa und die Frau stiegen in seinen Lieferwagen und fuhren weg.

Wer war sie? Wohnte sie in dem Haus oder hatte sie unsere Zielperson besucht? Jetzt wäre ein Fahrzeug hilfreich gewesen. Ich
beauftragte Igor, dem Wagen mit einem Taxi zu folgen. Ich
wollte wissen, wo Herr Resa seine Begleiterin absetzte. Er fuhr
sie, wie Igor mit etwas später berichtete, zu einem Bürogebäude,
wir würden uns das später genauer ansehen. Dann fuhr Mustafa
Resa wieder zur Baustelle. Dank GPS konnte auch Igor beruhigt
in sein Luxushotel zurückkehren, wo ich bereits eine lauwarme-
eiskalte Wechseldusche genossen hatte. Übernächtigt und frie-
rend versuchte ich, eine hygienisch einigermaßen korrekte Lage
auf dem Bett zu finden. Es gelang nicht. Ich hätte über dem Bett
schweben müssen. Hier würde ich kein Auge zu tun. Und schon
war ich eingeschlafen.

Vier Stunden später saß ich mit Igor bei einem späten Frühstück. Er verstand nicht, warum ich auf den Wodka verzichtete.
»Ist gut für Magen.«

Ich blieb bei Kaffee. Was heißt hier Kaffee. Das Gebräu
schmeckte grässlich, aber immerhin wärmte es. Auch dies eine
Eigenschaft, die Igor dem Wodka zuschrieb. Die Aussicht auf
eine zweite Nacht vor dem Haus war alles andere als verlockend.
Doch ich benötigte Beweise. Ein Foto von Mustfa Resa mit der
Frau, die Information, wer die Wohnung gemietet hatte – und
dazu brauchte ich den Türcode.

Um 17 Uhr positionierten Igor und ich uns erneut vor dem
Haus. Kurz darauf kam eine junge Frau und gab einen Code ein.
Ich stellte mich dicht hinter sie, so, als ob ich auch gleich einen
Code eingeben wollte. Die Tür öffnete sich, sie verschwand im
Haus. Es wäre mir zu auffällig erscheinen, ihr unmittelbar zu
folgen.

»Ich habe den Code«, sagte ich zu Igor. »Ich gehe jetzt rein.«

»Tamor, nicht! Das ist gefährlich. Polizei hier versteht kein Spaß.«

»Du sicherst von außen«, wies ich ihn an. »Ruf mich an, wenn die beiden auftauchen.«

»Tamor, das ist keine gute Idee!«

Ich gab den Code ein. Die Tür öffnete sich. Erleichtert nahm ich im Treppenflur zur Kenntnis, dass es wenigstens ein klein wenig geheizt war. Hier würde meine Kamera nicht einfrieren. Ich suchte mir ein Versteck und fand ein optimales: unter der Treppe. Da es keinen Fahrstuhl gab, würde meine Zielperson direkt an mir vorbeigehen. Ich konnte aus dem Spalt der Stufen heraus von unten nach oben fotografieren. Die Wahrscheinlichkeit, dass Herr Resa mich in dem dämmrigen Licht sehen würde, war gering. Meine Kamera machte beim Fotografieren kein Geräusch. Der Plan konnte aufgehen. Es dauerte vier Stunden, in denen nichts geschah, niemand betrat oder verließ das Haus, bis mein Handy vibrierte.

»Sie kommen!«, meldete Igor.

Ich machte meine Kamera startklar, die ich diesmal schön warm gehalten hatte. Die Tür ging auf. Mustafa Resa und die Frau, Hand in Hand. Und dann – was für ein Glück – küsste er sie. Ich drückte auf den Auslöser. Sie gingen die Treppe nach oben. Herr Resa klimperte mit einem Schlüsselbund. Also war er hier nicht nur ein Gast. Ich folgte den beiden leise bis zur Mitte des Treppenabsatzes und kannte dann auch ihre Wohnung im ersten Stock links.

Am nächsten Tag stellten wir mithilfe eines kleinen Bakschisch bei der entsprechenden Behörde fest, dass Mustafa Resa die Wohnung gekauft hatte. Zu 50 Prozent hatte er sie jedoch Ekatharina Proposchenko überschrieben, mit der er einen einjährigen Sohn hatte. Den hatten wir vielleicht sogar gesehen, denn am ersten Abend der Observation, als wir noch im Taxi saßen, war eine Frau mit Kinderwagen in das Haus gegangen – womöglich die Nanny.

Während ich erfreut über den schnellen Erfolg unserer Ermittlungen war, zeigte sich Igor wenig begeistert. »Habe gedacht, dauert länger. So schönes Hotel. Und gute Zeit mit Ludmilla.«

»Tja, Igor, du kannst ja noch eine Weile hierbleiben. Ich jedenfalls fliege heute noch nach Deutschland zurück. Aber wer weiß, vielleicht sehen wir uns bald wieder?«

»Das wäre schön, Tamor. Arbeit mit dir gutt.«

»Gutt«, grinste ich.

Die Offenlegung

Normalerweise schicke ich meinen Bericht nach solchen Ermittlungen per Post oder Mail. Ein persönliches Treffen wäre nicht nötig gewesen, da alle Beweise vorlagen und es nichts zu erörtern gab. Dennoch beschloss ich, Aysel Resa persönlich zu treffen. Sie hatte mich jeden Tag angerufen. Ich hörte, dass sie verzweifelt war, auch ihrem asthmakranken Sohn ging es schlecht. Ich konnte nicht einschätzen, wie sie die Nachrichten aus Minsk aufnehmen würde. Immerhin hatte ihr Mann sie nicht nur betrogen, sondern auch noch eine neue Familie gegründet. Davon abgese-

hen vermutete ich, dass er versuchen würde, sie aus dem gemeinsamen Geschäft zu drängen. Aysel stand vor den Scherben ihres
Lebens. Manche Menschen neigen in einer solchen Lage zu einer
Kurzschlusshandlung. Ich bin sehr froh, dass sich noch keiner
meiner Auftraggeber das Leben genommen hat, doch ich weiß
sehr wohl, dass manche nicht mit den Ergebnissen einer Ermittlung fertigwerden. Ich wollte Aysel Resa den Ehebruch schonend
beibringen. Der Psychologe in mir war gefragt.

Schon als junger Detektiv hatte ich gemerkt, dass ich wesentlich
mehr Fähigkeiten brauchte als nur eine Spürnase, um wirklich
gut zu sein. Zu einer meiner Zusatzqualifikationen gehört die
Einführung in verschiedene Bereiche der Psychologie. Als einmal ein Mann, dem ich mitteilte, dass sein Kompagnon sein gesamtes Geld veruntreut hatte, einen Weinkrampf erlitt und ich
mich völlig hilflos fühlte, engagierte ich einen Coach und lernte
über einen längeren Zeitraum viele äußerst nützliche Dinge aus
den Bereichen Verhaltenspsychologie, Kommunikation, Men-
schenführung. Ich wurde mit verschiedenen Methoden, Menschen einzuschätzen, vertraut gemacht, lernte sie insgesamt
besser zu durchschauen und absolvierte auch ein Training in
Bezug auf Körpersprache und Mimik, das sich gerade bei der
Lügenerkennung auszahlte. Zu dieser fundierten Grundausbildung haben sich in den Jahren meine persönlichen Erfahrungen gesellt. Heute fühle ich mich allen Situationen gewachsen.
Oft muss ich schlechte Nachrichten überbringen. Es ist eine Er-
leichterung für mich, dass ich weiß, wie ich sie am schonends-
ten mitteile. Denn ich möchte ja niemanden verletzen. Oder
mehr belasten, als es ohnehin durch meine Ermittlungen ge-

schieht. Gern mache ich das nicht. Ich fühle mich wohler in der
Praxis. Oder wenn es um die Abschlusspräsentation in einem
Unternehmen geht, wo ich meine Ergebnisse vorstelle. Aber da
sind ja auch weniger verletzte Gefühle im Spiel. Ich bin dann
immer froh, wenn ich es hinter mir habe.

Ich traf Aysel Resa im selben Lokal wie beim ersten Mal. Schon
durch die Fenster sah ich, wie nervös sie war. Ich atmete tief
durch und ging dann lächelnd auf sie zu. Ich wollte sie unbedingt positiv stimmen. Nach der Begrüßung machte ich ihr ein
paar Komplimente. Sie lachte. Ich ließ sie spüren, dass ich sie für
eine attraktive Frau hielt. Denn bei einem Liebesbetrug sinkt
das Selbstbewusstsein in den Keller. Ich wollte sie aufbauen, damit sie den Ehebruch besser verkraftete. Ich wollte ihr das Gefühl vermitteln, dass sie viel zu gut für ihren Mann war. Dass
eine Trennung das Beste für sie sei. Dass ihr Leben nicht enden
würde, ganz im Gegenteil. Noch so viel Schönes lag vor ihr. Und
damit belog ich sie nicht. Ich kleidete meine eigene Überzeugung in Worte. Und genau das kam an.

Es bringt nichts, wenn Sie einfach nur irgendetwas Nettes sagen. Sie müssen zu dem, was Sie sagen, innerlich Position bezie-
hen – und es auch so meinen. Nur so erreichen Sie Ihr Gegenüber.

Aysel Resa wirkte sehr gefasst. »Ja. Das habe ich eigentlich erwartet. Es ist gut zu wissen, dass ich meiner Intuition vertrauen
kann.«

Später sagte sie Sätze wie: »Ich denke, dass ich allein gut zu-
rechtkomme. Ich bin froh, dass nun alles vorbei ist. Jetzt kann

ich meine Zukunft planen. Und ich kann dafür sorgen, dass er mich geschäftlich nicht noch weiter betrügt. Ich werde morgen zum Anwalt gehen.«

Wäre ich im Lokal bedrückt auf sie zugeschlichen, hätte ich schlechte Stimmung verbreitet und meine Auftraggeberin damit heruntergezogen. So lenkte ich ihre Aufmerksamkeit auf die Zukunft, auf ihre Perspektiven. Und ich richtete sie als Persönlichkeit auf, indem ich ihr sagte, dass sie ihren Mann doch gar nicht brauche. Sie sei jung, schön, intelligent, habe eine Firma mitgegründet, die zur Hälfte ihr gehöre. Sie habe zwei Kinder. Sie würde ihren Weg machen.

Als wir uns verabschiedeten, umarmte sie mich. So eine kleine, zierliche Person, die mich sehr fest drückte. Ich spürte ihre Kraft. Das tat mir gut. Denn es ist wirklich ein, ja, ich sage es, Scheißgefühl, wenn man dafür bezahlt wird, schlechte Nachrichten zu überbringen. Ich kann nichts beschönigen. Es wäre fatal, wenn ich bei der Präsentation meiner Ergebnisse lügen würde und später käme die Wahrheit dann doch heraus.

Meistens höre ich nie wieder von meinen Auftraggebern. Aysel Resa schrieb mir im nächsten Jahr noch einige Mails. Ich erfuhr, dass sie ihre Firma in Nikosia behalten konnte, weil sie in letzter Minute einen größeren Betrug, den ihr Mann geplant hatte, vereitelte. Sie hatte die Scheidung eingereicht und war nach Ankara gezogen. Drei Jahre später erhielt ich einen handschriftlichen Brief von ihr – mit einem Hochzeitsfoto. Danach habe ich nie wieder etwas von ihr gehört. Aysel Resa hat ihren Weg gemacht.

⚡ Gefahr-Radar ⚡

Um eine Botschaft wirklich gut rüberzubringen, muss man sie mit seinem gesamten Auftreten kommunizieren. Zahlreiche Untersuchungen haben gezeigt, dass die Wirkung einer Botschaft nur zu 7 Prozent vom Inhalt der gesprochenen Worte abhängt. Die restlichen 93 Prozent teilen sich auf in Körpersprache – Auftritt, Bewegung, Gestik, Mimik – und Stimme – Tonfall, Betonung, Artikulation. Wenn Sie dies beherzigen, können Sie einerseits Ihre eigenen Inhalte besser transportieren. Und andererseits sollten Sie nicht nur sehr genau hinhören, sondern auch hinsehen und sich einen Gesamteindruck von Ihrem Gegenüber verschaffen. Meint die Person es ernst? Ist dem, was sie sagt, zu trauen? Oder widerspricht ihre Körpersprache ihren Aussagen? Diesbezüglich kann man sehr viel lernen, wenn man beispielsweise Politiker in Interviews im Fernsehen beobachtet.

Der schwarze Nebenjob –
Klau am Bau

Meistens kriegt es der Chef als Letzter mit, wenn einer seiner Mitarbeiter betrügt. Und selbst wenn er es früher merkt, weil beispielsweise Ware fehlt, weiß er ja nicht, wer dahintersteckt. Aber andere Mitarbeiter wissen es oft oder ahnen es zumindest. Doch manchmal überlegen sie sehr lange, ob sie den Verdacht melden, den Kollegen anschwärzen sollen. Dies hängt davon ab, ob sie ihren Chef mögen. Oder sich insgeheim ins Fäustchen lachen, dass er abgezockt wird. Manche Mitarbeiter hoffen aber auch, Pluspunkte zu sammeln, wenn sie andere belasten. Geschieht dies ohne konkreten Anlass, nennt man das Mobbing. Die meisten Menschen wollen kein »Kollegenschwein« sein. Ist jemand unbeliebt, wird er schneller angeschwärzt. Was auch heißt, dass jemand, der klug vorgeht und sich beliebt macht, manchmal fast einen Freifahrtschein hat.

Werner Wolf, Ende vierzig, war weder besonders beliebt noch unbeliebt. Er verhielt sich meistens neutral, man wusste in der Belegschaft wenig über ihn, da er nicht viel redete. Aber er hatte sich schon oft als hilfsbereit erwiesen. Einmal hatte er einem

Kollegen seinen Wagen geliehen, einen anderen hatte er zum
Arzt gefahren, mit dem Lehrbub hatte er sogar seine Brotzeit
geteilt, die ihm seine Frau täglich in zwei Tupperschalen mitgab.
Aber es war der Lehrbub gewesen, der seinen Meister fragte,
was Herr Wolf eigentlich mache, wenn er immer so lange weg
sei. Womöglich steckte keine böse Absicht dahinter. Und da
merkte der Meister, dass er sich das auch schon oft gefragt hatte.
Denn Wolf war häufig weg. Drei, vier Stunden fehlte der Elekt-
roinstallateur. Da die Materialbeschaffung zu seinen Aufgaben
gehörte, musste er nicht ständig vor Ort sein. Doch wenn der
Meister es sich recht überlegte, war Wolf schon sehr lange unterwegs. Und wenn Herr Buschthaler senior es recht überlegte,
fand er die Spesenabrechnungen des Mitarbeiters Wolf viel zu
hoch. Den Ausschlag für die Beauftragung eines Detektivs gab
jedoch, dass ein Installateur beobachtet hatte, wie Wolf ein Drittel mehr Material aus dem Lager in seinen Lieferwagen einlud,
als sie gemeinsam ausgerechnet hatten. »Was glauben Sie?«,
fragte Herr Buschthaler senior mich. »Beklaut er unsere Firma?«
    »Ich werde es herausfinden.«

Viele Menschen betrügen im Job. Sie stecken Büromaterial ein,
telefonieren, surfen, kopieren auf Firmenkosten. Sie schreiben
mehr Stunden auf, als sie geleistet haben, machen auch mal blau
oder lügen, spielen eine Krankheit vor, um in den Urlaub zu
fahren oder Nebentätigkeiten nachzugehen. Würden sich alle
korrekt bezahlt und behandelt fühlen, wäre das anders. Aber es
gibt meistens irgendeinen Chef, den jemand nicht ausstehen
kann, dem er schaden will oder den er für so reich hält, dass
»der das doch gar nicht merkt«. Wo Menschen arbeiten, gibt es

Konflikte, das liegt in der Natur der Sache. Darüber hinaus gibt es aber auch noch den individuellen Charakter. Manche Menschen haben kein Unrechtsbewusstsein, wenn sie ihre Firma schädigen, nach dem Motto: Ich reiß mir hier den Arsch auf für so 'nen Hungerlohn. Ich nehme doch nur, was mir zusteht. Andere führen nicht einmal ein privates Telefonat von ihrem Geschäftsanschluss aus. Die einen freuen sich, wenn sie einen gelben Zettel vom Arzt kassieren, weil sie gern blaumachen, die anderen schleppen sich krank in die Firma, weil es unangenehm wäre, die Kollegen im Stich zu lassen. Diese Einstellung hat nichts mit dem Alter zu tun. Es gibt sehr zuverlässige junge wie alte Menschen und auch das Gegenteil. Der eine fährt auch mal schwarz in der U-Bahn oder nimmt sich eine Zeitung aus dem Kasten, ohne dafür zu bezahlen, der andere nicht. Die eine weist die Kassiererin auf das falsch berechnete Wechselgeld zu ihren Gunsten hin, die andere nicht – und freut sich diebisch.

Der heiße Feind des Detektivs

Wir observierten Herrn Wolf 14 Tage lang, was uns vor einige Herausforderungen stellte, da er sehr sportlich Auto fuhr. Was im Übrigen nicht bedeutet, dass die Observation einer Zielperson, die sich an die Straßenverkehrsordnung hält, eine Spazierfahrt wäre. Verfolgung im Auto ist Stress pur. Einmal abgesehen davon, dass wir ja nie wissen, wohin es geht, und auf alle Eventualitäten vorbereitet sein müssen, dabei aber keinesfalls entdeckt werden dürfen – ohne seinen Führerschein kann ein Detektiv sein Handwerk nur schwer ausüben. Und der Führerschein wäre ständig gefährdet, würde man sich nicht an die Regeln halten. Rote Ampeln, Geschwindigkeitsbegrenzung, Vorfahrt beachten. Die Zielperson nimmt leider keine Rücksicht auf die Fahrerlaubnis des Detektivs. Und als Detektive sind wir ja nicht nur einmal mit einer Observation beschäftigt, sondern ständig. Ohne Multitasking kommt man da nicht voran: Zielperson im Auge behalten, Verkehrssituation beachten, Blitzer orten, nebenbei eventuell eine neue Strategie planen oder telefonieren, fotografieren, ein zweites Fahrzeug dazurufen und ... Ich will es nicht verschweigen, denn dies ist ein Buch über die knallharte Realität des Detektivalltags: mit der Verbrühung an meinem rechten Oberschenkel fertigwerden. Ich will jetzt nicht behaupten, dass Sie einen Detektiv an seinen Beinen erkennen, doch eine Verbrühung an besagter Stelle ist schon verdächtig: Kaum hat man sich einen Becher Kaffee geholt und freut sich, weil er so schön heiß ist, springt die Zielperson in ihr Auto – und los geht's. Logisch, dass da auch mal was in beziehungsweise auf die Hose geht. Einer meiner Mitarbeiter, mit dem ich oft observiert habe, hat von schwarzem Kaffee auf Kaffee mit Milch gewechselt, nachdem er sich einmal sehr ungünstig und schmerzhaft verbrüht hat. Jetzt verstehen Sie vielleicht auch, warum der gute Detektiv immer Ersatzkleidung dabeihat.

So was kann beim Fahrradfahren nicht passieren. In Städten observieren wir oft per Roller oder Fahrrad, immer mehr Leute sind ja so unterwegs. Die beste Methode ist das Motorrad, weil wir da wendig und schnell sind. Problem: Der Tank ist klein. Wir wissen vorher nie, wie lang das Benzin reichen muss. Aber ein Motorrad ist optimal, wenn wir ein schnelles Auto verfolgen. Wie Sie bereits gelesen haben, ist der Fuhrpark eines Detektivs eher langweilig. Nicht auffallen ist das oberste Gebot. Klar fahren die meisten meiner Autos an die 200 Stundenkilometer. Aber manchmal verfolgen wir einen Ferrari, Maserati, Porsche. In Deutschland gibt es viele Autobahnstrecken ohne Geschwindigkeitsbegrenzung. Oft hängen zwei, drei Wochen oder gar Monate Arbeit an dieser einen Verfolgung. Wir müssen wissen, wen die Zielperson wo trifft. Und dann drückt sie das Gaspedal durch und weg ist sie. Das ist sehr, sehr ärgerlich.

Bei unserer Observation stellten wir fest, dass Herr Wolf nicht nur für seinen Arbeitgeber tätig war, sondern nebenbei noch eine eigene Baustelle betrieb. Dort wurde auch das Material verbaut, das Herr Wolf bei Firma Buschthaler abzweigte. Auf der privaten Baustelle – es sollte wohl eine Doppelhaushälfte entstehen –, arbeiteten zwei Männer, die ich für Schwarzarbeiter hielt. Ich teilte Herrn Buschthaler junior den Stand der Ermittlungen mit. Er war hocherfreut und bat mich um gerichtsverwertbare Beweise. »Und bitte fotografieren Sie doch auch die Schwarzarbeiter. Das würden wir dann nämlich gern dem Zoll melden. Unsere Firma ist strikt gegen Schwarzarbeit.«

Es wurde eng für Herrn Wolf, der von allem nichts ahnte. Er verließ morgens das Haus, fuhr zu Firma Buschthaler und von dort weiter auf eine Firmenbaustelle, wo er sich bald für mehr als zwei Stunden abseilte und an der Doppelhaushälfte mitarbeitete, bei der er offensichtlich als Bauleiter fungierte. Ob seine Auftraggeber wussten, dass er dazu keine Befähigung hatte? Ob sie wussten, dass ihr neues Zuhause mehr oder weniger illegal entstand und mit geklautem Material?

⚡ **Gefahr-Radar**

Auch wenn Ihnen jemand sympathisch ist: Überprüfen Sie seine Angaben und Qualifikationen! Am besten ist es immer, wenn jemand, dem Sie vertrauen, eine Empfehlung ausspricht. Aber eine Empfehlung von irgendwem ist genauso wenig wert wie ein Kompliment von jemandem, den Sie kaum kennen. Wenn Ihnen ein x-Beliebiger etwas Positives sagt, haben Sie es schnell vergessen. Lobt Sie jedoch jemand, den Sie selbst sehr schätzen oder gar bewundern, vergessen Sie das nicht.

Jeder kann heutzutage alles erzählen, und es ist sehr einfach, Nachweise, Zeugnisse, Referenzen zu fälschen. Was man jedoch nicht fälschen kann, ist eine Empfehlung. Deshalb rate ich vor allem Personalchefs, sich niemals allein auf die Zeugnisse, die ihnen vorgelegt werden, zu verlassen, sondern sich darüber hinaus zu erkundigen. Selbstverständlich muss man dazu vorher um Einwilligung bitten.

Auch wenn Sie einen Allrounder für Ihr Haus mit Reparaturen beauftragen, lohnt es sich, genau nachzufragen. Mir sind zahlreiche Fälle bekannt, wo Fachkräfte dann doch nicht vom Fach waren und hohe Kosten verursachten, weil ihr Pfusch später von echten Fachleuten ausgebügelt werden musste.

Es muss Ihnen nicht peinlich sein, wenn Sie Nachweise einfordern oder sich persönlich erkundigen möchten, wenn Referenzen angegeben werden. Es ist Ihr Geld und es ist Ihr gutes Recht, es für einwandfreie Arbeit auszugeben.

Du Chef, ich nix

In einem Baumarkt kaufte ich mir eine Latzhose, eine billige, dünne Jacke und Sicherheitsstiefel, die zwei Nummern größer waren, als ich es benötigt hätte. Sie würden mein Gangbild schleppend machen. Ich würde schlurfen und aussehen wie ein Sack. Damit die Hose zu meiner Legende passte, knuddelte ich sie faltig und machte sie schmutzig. Dergestalt verkleidet, schlurfte ich an jenem Vormittag zur Doppelhausbaustelle. Es war nur einer der beiden Arbeiter anwesend, und ich wusste nicht, ob der zweite krank war. »Hallo«, sagte ich mit hängenden Schultern in gebrochenem Deutsch zu Herrn Wolf. »Ich bin Costello. Ich suche Arbeit.«

Herr Wolf verschränkte die Arme vor der Brust und musterte mich gründlich. Leicht gebückt in der Haltung eines Hilfsarbeiters, der jede Drecksarbeit macht, stand ich vor ihm. Ich schaute ihm zwar in die Augen, doch unsicher und nur kurz. Meistens blickte ich zu Boden. So ließ ich ihn deutlich spüren, dass er mir haushoch überlegen war und dass ich das wusste. Er war der Chef, ich war nichts.

»Was kannst du denn?«

»Ich habe Elektro gemacht in meinem Land.«

»Woher kommst du?«

»Rumänien. Ich muss Geld verdienen. Frau und Kind auch hier.« Treuherzig schaute ich Herrn Wolf an.

»Ich gebe dir 5 Euro in der Stunde«, sagte er.

»Wie lange ich kann arbeiten?«

»Vielleicht vier Wochen. Mal sehen, wie du dich machst.«

»Ich freue mich.«

»Du bekommst dein Geld von mir. Und du redest nur mit mir, kapiert?«

»Ja. Nur mit dir. Du Chef.«

»Genau«, nickte Wolf. »Du kannst auch gleich anfangen. Mir ist heute ein Arbeiter ausgefallen.«

»Oh«, ich machte ein zerknirschtes Gesicht. »Muss erst zu Frau. Ist nix hier. Ich spreche mit Frau und komme Montag? Kann ich Telefonnummer haben?«

»Okay, Montag. Aber sei pünktlich. Um acht bist du hier.«

»Ja. Danke, Chef.«

So erhielt ich für die Investition in eine Latzhose, eine Jacke und Sicherheitsschuhe mehrere wichtige Informationen. Ich wusste, dass Herr Wolf sich als Chef dieser Baustelle bezeichnete, die er auch noch länger betreuen würde.

Außerdem hatte ich mit meiner versteckten Kamera, die in meine Uhr eingebaut war, einiges Material fotografiert. Auf manchen Verpackungen war der Name Buschthaler aufgedruckt. Ich war sicher, dass Herr Wolf diese Sachen nicht gekauft, sondern gestohlen hatte. Und das konnten wir bei der Observation dann auch dokumentieren, als Herr Wolf eines Nachts eine ganze Lieferwagenladung entwendeter Materialien auslud. Das alles genügte, um die Betrügereien von Herrn Wolf nachzuweisen. Costello musste am Montag um acht nicht antreten. Das hätte er jedoch gemacht, falls es nötig gewesen wäre. Costello ist ein zuverlässiger Kerl wie alle meine Mitarbeiter, die ich von Fall zu Fall erschaffe. Ich habe in unzähligen Berufen gearbeitet. Mit Grundwissen und der Fähigkeit, sich irgendwie durchzumogeln, komme ich meistens so weit, wie es nötig ist, um meine Ermittlungen abzuschließen.

Wenn ich, was sehr selten vorkommt, in meinem Privatleben
etwas von einem Fall erzähle, höre ich oft: »So einfach war das!«
Das ärgert mich manchmal ein bisschen. Denn es ist nicht einfach. Jahrelange Erfahrung und wasserdichte Legenden stecken
hinter meinen Erfolgen. Und wenn ich dann zuschlage, habe ich
den Zugriff wochen-, manchmal sogar monatelang vorbereitet.
Sicher hilft es mir, dass die wenigsten Betrüger damit rechnen,
dass sich ein Detektiv an ihre Fersen heftet. Sie glauben, das geschieht nur im Fernsehen, was mir in die Hände spielt. Trotzdem ist die akribische Vorarbeit das A und O. Darüber hinaus
gibt es zwei weitere Vorteile, die manches vereinfachen. Zum
einen die Dreistigkeit der Kriminellen. Je sicherer sich jemand
fühlt, desto schneller macht er Fehler. Irgendwann hält er seine
kriminelle Handlung für rechtens. Er passt nicht mehr auf. Und
merkt deshalb nicht, dass ich mich in sein Leben schleiche. Und
zum anderen kommt mir bei manchen meiner Fälle auch mein
Äußeres zugute. Obwohl ich in Deutschland geboren bin, sehe
ich nicht wie ein typischer Deutscher aus. Das eröffnet mir einen sehr großen Spielraum, den ich mit Freude nutze. Ich habe
unzählige Berufsgruppen studiert. Wie bewegt sich ein Hilfsarbeiter, wie ein Mann, der ständig vor dem Computer sitzt, wie
spricht ein Arzt, wie ein Baggerfahrer, Verkäufer, Makler, Berater, wie ein Bulgare, ein Rumäne, ein Türke, ein Russe, ein Grieche und so weiter? Jeder menschliche Kontakt ist für mich auch
immer ein kleines Studium. Ich lerne ständig und überall. Wenn
ich irgendwo einen Dachdecker aus Kroatien treffe, unterhalte
ich mich mit ihm, erfahre ein paar Bruchstücke aus seinem Leben, die ich vielleicht irgendwann für eine Legende brauche. Ich
schaue mir etwas von seiner Körpersprache ab und abends von

der des Bankers, der mich zum Essen einlädt. So habe ich einen großen Fundus von Verhaltensweisen angesammelt, aus dem ich mich jederzeit bedienen kann. Ich kann mich bewegen wie einer, der weiß, dass er 200 Millionen auf dem Konto hat, und wie einer, der nicht weiß, woher er 2 Euro für einen Kaffee nehmen soll.

⚡ Gefahr-Radar ⚡

Um in eine Rolle zu schlüpfen, reicht es nicht, sich nur entsprechend anzuziehen. Sie müssen ein anderer werden von innen heraus. Nutzen Sie Begegnungen mit Ihren Mitmenschen zu einem Studium. Erkennen Sie Charakterdetails, Verhaltensbesonderheiten und berufstypisches Vorgehen. Und schulen Sie Ihr Ohr! Jemand, der von Berufs wegen analytisch denkt, wird sich anders ausdrücken als jemand, der beispielsweise im Tierschutz aktiv ist.

Hören Sie genau hin! Je mehr Vokabeln aus unterschiedlichen Sprachen, also Branchen und Schichten, Sie beherrschen, desto besser. Wenn Sie das nicht ohnehin automatisch machen. Wir alle neigen im Gespräch dazu, bestimmte Worte unseres Gegenübers aufzugreifen und zu wiederholen. Man kann das auch im Fernsehen beobachten, wenn jemand einen anderen interviewt. Plötzlich kommt eine Floskel ins Spiel: *in der Tat* oder *was auch immer* oder *ich sag mal*. Die wird vom Gesprächspartner aufgegriffen und dann immer wieder eingesetzt. Genauso wie Meinungen, die man teilt – man stimmt sich zu, bestätigt sich, nickt. Das entspannt und sorgt für eine friedliche Stimmung. Menschen fühlen sich wohl, wenn sie sich im Kreise Gleichgesinnter wähnen.

Meisterbrief für einen Detektiv

Woran können Sie den wirklich guten Detektiv nun erkennen? Weil er, wie im Fernsehen, tolle Autos fährt und von schönen Frauen umgeben ist? Weil er sich auf jedem Pflaster souverän bewegt? Ich möchte Ihnen dazu eine kleine Begebenheit aus der Überwachung von Herrn Wolf erzählen.

Zwei meiner Mitarbeiter beobachteten die Baustelle und fotografierten auch. Ihre Tarnung war gut, sie lagen am Waldrand im Gestrüpp mit perfekter Sicht auf den Rohbau. Plötzlich kam Herr Wolf direkt auf sie zu. Meine Mitarbeiter konnten sich nicht wegbewegen. Adrenalin pur. Er kam immer näher. Bis er unmittelbar vor ihnen stehen blieb. Er öffnete seinen Hosenlatz und ... urinierte. Meine Mitarbeiter verhielten sich, als wären sie Moos und Laub und Gras – sie wurden nass. Beide. Jetzt wissen Sie, woran Sie einen wirklich guten Detektiv erkennen: Daran, dass er unsichtbar bleibt.

Fälle wie den von Herrn Wolf bearbeite ich oft. Das Arbeitsrecht ist eine tragende Säule meiner Detektei. Kaum ein Angestellter oder Arbeiter kommt auf die Idee, dass sein Chef einen Detektiv auf ihn ansetzt. Glauben Sie mir: Es geschieht ziemlich oft. Viele Leute gehen ohne das Wissen Ihres Arbeitgebers, dessen Einverständnis sie benötigen würden, einem Zweitjob nach – manchmal lassen sie sich dafür sogar krankschreiben wie der

Maurer, der wegen Rückenschmerzen zwei Monate lang nicht zur Arbeit erschien. In dieser Zeit baute er ein Haus für seine Tochter. Er fühlte sich dabei völlig im Recht, da die Tochter doch schwanger war und seine Hilfe dringend brauchte. Aber auch die sichere Position so manches Büroangestellten, der sich per Krankschreibung einen Extraurlaub gönnte, ist gefährdet, sobald sich ein Detektiv an seine Fersen heftet.

Manchmal werden Menschen aus wirklicher Not kriminell. Das ist nicht einfach für mich. Ich erinnere mich an ein Rentnerpärchen, sehr liebe alte Menschen, die mit ihrem Geld nicht zurechtkamen. Ich lernte sie durch einen Zufall kennen, weil ich in einer anderen Sache ermittelte. Ihre Miete war viel zu hoch, doch sie fanden keine billigere Bleibe. Ihre ganze Freude war ein Hund, den sie sich aber eigentlich nicht leisten konnten, zumal er Diabetiker war und teures Spezialfutter benötigte. Das Paar besserte seine schmale Rente in einem Baumarkt auf, wo es nachts putzte. Dort ermittelte ich und befragte auch sie. Doch dann gerieten sie selbst unter Verdacht. Einem ihrer Kollegen fiel auf, dass die beiden immer seltsam ausgepolstert aussahen, wenn sie den Baumarkt verließen. Ich fand heraus, dass sie Futter für ihren Hund mitgehen ließen. Die beiden taten mir sehr leid. Doch ich konnte kein Auge zudrücken, wenn ich es nicht herausgefunden hätte, hätte es ein anderer getan. Es gibt auch Leute, die stehlen, weil sie ihren gewohnten Lebensstandard weiterführen möchten und der Meinung sind, dass er ihnen zusteht. Im mittleren und höheren Management kann von Mundraub – oder Hundraub – keine Rede sein. Hier regiert die Gier. Mehr haben wollen als andere. Und noch mehr. Da überkommt mich kein Mitleid. Anders verhält es sich, wenn die Menschen in der Zeit, in der ich undercover Kontakt mit ihnen hatte, nett zu mir waren – oder sogar herzlich, auch das kommt vor. Wenn ich sie später überführe, kann mir das schon einmal schwerfallen. Doch ich halte mich dann an die Tatsachen und gehe weiter zum nächsten Fall. Ein Detektiv, der im Mitleid zerfließt, ist kein guter Ermittler.

Der Liebesdetektor – Gegenobservation

Der Sound des wegspritzenden Kieses, als ich in meinem Cabriolet die lange Auffahrt zum Anwesen der gräflichen Familie hinauffuhr, gefiel mir. Das Anwesen war fast ein Schloss, auf jeden Fall eine opulente Landhausvilla. Hauptgebäude mit Freitreppe, zwei Seitenflügel, etwas entfernt Wirtschaftsgebäude. Alles sehr gepflegt. Ein bisschen im englischen Stil gehalten, der Garten mit Zirkel und Lineal angelegt. Selbst auf dem Rasen spitzte kein Halm hervor. Alles gleich lang. Ein Gärtner war damit beschäftigt, eine Buchshecke zu beschneiden, die rechts neben einer Garage wuchs. Das Tor stand offen. Ich sah einen Oldtimer Mercedes SL, einen neuen Bentley und einen Mercedes GL. Von irgendwo hinten hörte ich ein Pferd wiehern. Natürlich. Und vermutlich eher Stallungen denn Stall. Ich parkte neben einem Jaguar und einem Golf, Letzterer gehörte sicher zum Personal, und ging über die Treppe zu der massiven Holztür, dunkelgrün mit Messingbeschlägen. Die Klingel war in einem Ornament versteckt, und als ich sie drückte, ertönte ein Gong im Haus. Es dauerte nicht lang, bis ein schwarz gekleideter grauhaariger Herr mit weißen Handschuhen öffnete. Er begrüßte mich mit

Namen. Als guter Butler kannte er die Termine seiner Herr-schaften. Ich folgte ihm durch eine Eingangshalle, deren Aus-maße an das Foyer eines Fünfsternehotels erinnerten. Ich hätte mich gern ein wenig umgesehen, doch der Butler ging schnur-stracks durch die Halle. Wir durchquerten eine Art Kaminzim-mer und gelangten über einen Gang in ein lichtdurchflutetes Frühstückszimmer, wo eine Hausangestellte staubsaugte.

»Verzeihung«, sagte der Butler.

»Ich bitte Sie«, erwiderte ich.

»Danke«, sagte der Butler.

Der Raum bestand aus einer Fensterfront mit Blick auf einen Garten, nein, es war kein Garten, es war ein Park mit Kieswe-gen, Teich, Springbrunnen. Auf der Terrasse unter einem Son-nenschirm saß eine Frau und las eine englische Zeitung, vor ihr ein Stapel Post und ein Glas mit orangefarbenem Saft, sicher frisch gepresst. Ich folgte dem Butler auf die Terrasse, die Gräfin hob den Blick und sah mir entgegen. Der Butler stellte mich vor.

»Bitte nehmen Sie doch Platz«, lud die alte Dame mich ein. Sie war bestimmt über siebzig, wirkte jedoch wie Ende fünfzig, was nicht zuletzt an ihrer starken Ausstrahlung lag. Ihre Haare wa-ren für eine Frau ihres Alters ziemlich dicht, sie war dezent, aber perfekt geschminkt, ihre Kleidung war edel und ihre Hal-tung kerzengerade. Sie trug nur ein Schmuckstück, einen auffäl-ligen Ring. Ich schätzte den Brillanten auf 50.000 Euro.

»Was darf ich Ihnen anbieten?«, fragte der Butler.

»Wasser bitte, gekühlt. Ohne Kohlensäure.«

»Möchten Sie vielleicht einen Kaffee oder Tee dazu?«

»Nein danke.«

»Und zu essen?«

»Gern etwas Obst«, bat ich. Ich hatte überhaupt kein Verlangen danach, doch ich habe die Erfahrung gemacht, dass der Wunsch nach Obst oft für ein gutes Gesprächsklima sorgt. Und zeigt man damit nicht, dass man gesundheitsbewusst und fit ist?

»Ach ja, Obst. Das ist eine gute Idee, Hans. Lassen Sie uns doch etwas zusammenstellen, bitte.«

»Sehr wohl, Frau Gräfin.«

Es dauerte circa zehn Minuten, dann servierte der Butler eine Obstplatte, die sofort in einem Food-Magazin hätte abgelichtet werden können. Mit der Gräfin hatte ich bis zu diesem Moment ein wenig Small Talk betrieben. Vor allem über Gärten, und ich hatte mich umgesehen und festgestellt, dass dieser Blick in die Weite die Augen beruhigte. So wäre ich auch gern öfter gesessen in dem Bewusstsein, dass das alles mir gehörte. Nun, ich arbeitete daran, ich war ja auch noch keine siebzig. Und ich war neugierig.

Ich fragte die Gräfin, womit ich ihr helfen könnte.

»Es handelt sich um meine Enkelin. Sie ist 21 Jahre alt und sehr verliebt. Henriette ist meine Erbin, da ihre Mutter früh verstorben ist. Meine Enkelin soll nach Abschluss ihres Studiums und wenn sie genug Erfahrungen gesammelt hat einmal das Unternehmen leiten. Aber jetzt ist sie mit einem jungen Mann liiert, den ich gern überprüft hätte.

»Ist Ihre Enkelin die alleinige Erbin?«

»Ja. Bis auf einige Nebensächlichkeiten, die aber nicht ins Gewicht fallen.«

»Sie wird ein Riesenvermögen erben.«

»Deshalb habe ich mich zu dieser Überprüfung entschlossen.«

»Ich hoffe, Ihre Enkelin ist schlau genug, das Erbe nicht publik zu machen. Sie wird sonst sehr umworben werden.«

»Darüber bin ich mir vollständig im Klaren.«

»Und wer ist der Freund?«

»Ludwig ist eigentlich ein netter junger Mann. Auch optisch passt er zu meiner Enkelin. Die beiden geben ein ansehnliches Paar ab. Aber ich bin mir nicht sicher, ob seine Gefühle echt sind oder ob vielleicht seine Familie dahintersteckt und finanzielle Absichten im Spiel sind.«

»Aus welchen Verhältnissen stammt Ludwig?«

»Er ist ein Fabrikantensohn. Die Eltern leiten die Fabrik seit mehreren Generationen. Angeblich soll Ludwig sie auch fortführen. Doch es sind Gerüchte, bitte, es sind nur Gerüchte, aufgekommen, dass es finanzielle Probleme gegeben hat. Ich habe versucht, das zu überprüfen, kam damit aber nicht so recht weiter. Mancherorts fragt man sich auch, ob Ludwig überhaupt in der Lage wäre, das Unternehmen fortzuführen. Ich habe mir sagen lassen, er solle kein Kind von Traurigkeit sein.«

»Und was genau wäre nun mein Auftrag? Soll ich den finanziellen Hintergrund von Ludwig überprüfen oder ...«

Die Gräfin hob die Hand. »Nein. Denn man heiratet ja nicht nur des Geldes wegen, oder? Ich möchte, dass meine Enkelin anständig behandelt wird. Mag ihr Freund sie wirklich oder hat er es nur auf ihr Vermögen abgesehen? Ich möchte also, dass Sie einen Blick in sein Herz werfen.«

So ein Auftrag war mir noch nie erteilt worden. Überrascht blickte ich die Gräfin an. Dann lehnte ich ab. »Das kann ich nicht. Ich bin kein Wahrsager.«

»Mir wurde versichert, Sie seien sehr erfahren. Deshalb wende ich mich an Sie. Ich stelle mir vor, dass Sie gewisse Schlüsse werden ziehen können, wenn Sie die beiden eine Weile … nun, sagen wir … freundschaftlich und unsichtbar begleiten.«

Was für eine charmante Umschreibung des Begriffs »Observation«.

»Das ist durchaus möglich.«

»Dann versuchen Sie es bitte.«

Die Gräfin drückte auf eine Taste ihres Telefons. »Hans, bitte sagen Sie Frau Neukamp Bescheid, dass sie die Unterlagen, die ich vorher zurechtgelegt habe, bringen soll.«

Zwei Minuten später erschien eine gepflegte Dame im grauen Kostüm und legte eine Mappe auf den Tisch.

Fünf Minuten später genoss ich den Sound des Kieses unter den Reifen erneut. Henriette, die Enkelin, lebte mit ihrer Großmutter im Schloss. Ihr Freund Ludwig besaß eine Wohnung in der Stadt, die circa 30 Kilometer entfernt vom Schloss lag. Die würde ich mir als Erstes ansehen.

Die rosarote Brille

Allein von der Immobilie her beurteilt, passte Ludwig zu Henriette. Er wohnte in einem Loft im obersten Stockwerk eines Jugendstilhauses mit grandiosem Ausblick über die Stadt. Nachdem ich einen Plan geschmiedet und einiges vorbereitet hatte, wartete ich mit Sven, den ich für diesen Fall ausgewählt hatte, zwei Tage nach meinem Besuch bei der Gräfin vor dem Haus. Ludwig fuhr einen weißen Porsche 911 mit schwarzen Felgen, der in der Tiefgarage des Wohnhauses stand. Wir hatten Glück, er hatte offenbar etwas vergessen, parkte vor dem Haus und ging noch einmal hinein. Wir sahen einen Mann Mitte, Ende zwanzig, leicht gebräunt, schulterlange mittelblonde Haare. Er sah gut aus und war sportlich-lässig, aber teuer gekleidet.

Sven und ich folgten ihm eine Viertelstunde durch die Stadt und waren froh, ihn nicht zu verlieren, denn der junge Mann gab ziemlich Gas. Er parkte im Halteverbot vor einem In-Café und wurde dort von einer jungen hübschen Frau begeistert empfangen: Sie fiel ihm strahlend um den Hals. Ein Fotoabgleich zeigte, dass es Henriette war. Sven und ich fanden überraschenderweise einen legalen Parkplatz, von dem aus wir gute Sicht in das Café hatten. Ich konnte problemlos einige Fotos mit dem Teleobjektiv schießen und muss gestehen, dass mich dieser Job alles andere als kaltließ. Denn was ich da so nah vor mir sah, war das leuchtende Glück junger Liebe. Sie hatten sich nebeneinandergesetzt, damit sie sich berühren konnten. Und das machten sie fast unentwegt, aber nicht aufdringlich wie so manche junge Paare, sondern fast verlegen. Es war gerade so, als hätten sich ihre Hände vor lauter Verliebtheit selbstständig gemacht. Dauernd streichelte der eine über die Hand des anderen oder über dessen Wange. Vor lauter Lächeln und Lachen kamen sie kaum zum Essen, und dann fütterten sie sich gegenseitig. Fast beneidete ich die beiden ein wenig um ihr Glück, dann aber freute ich mich darüber, denn so etwas bekomme ich in meinem Job ja eher selten vor die Linse. Ich ermahnte mich, neutral zu bleiben. Sven meinte, dass er sich nicht vorstellen könne, dass daran etwas gespielt sei. Doch der Tag war noch jung. Wir würden sehen. Nach einer guten Stunde brachen die beiden in Ludwigs Wagen auf. Wir hatten wieder Glück, sie fuhren nicht weit, diesmal parkte Ludwig in einer öffentlichen Garage. Dann bummelten sie Arm in Arm durch die Stadt. Sie zeigten sich gegenseitig schöne Sachen, hatten aber auch ein Ziel, wie wir den Läden entnahmen, die sie aufsuchten. Sie wollten sich Joggingschuhe kaufen, und zwar dieselben. Dazwischen schenkte er ihr eine Handtasche, obwohl sie sich dagegen wehrte. Er bezahlte auch die Joggingschuhe und die beiden Eisbecher, die sie sich mittags gönnten. Nicht nur Sven und ich waren zuweilen regelrecht verzaubert von dem jungen Paar, so ging es auch Passanten, die sich nach den beiden umdrehten. Ja, es war ein wirklich schönes Paar. Doch noch viel schöner waren ihre Jugend und Unbeschwertheit und das Leuchten ihrer Verliebtheit. Aber nach fünf Stunden Beobachtung fremden Glücks verschlechterte sich Svens Stimmung.

»Da kann man doch echt den Eindruck kriegen, es fehle einem was im Leben.« Ich beschloss, ihn demnächst mit einer Treue-Überprüfung zu beauftragen. Damit er die rosarote Brille absetzte. Die ist nämlich Gift für einen Detektiv.

Treue-Überprüfung

Mit Treue-Tests wird meine Detektei oft beauftragt. Das heißt, jemand ist unsicher ist, ob sein Partner treu ist. Es gibt zwar keinen konkreten Verdacht, aber man würde schon mal gern wissen, wie er oder sie auf Verlockungen reagiert. Für diese Tätigkeiten habe ich einige erfahrene und attraktive Ermittler und Ermittlerinnen, die schon so manche Liebe getestet haben. Als junger Detektiv war ich diesbezüglich auch öfter im Einsatz. Ich erinnere mich noch an mein erstes Mal. Damals ahnte ich nicht, dass das einmal ein florierender Geschäftszweig werden würde, es war eher ein privater Gefallen. Ein Freund von mir war wahnsinnig verliebt, machte sich aber große Sorgen, ob ihm seine neue Flamme auch treu war. »Das müsste man halt mal austesten«, meinte ich – und so entstand die Idee. Noch dazu sahen mein Freund und ich uns auf den ersten Blick ähnlich. Beide dunkelhaarig mit athletischem Körperbau, keine blauen Augen. Ein aussagekräftiger Treue-Test soll den Probanden schon verlocken. Wenn jemand nur auf blond und blauäugig steht, brauche ich nicht auf schwarzhaarig und braunäugig setzen. Es ist ohnehin erstaunlich, wie starr die meisten Menschen auf ihrem Beuteschema beharren – und wie manipulierbar sie diesbezüglich sind.

Mein Freund wünschte sich natürlich, ich würde eine Abfuhr erhalten. »Tut mir leid, ich bin in festen Händen, spar dir die Mühe.« Oder dass es erst gar nicht zu einem Gespräch mit mir kommen würde.

Doch leider verlief die Sache anders. Ich muss aber auch gestehen, dass ich mich ziemlich ins Zeug legte. Mein Jagdeifer war erwacht. Die Flamme meines Freundes entbrannte dann tatsächlich etwas für mich, woraufhin ich mich in Luft auflöste. Ich gab ihm den Tipp, er solle lieber vorsichtig sein. Das nahm er sich wohl zu Herzen, denn sechs Monate später heiratete er eine andere Frau. Die ich im Übrigen nicht überprüft habe. Aber die beiden sind noch immer zusammen und haben inzwischen drei Kinder. Eine Überprüfung geht nie so weit, dass es ernst wird. Es kommt auf die prinzipielle Offenheit für einen Seitensprung der zu überprüfenden Person an. Nicht mehr und nicht weniger als ein Test. Und einem solchen wollte ich auch

käme nicht in Frage.

Ludwig unterziehen, und zwar mit einer meiner attraktivsten Ermittlerinnen. Sven und ich folgten Ludwig und Henriette am Abend in eine Cocktailbar, und ich rief Ramona dazu, die bereits in den Fall eingeweiht war. Ramona sollte versuchen, mit Ludwig Kontakt aufzunehmen, wenn er allein war. Wir mussten nicht lange warten, denn Henriette traf eine Bekannte und unterhielt sich kurz mit ihr. Ludwig spielte derweil mit seinem Smartphone. Ramona blieb so nah vor ihm stehen, dass ihm ihr prächtiges Dekolleté eigentlich in die Augen hätte springen müssen. Keine Reaktion. Später, als Henriette zur Toilette ging, versuchte sie es noch einmal und sprach ihn sogar an. Ludwig antwortete ihr freundlich, doch seine gesamte Körpersprache signalisierte: kein Interesse. Er schaute sich auch nicht nach anderen schönen Frauen um, von denen es in der Bar einige gab. Als Henriettes Telefon klingelte und sie nach draußen ging, gab ich Ramona ein Zeichen, dass sie es nicht noch einmal probieren sollte. Ludwig hatte nur Augen für Henriette.

Doch wer war der Mann, der ihr nun folgte? Er war mir vorhin schon aufgefallen. Er passte nicht so recht in die Bar, hatte Henriette einige Male geradezu aufdringlich angestarrt und ging nun hinter ihr her. Ich folgte ihm. Wollte er Henriette anbaggern? Sie stand einige Meter entfernt von der Bar und einem Rauchergrüppchen und telefonierte. Der Mann rauchte nicht. Er telefonierte auch nicht, wenngleich er es vorgeben mochte mit dem Handy am Ohr. In Wirklichkeit filmte er Henriette, wie ich unschwer erkennen konnte. Jetzt wurde die Sache interessant. Was hatte er vor? War er ein Stalker? Oder von der Presse? Was lief hier ab?

Ich rief Sven an und teilte ihm mit, dass wir uns unter Umständen aufteilen müssten. Er sollte an Henriette und Ludwig dranbleiben, ich würde ein verdächtiges Subjekt observieren. Doch
dann hatten wir alle dieselbe Richtung, denn der Mann folgte
Henriette und Ludwig ebenfalls. Sven lachte vor Aufregung laut.
So etwas war uns schon lange nicht mehr passiert. Die Spannung
stieg. Was passierte hier, zumal Henriettes Verfolger in einen
Audi stieg, in dem ein anderer Mann am Steuer saß? Es konnte
nur eine Erklärung geben: Die beiden waren Detektive. Einer im
Lokal, der andere stand beziehungsweise saß im Wagen Schmiere.
Sollte die Gräfin einen zweiten Detektiv angeworben haben?

Wer observiert hier wen?

Ludwig fuhr seinen Porsche in die Garage seines Hauses, danach sah man ihn und Henriette nicht mehr. Das Licht im Loft
ging nur kurz an, von der Straße aus konnten wir nicht in den
Innenhof blicken. Der Audi der Konkurrenz parkte vor dem
Haus. Sven und ich standen circa 50 Meter dahinter. Es war ein
warmer Sommerabend. Bestimmt hatten die beiden Herren das
Fenster offen. Ich schickte Sven los, sich mal ganz klein zu machen. Eine Viertelstunde später kam er mit der Bestätigung zurück. Er war an den Wagen herangerobbt und hatte das Gespräch gehört. Viel war es nicht, doch es stand nun eindeutig
fest: Wir hatten eine Gegenobservation. Sie galt wohl Henriette.
Aber wer steckte dahinter?

Am nächsten Tag setzte ich ein Team auf die Detektive an, die
Henriette observierten. Irgendwann würden sie ihre Auftragge-

ber treffen. Diesen Moment durfte ich nicht verpassen. Es dauerte drei Tage, bis einer der beiden Detektive, der Inhaber der Detektei, wie ich nun wusste, sich mit einer attraktiven Frau traf, der man die Herkunft auf den ersten Blick ansah. Sie war edel gekleidet, und Ludwig sah ihr verblüffend ähnlich. Das musste seine Mutter sein. Hätte ich noch einen Beweis über die Identität der Frau gebraucht, hätte ihn mir ihr Autokennzeichen mit ihren Initialen gegeben.

Ich konnte mir ein Grinsen nicht verkneifen. Was für ein kurioser Fall. Henriettes Großmutter ließ Ludwig und Ludwigs Mutter Henriette überprüfen. Aber ob sie beide dieselben Gründe hatten? Ich überlegte eine Weile, wie ich vorgehen sollte, und entschloss mich dann zu einem unkonventionellen Verhalten, wie ich es bis dahin noch nie an den Tag gelegt hatte. Aber dieser Fall war ohnehin alles andere als gewöhnlich. Und ich hatte den Eindruck, die Gräfin würde mitspielen.

Ich fuhr ins Büro und verfasste einen meiner besten Berichte, den ich mit wunderschönen Fotos des jungen Glücks garnierte. Dann rief ich zuerst die Gräfin an und lud sie für den Abend in ein Weinlokal ein. Ich deutete an, dass ich eine Überraschung für sie hätte, und fragte, ob sie mir genug vertraute, um sich auf ein Abenteuer einzulassen. Im Anschluss rief ich Ludwigs Mutter an, deren Handynummer ich mir beschafft hatte. »Hier ist ein Mitarbeiter Ihrer Detektei. Ich habe dringende Nachrichten für Sie. Es sind gute. Können wir uns heute Abend treffen?«

»Aber wir haben uns doch erst gestern gesehen.«

»Es hat sich etwas ergeben, das Sie wissen sollten.«

»Ist sie schwanger?«

»Nehmen Sie gern Ihren Mann mit«, sagte ich.

Als ich sicher war, dass sie kommen würde, rief ich in dem Lokal an und bat den Ober, der mir bekannt war, die beiden Parteien so zu setzen, dass sie sich nicht sehen konnten. Denn natürlich kannten sie sich, wenn auch nur flüchtig. Ich wollte ihnen und mir die Freude der Überraschung nicht verderben. Doch meine Vorsicht war übertrieben. Am Eingang des Lokals traf ich die Gräfin und ihren Chauffeur, Ludwigs Eltern saßen bereits im Lokal. Ich bat die Gräfin noch einmal, mir zu vertrauen, und führte sie zum Tisch von Ludwigs Eltern. Alle drei überspielten ihr Erstaunen geschickt. Es war überhaupt keine Emotion zu spüren. Ich merkte, dass ich nicht viel Zeit hatte. Ich musste sie ködern, ehe sie womöglich gehen würden. Ich legte drei Fotos auf den Tisch, die in meinen Augen Henriettes und Ludwigs Liebe füreinander deutlich bewiesen.

»Schön«, sagte Ludwigs Vater. »Aber was soll das?«

»Bitte setzen Sie sich doch«, bat Ludwigs Mutter die Gräfin.

Die bestellte sich ein Glas Wasser. Das war doch schon mal ein Anfang.

Ich erklärte, warum ich die Familien zu diesem Treffen gebeten hatte. Natürlich war es beiden Parteien zuerst sehr unangenehm. Aber sie bewiesen Haltung und Klasse und fanden die delikate Angelegenheit amüsant. Und war das nicht eine kuriose Gemeinsamkeit, dass sie sich gegenseitig ausgeforscht hatten? Und plötzlich fingen beide Parteien zu lachen an. War das nicht ein Zeichen dafür, wie gut die Familien zusammenpassten? Dass sie eben nicht jedem trauten, erschien in diesem Licht als Vertrauensbeweis.

»Darf ich Sie nun zu einem Glas Wein einladen?«, fragte ich
in die Runde.

Kurz darauf stießen wir an. Hell erklangen die Gläser. Das Eis
war gebrochen. Und dann legte ich meinen Bericht auf den
Tisch und erläuterte ihn. »Ich weiß, dass Sie herausfinden woll-
ten, ob das Interesse Ihrer Kinder aneinander eher finanzieller
Natur ist. Meiner Meinung nach ist das nicht der Fall. Unterm
Strich ist für mich herausgekommen: Es ist Liebe.

Und dann legte ich als Trumpf noch meine beiden Starfotos
auf den Tisch. Niemand konnte sich ihres Liebreizes entziehen.
Alle waren sehr gerührt, sogar Ludwigs Mutter, die noch immer
ein klein wenig echauffiert war, weil ihre Observation aufgeflogen war. Die Gräfin verkündete: »Im Grunde genommen habe
ich mir genau so einen Mann für meine Henriette gewünscht.«

Ludwigs Mutter stimmte zu. »Ja, die beiden sind wirklich ein
schönes Paar.«

»Aber darauf kommt es doch gar nicht an«, mischte sich Ludwigs Vater ein. »Wie wir sehen, verstehen sie sich auch gut. Und
einmal ehrlich: Seit Ludwig mit Henriette zusammen ist, wirkt er
viel ausgeglichener. Er nimmt sogar sein Studium wieder ernst.«

»Dafür lässt meine Henriette ihres ein wenig schleifen«,
schmunzelte die Gräfin.

Wieder lachten alle und gaben dann noch zwei, drei Kinder-
streiche von Henriette und Ludwig zum Besten. Nicht ohne
Wehmut erinnerte man sich an die eigene Jugend. Eine halbe
Stunde später verabschiedeten sich beide Parteien bestens ge-
launt voneinander und hatten ein Familienessen demnächst im
Schloss geplant. Ich begleitete die Gräfin zur Tür, wo ihr Chauffeur vor dem Haus auf sie wartete, und verabschiedete mich.

»Herr Bakiner«, sagte sie plötzlich.

»Ja?«

»Sie haben mich angelogen.«

Nun schaute ich wohl ein wenig verwundert. Was meinte sie damit?

»Sie haben bei unserem ersten Gespräch behauptet, Sie seien kein Wahrsager.«

»Ich erinnere mich.«

»Aber jetzt weiß ich«, lächelte sie, »dass Sie in Herzen blicken können.«

In diesem Moment beschloss ich, dass man einer Gräfin nicht widerspricht.

Politik im Schweinestall – Verleumdung

Ein Biobauer beauftragte mich herauszufinden, was es mit einer Bürgerinitiative auf sich hatte, die seit zwei Jahren und in letzter Zeit verstärkt schlechte Stimmung gegen den Landwirt machte. Ich recherchierte eine Weile und stellte fest, dass das Thema »bio« allgemein sehr kompliziert war. Zum Glück ging es hier nicht um Ermittlungen, die bewiesen, dass das, was auf einem Siegel steht, dann doch Lüge ist. Mein Auftraggeber, Biobauer Jung, hatte mit massiven Angriffen der Bürgerinitiative zu kämpfen, die ihm vorwarf, seine Tiere zu quälen. Obwohl alle Behörden beste Bedingungen in den Ställen feststellten, blieb das Gerücht bestehen. Der Hofladen des Biobauern verzeichnete einen erheblichen Umsatzrückgang, auch die Wochenmärkte und die Filialen in der Stadt zeigten Einbußen. Da er selbst durchaus ideologisch beflügelt war, bereitete ihm das großen Kummer. Er hatte den Hof von seinem Vater übernommen und mit enormem finanziellen Risiko auf bio umgestellt. Dass ihm aus der Bevölkerung nun Gegenwind entgegenschlug, machte ihm schwer zu schaffen. Auf der Seite der Bürgerinitiative fanden sich immer mehr Unterstützer. Wie so oft machten zahlreiche Leute mit, ohne eigentlich genau zu wissen, was Sache war. Sie sahen Kälber in Freiställen und fanden, dass es gemein war, sie von ihrer Mutter zu trennen. Und dass sie überhaupt zu wenig Auslauf hatten. Sie sahen Schweine in Koben, die sich artgerecht suhlen konnten, aber eben nicht lang genug; nach einigen Monaten Lebenszeit wurden sie geschlachtet. Das geschah sogar direkt auf dem Hof, doch war das energetisch nicht bedenklich? Die Leute sahen Hühner, die zwar nach draußen konnten, aber nicht hinausliefen. Warum wohl?

Herr Jung wirkte verzweifelt, als er mir das alles erklärte. »Es sind Masthähnchen. Die sind nun mal faul. Die Leute wollen Fleisch essen, aber dafür sollen keine Tiere sterben. Unsere Tiere haben es relativ gut. Aber wir verstecken sie nicht. Das ist der Fehler. Irgendwo anders stehen sie ihr kurzes schreckliches Leben lang im Dunklen, da regt sich keiner auf, weil es keiner sieht.«

Ich stimmte ihm zu. Ich habe schon undercover bei der Fleischmafia ermittelt und seinerzeit erwogen, Vegetarier zu werden. Heute esse ich nur noch Fleisch, dessen Herkunft ich kenne, und ausschließlich von Hofschlachtungen.

»Haben Sie denn einen Verdacht? Wer hat diese Bürgerinitiative gegründet?«

»Ein paar Spinner.«

Damit konnte ich wenig anfangen. Also machte ich mir mein eigenes Bild. Der Gründer der Bürgerinitiative lebte in derselben Kleinstadt, an deren Rand auch der Biohof angesiedelt war, der im Übrigen 20 Mitarbeiter beschäftigte, darunter viele aus Osteuropa, alle legal angemeldet – es hatte mehrere Kontrollen gegeben. Herrn Jung war nichts nachzuweisen, was allerdings nicht als Freispruch gewertet wurde, sondern als Beweis seiner Geschicklichkeit, Dinge zu verbergen und zu verschleiern. Ist ein Gerücht erst mal in der Welt, ist es sehr schwer, es wieder loszuwerden. Irgendetwas bleibt immer hängen.

Mein Plan war es, Mitglied dieser Bürgerinitiative zu werden, um deren wahre Ziele zu entlarven. Da musste doch etwas anderes dahinterstecken? Ich hatte schon einmal gegen eine Bürgerinitiative ermittelt, die von der Konkurrenzfirma meines Auftraggebers finanziert wurde, wie ich dann herausfand. Aber wer sollte Interesse daran haben, einem Biobauern zu schaden? Der Gründer war ein Tierarzt, dem die Leute natürlich glaubten, da er sich mit Tieren auskannte. Allerdings war er nicht der Tierarzt des Biobauern, aber sollte eine solche gekränkte Eitelkeit genügen, um den Aufwand einer Bürgerinitiative zu rechtfertigen? Das konnte ich mir nicht vorstellen.

Ich schickte mehrere Ermittlerinnen mit behandlungsbedürftigen Haustieren zu verschiedenen Zeiten in die Praxis des Tierarztes, um etwas Relevantes in Erfahrung zu bringen. Es war wie verhext. Wir bekamen nichts heraus. Ja, es schien nicht einmal möglich zu sein, Mitglied dieser Bürgerinitiative zu werden. »Nur auf Empfehlung.«

Als ich schon am Verzweifeln war, weil ich nicht wusste, wie ich an die Bürgerinitiative herankommen sollte, ohne in diese Kleinstadt zu ziehen – und so etwas geschieht selten – saß ich eines Nachts lang im Büro.

Ich machte mir Notizen, dachte nach und merkte, wie mich diese Bürgerinitiative wieder und wieder beschäftigte. Es war ein verhältnismäßig kleiner Fall, umso weniger wollte ich akzeptieren, dass ich hier nicht weiterkam. Biobauer Jung wurde allmählich ungeduldig; zu Recht, wie ich fand. Ich bestellte eine Pizza und holte eine Cola aus dem Kühlschrank. Seitdem ich mich mit bio beschäftigte, überkam mich gelegentlich ein regelrechter Heißhunger auf Fast Food. Ich surfte im Internet auf der Suche nach irgendeinem Ansatz. Ich hatte die Pizza zur Hälfte gegessen, als ich einen Treffer landete. In irgendeinem Forum fand ich den Namen des Tierarztes, der auch hier schlechte Stimmung gegen meinen Kunden machte. Wenn seine Firma ihre Mitarbeiter nur halb so gut behandeln würde wie die Tiere, wäre denen geholfen. Das war ein herber Vorwurf. Ich las weiter und fand am Ende des Eintrags die Aufforderung: Mailen Sie mir, wenn Sie ähnliche Erfahrungen gemacht haben. Ich schob die Pizza weg – vegetarisch, immerhin – und mailte.

Ich konnte mir nicht recht vorstellen, damit weiterzukommen, es war einfach zu plump, doch all meine raffinierten Ansätze waren fehlgeschlagen. Meine Ermittlerinnen hatten ebenso wenig Erfolg gehabt wie meine anderen Vorwände. Ich schickte eine Mail:

> *Hallo Ich Mansur. ich habe internet gelesen. sie helfen arbeiter von der firma die schlecht zu uns sind. ich früher gearbeitet und die haben mich rausgeschmisen. Ich möchte bei ihnen in ihre initative, Ich freue, wenn sie mir eine mail oder mich auf mein telefon anrufen. Viel Gruß Mansur*

Schon am nächsten Tag erhielt ich eine Antwort:

Hallo Herr Sharkawi, schön, dass Sie sich bei uns melden.
Es tut mir leid, dass Sie auch so schlimme Erfahrungen ma-
chen mussten. Ich würde mich freuen, wenn wir uns einmal
persönlich kennenlernen könnten. Bitte rufen Sie mich an.

Das machte ich doch glatt. Ich übte die Redeweise von Mansur
ein paar Minuten lang ein und meldete mich bei Herrn Gabler.
Er lud mich zu einem Treffen der Bürgerinitiative ein, das in
seiner Praxis stattfinden sollte. Ich kam 30 Minuten zu früh und
sah so aus, wie sich Herr Gabler mich wahrscheinlich vorstellte.
Meine Schuhe waren abgelaufen, die Jeans nicht ganz sauber,
meine Jacke zerfranst. Ich trug einen Jutebeutel, mit dem ich
mir wahrscheinlich bei der Tafel Lebensmittel holte. Und als
ehemaliger Hilfsarbeiter im Schlachthaus war ich sicher nicht
gebildet. Doch das alles störte Frau Gabler nicht, die mich herzlich begrüßte und ihren Mann entschuldigte, der zu einer kran-
ken Kuh gerufen worden war. Sie servierte Kaffee und Kuchen,
ließ mich allein in ihrem Wohnzimmer und erkundigte sich
dann aufrichtig interessiert nach meinen Lebensumständen in
Deutschland. Das erforderte meine gesamte Konzentration. Es
ist relativ einfach, für einige Minuten in gebrochenem Deutsch
zu sprechen. Dies über einen längeren Zeitraum aufrechtzuer-
halten und dabei keine Fehler zu machen, ist eine Höchstleis-
tung. Zumal ja nicht der kleinste Versprecher passieren darf!
Man muss dem Sprachduktus, den man wählt, treu bleiben.
Kann nicht plötzlich vom irakischen Deutsch ins russische
Deutsch wechseln.

   Nach und nach traf ein gutes Dutzend Mitglieder der Bürgerinitiative ein. So wenig? Ich erfuhr, dass dies nur eine Projekt-

gruppe und damit ein kleiner Teil war. Endlich tauchte auch
Herr Gabler auf. Er sah seiner Frau irgendwie ähnlich, wie
man es oft bei langjährigen Ehepaaren bemerkt, doch er war
ein völlig anderer Typ. Er redete nicht um den heißen Brei herum.

»Setz dich, Mansur. Erzähl mir von deinen Problemen.«

»Ich habe gearbeitet dort. Immer unter Druck. Hab wenig
Geld bekomme. Ich kann nicht krank werden. Obwohl große
Schmerzen. Wenn ich krank bin, schmeißt er mich raus. Immer
gedroht und dann zum Schluss hat er mich rausgeworfen. Ohne
Grund. Und ich hatte Familie. Und dann war ich ohne Geld.
Familie weg. Alles scheiße.«

Herr Gabler nickte und wandte sich dann mit selbstzufriede-
ner Miene an die anderen: »Ja, da hören wir nichts Neues.«

Zustimmendes Nicken.

»Es ist schön, dass du den Weg zu uns gefunden hast und uns
vertraust. Wir sind auf jedes aktive Mitglied angewiesen, um die
Machenschaften des angeblichen Biobauern zu unterbinden.«

»Was kann ich tun bei euch?«, fragte ich.

Herr Gabler nutzte meine Anwesenheit, die Gemeinde auf die
Ziele einzuschwören. »Diese Gehirnwäsche muss ein Ende haben. Die Leute hören ›Bauernhof‹ und denken: glückliche Kühe.
Dieser Betrug entzieht der gesamten Region die Glaubwürdigkeit«, empörte er sich. »Du kannst Flugblätter verteilen. Dafür
bekommst du auch ein bisschen Geld von uns«, wandte sich
Herr Gabler schließlich an mich. Artig bedankte ich mich. Zwei
Tage später lief ich mit einem Plakat durch die Kleinstadt: *Was
faul ist am guten Fleisch: Billiglöhne.* Und ich verteilte Flugblätter. Das war eine interessante Erfahrung.

Frau Gabler versorgte mich mit Proviant und schenkte mir dann noch eine Tüte voller Klamotten. Ich beobachtete, dass sie auch zu anderen mittellos wirkenden Mitgliedern sehr freundlich war.

Deshalb tat es mir am Ende auch leid, dass ich schließlich herausfand, wer hinter der Bürgerinitiative steckte: ein Architekt und ein Konzern, die das Weideland in Bauland für ein Einkaufszentrum umwandeln wollten.

Herr Gabler, der Chef der Initiative, war in diesem Fall geschmiert. Er erhielt Geld für seine Aktivitäten, das er dringend brauchte, denn er war hoch verschuldet, was seine Frau nicht wusste. Doch Herr Gabler zockte gern. Vor allem Poker war seine Leidenschaft – und sein Verhängnis.

Andere Bürgerinitiativen merken gar nicht, dass sie von Unternehmen benutzt werden, um der Konkurrenz zu schaden. Sie freuen sich über die Unterstützung, die ihnen zuteilwird, und haben keinen blassen Schimmer, dass sie nur ein kleines Rädchen in einer großen Intrige sind.

Für mich war es nicht angenehm, der netten Frau Gabler so viel Kummer zu bereiten, indem ich ihren Mann entlarvte, doch darauf konnte ich keine Rücksicht nehmen. Ich war meinem Auftraggeber verpflichtet. Solche Zerreißproben gibt es in meinem Beruf oft. Da heißt es, Flagge zu zeigen, nicht einzuknicken und keinen Sentimentalitäten nachzuhängen. Wenn ich einen Auftrag annehme, entscheide ich mich gleichzeitig, für welche Seite ich arbeite. Es ist mir natürlich bewusst, dass jede Partei ihre eigene Sicht der Dinge hat. Aber oft verstoßen diejenigen, die ich auffliegen lasse, gegen das Gesetz. Und das ist eine gute Richtschnur, um manchmal Gefühle unter Kontrolle zu halten.

Gefahr-Radar

Wenn Auftraggeber lügen

Wie bereits erwähnt, bedarf es eines berechtigten Interesses, wenn ein Detektiv Ermittlungen aufnimmt. Das wissen meine Auftraggeber. Doch manchmal fehlt dieses berechtigte Interesse, und deshalb wird eines erfunden. Dahinter steckt der Wunsch, mehr über eine andere Person zu erfahren, um ihr dann vielleicht sogar zu schaden. Während ich als junger Detektiv zuerst einmal alles glaubte, was mir meine Auftraggeber erzählten – ich freute mich ja über jeden Auftrag –, bin ich längst vorsichtiger geworden und hinterfrage die Motive sehr genau. Außerdem sagt mir meine Intuition, ob der Verdacht echt ist oder ob ich für dumm verkauft werden soll. Was ich dann auch äußere und den Fall unter einem freundlichen Vorwand ablehne. Zumal ich mich als Detektiv nicht strafbar machen möchte. Meine weiße Weste gehört zu meinem Kapital.

Wenn ein Unternehmen neugierig ist, was die Konkurrenz so treibt, lautet der Vorwand oft: Die machen schlechte Stimmung gegen uns. Einer unserer Mitarbeiter hat dorthin gewechselt. Wir befürchten, er verrät Geheimisse. Die streuen Gerüchte, vor allem im Internet.

»Zeigen Sie mir die Einträge doch mal bitte.«

»Die wurden gelöscht.«

Da werde ich hellhörig, denn die Konkurrenz hat vielleicht gar nichts gemacht, außer gut zu sein – was diesem Kunden nicht passt, weshalb er einen Detektiv auf sie ansetzen möchte. Nicht mit mir. Ich bin Detektiv, kein Spion.

Auch wenn ich um ganz bestimmte Informationen gebeten werde: Wie viele Mitarbeiter haben die, wie sind die Abteilungen strukturiert, wie heißen die leitenden Mitarbeiter, hat einer von denen vielleicht Schwächen, Frauengeschichten?

So etwas mache ich nicht. Ich wähle meine Fälle sehr genau aus. Es ist mir natürlich klar, dass jeder, der einen Detektiv sucht, auch irgendeinen findet. Mit der Betonung auf *irgendeinen*. Es gibt viele schwarze Schafe in der Branche, die im Graubereich weiden.

Manchmal werde ich auch beauftragt, um gegenüber einer Versicherung zu dokumentieren, dass man als Unternehmen Vorkehrungen getroffen hat. Angenommen, in einer Firma wird viel Ware gestohlen. Die Versicherung wird kaum zahlen, wenn das Unternehmen nichts dagegen unternimmt. Hat es einen Detektiv beauftragt, zeigt es damit, dass es aktiv an der Aufklärung der Diebstähle mitwirkt.

Privatpersonen sehen oft nicht ein, dass ihre Neugier kein berechtigtes Interesse darstellt. Im Lauf der Jahre habe ich einige haarsträubende Geschichten gehört. »Mein Nachbar spioniert in meinem Garten herum und glotzt durch die Fenster. Das darf der doch nicht. Das ist doch Hausfriedensbruch!« Empört schaute mich Herr Wirtz an. Es war Januar. In der Nacht hatte es geschneit. Es gab in der Tat Fußabdrücke im Schnee, doch die führten nicht zum Nachbarhaus, sondern zur Terrassentür von Herrn Wirtz. Es waren seine Fußabdrücke. Ich sagte nichts dazu. Doch als er wollte, dass ich Kameras installierte, die das Nachbargrundstück im Blick behielten, fragte ich ihn: »Ich dachte, Sie wollen beweisen, dass der Nachbar zu Ihnen kommt. Da muss ich doch Ihr Grundstück filmen.« Er begann zu stottern. Ich verabschiedete mich. Manche verleumden ihre Nachbarn auch, um ihre Ziele zu erreichen. Aber so was merke ich schnell. Besonders ältere Leute, die viel Geld haben, neigen zu solchen Attacken. Manche sind sich dabei keiner Schuld bewusst, sondern erklären mir freimütig: »Ich möchte wissen, wann mein Nachbar morgens das Haus verlässt, wann er heimkommt, wer zu Besuch da ist, und toll wäre es, wenn ich auch noch hören könnte, was die da drüben so reden.«

»Und wieso wollen Sie das alles wissen?«

»Es interessiert mich eben.«

Leider geben viele Detektive einem solchen Begehren nach.

Gerade in Nachbarschaften geschehen manchmal schreckliche Dinge, wenn jemand zum Beispiel alles daransetzt, dass die Nachbarn ausziehen, weil er gern hätte, dass dort Familienangehörige oder Freunde wohnen. Vor allem ältere Menschen werden so manchmal geradezu gequält. Unvergessen ist mir das sympathische Pärchen um die fünfzig im Schwäbischen, dessen Nachbar regelmäßig nachts mit einer Farbpistole wie beim Paintball an ihre Fenster schoss. An Schlaf war da nicht mehr zu denken. Er kippte Müll über den Zaun, grillte täglich mit viel Qualm, ließ laut Musik laufen, zerschnitt die Jalousien, riss Pflanzen aus den Beeten, warf kiloweise Hundekot auf die Wiese und dachte sich noch viele andere Gemeinheiten aus, die ich gar nicht nennen will. Das Ehepaar war bei der Polizei und beim Anwalt, doch es kam dem Aggressor nicht bei. Ich konnte schließlich die nötigen Beweise beschaffen, indem ich zwei Mitarbeiter in das Haus schleuste. Als der Richter später die Dokumentation und die Fotos sah, war er fassungslos. Nach drei Jahren Folter, ja, so würde ich es nennen, zog schließlich der Aggressor aus. Leider war die Frau mittlerweile, ich glaube vor Kummer, sehr krank geworden, und zog dann auch bald weg aus dem selbst gebauten Häuschen. Das Paar ertrug die Erinnerung an die schlimmen Zeiten nicht mehr.

Natürlich nimmt die Polizei solche Anzeigen auf und geht ihnen nach. Aber es fehlt an Personal und Zeit, sie intensiv zu verfolgen. Deshalb wenden sich viele Menschen schließlich an eine Detektei. Wir sind eine Abkürzung.

In Filmen können sich Detektive und Polizisten meistens nicht ausstehen. Ein bisschen ist es auch in der Wirklichkeit so. Obwohl wir beide im Grunde dieselbe Arbeit machen – ermitteln –, bestehen doch erhebliche Unterschiede zum einen im Vorgehen und zum anderen im Verdienst. Ein guter Detektiv verdient deutlich besser als ein guter Polizist. Dafür kann der Detektiv keinen Polizeiausweis zücken und sich überall Zutritt verschaffen. Er ist auch nicht berechtigt, eine Waffe zu tragen, und hat keine Staatsmacht hinter sich. Vor dem Gesetz ist der Detektiv ein Bürger wie jeder andere ohne die Sonderrechte, die ein Polizist hat. Ein Detektiv ist ein Einzelkämpfer. Und wenn es gefährlich ist, kann er auch nicht über Funk Verstärkung rufen. Auf sich allein gestellt, muss er fehlende Befugnisse mit Erfindungsreichtum und vielen anderen Eigenschaften ausgleichen. Mir macht das Ermitteln unter solchen verschärften Bedingungen erst richtig Spaß.

Der Scheich und die Königin von England – Informations- diebstahl

Informationsdiebstahl kann sehr teuer werden, vor allem wenn es um Forschung und Entwicklung geht. In der Regel verkauft ein Mitarbeiter aus der mittleren beziehungsweise Topmanage- mentebene Informationen an die Konkurrenz, die dann in der Lage ist, ein Produkt beispielsweise vorzeitig auf den Markt zu bringen, was zu erheblichen Gewinneinbußen führen kann. Wer war es?, lautet die Frage, die mir meine Auftraggeber stel- len. Solche Ermittlungen können lange dauern, da wir meh- rere Personen überprüfen. Einige haben wir vielleicht schon einmal unter die Lupe genommen – vor ihrer Einstellung. Denn manche Firmen wollen aus gutem Grund ganz genau wissen, wen sie sich ins Boot holen, und mehr erfahren, als sie über Bewerbungsunterlagen, Facebook und Co. herausfinden könn- ten. Das ist natürlich kein berechtigtes Interesse auf den ers- ten Blick, doch da in manchen Branchen viel spioniert wird – was macht die Konkurrenz? – ist Vorsicht hier durchaus ange- bracht.

Auch auf mich wurden bereits mehrfach Leute angesetzt, die sich bei mir bewarben, um herausfinden, wie ich arbeite. Ich habe sie immer schnell enttarnt und dann mit großem Vergnügen auflaufen lassen. Das war nicht allzu schwer, ich beherzigte nur all jene Ratschläge, die ich Ihnen bis jetzt auch mit auf den Weg gegeben habe. Gern denke ich an die ausnehmend hübsche Ermittlerin zurück, der ich nach einem kurzen Gastspiel in meinem Unternehmen bei ihrem Entlassungsgespräch beste Grüße an ihren Chef ausrichtete. Ihren Gesichtsausdruck werde ich niemals vergessen, und in diesem Moment begriff ich auch, woher die Redewendung »ihre Gesichtszüge entgleisten« rührt.

Ich werde auch oft engagiert, wenn sich ein Unternehmen von einem hochrangigen Mitarbeiter trennen möchte, der indirekt andeutet, sein internes Wissen preiszugeben. Damit würde er dann zwar gegen alle vertraglichen Bestimmungen verstoßen, doch solche Betrügereien sind relativ einfach zu verschleiern und der Nachweis eines Verrats ist oft schwierig.

Im nächsten Fall geht es um das Patentrecht. Wer das langweilig findet, wird seine Meinung im Folgenden womöglich ändern. Ich habe die Legende, die ich in diesem Fall zum ersten Mal einsetzte, später noch öfter und immer mit durchschlagendem Erfolg angewendet. Mich beauftragte ein Unternehmen, das ein Patent für ein technisches Gerät hatte, das bei gewissen Einrichtungen unverzichtbar ist. In der Regel verkaufte das Unternehmen die komplette Einrichtung, die je nach Objekt zwischen 5 und 10 Millionen Dollar kostete. Der Wert der patentierten Komponenten belief sich auf 500.000 bis 800.000 Dollar. Aus unerfindlichen Gründen war der Umsatz des Unternehmens im letzten Jahr zurückgegangen. Dies fiel, wie zuvor schon angedeutet, mit der Entlassung eines Mitarbeiters aus der Entwicklung zusammen. Der Direktor des Unternehmens vermutete hier einen Zusammenhang und bat mich, diesen Verdacht zu überprüfen. Firmeninterne Recherchen hatten ergeben, dass Anlagen verkauft worden waren – aber eben nicht von dieser Firma. Wer also veräußerte diese Anlagen? Und wie kam dieser große Unbekannte an seine Kunden – wenn er nicht die Geschäftsbeziehungen meines Auftraggebers nutzte und den Preis unterbot? Der Direktor hatte schon einiges versucht, auch über Strohmänner, die sich als Käufer ausgaben. Es war ihm nicht gelungen, an seinen ehemaligen Mitarbeiter heranzukommen, geschweige denn ihm nachzuweisen, dass er das Patentrecht verletzte.

In solchen Fällen muss man oft erst nach dem Schuldigen suchen. Hier schien die Sache einfach zu sein. Und bei solchen Beträgen würde, da war ich sicher, die Gier früher oder später zuschlagen. Der Betrüger würde unvorsichtig werden. Und dann würde meine Falle zuschnappen. Zuerst einmal musste ich allerdings eine bauen.

Hormonsteuerung

Rüdiger Lustig war 45 Jahre alt und sah mit dem Haarkranz um die Glatze ein wenig wie ein Erfinder aus. Er trug eine Streberbrille, wie sie zurzeit ja modern sind, bis vor Kurzem allerdings als Krankenkassengestell verschrien waren, die – das hatte ich auf den Fotos mit dem Teleobjektiv oft genug gesehen – häufig fettig und verschmiert wie bei einem Kleinkind war. Er trug solide Kleidung, eine solide Uhr und fuhr eine solide Limousine. Sein Reihenmittelhaus war abbezahlt, beide Kinder, Tochter und Sohn, studierten. Rüdiger Lustigs Frau arbeitete als Lehrerin für Deutsch und Englisch an einer Realschule. Von außen alles tipptopp und an der Haustür ein getöpfertes Schild: Hier wohnt Kater Bangs Familie Lustig. Doch es gab Zeichen, die darauf hindeuteten, dass Herr Lustig gern mehr gehabt hätte. Er hatte mehrere Jacht-Hochglanzmagazine abonniert und manchmal – nie im Beisein seiner Frau – konnte ich ihn mit einer ausgesprochen teuren Uhr fotografieren. Ich schloss daraus zuerst einmal, dass Herrn Lustigs Frau gern im Hafen blieb, während er schon mal die Segel hissen wollte. Leider brachte meine Observation in den ersten beiden Wochen wenig ans Licht. Doch das war nicht ungewöhnlich. Solche Anlagen, wie sie Herr Lustig nun vielleicht verkaufte, gingen nicht täglich über den Ladentisch, sondern fünf- bis zehnmal im Jahr. Es wäre ein großer Glücksfall gewesen, wenn er gerade jetzt einen Kunden getroffen hätte. So blieb ich dran, stellte Mitarbeiter für die Observation ab, und wir folgten Herrn Lustig zwei weitere Wochen durch sein eher unlustiges Leben. Montag Kegeln mit den Nachbarn, Dienstag und Mittwoch mit der Frau zu Hause, Donnerstag hatte sie Bauchtanz und er kuckte Pornos – bitte fragen Sie jetzt nicht, woher ich das weiß, das wäre indiskret – Freitag kamen abwechselnd Sohn oder Tochter zum Essen, Samstag wurde am Haus gearbeitet, Sonntag besuchten sie seine oder ihre Eltern zum Kaffee. Herr Lustig schien keiner Arbeit nachzugehen, obwohl seine Sperrzeit seit zwei Monaten abgelaufen war. Er saß stundenlang in seinem Kellerbüro und las oder starrte auf seinen Laptop. Wenn er unterwegs war, fiel allen Ermittlern auf, dass er gern schönen Frauen hinterherschaute. Das ist an und für sich nichts Besonderes, viele Männer tun das, doch da ich den Hinweis gehäuft bekam und es mir auch selbst ins Auge gefallen war, beschloss ich, eine Ermittlerin hinzuzuziehen. Ich entschied mich für Susan, weil sie die aufregendste Stimme hat, die ich kenne. In einem ausführlichen Briefing erklärte ich ihr, was sie wissen musste und was ich von ihr erwartete. Gemeinsam studierten wir ein mögliches Telefongespräch ein. Sie sollte die Zielperson bis zu einem gewissen Punkt führen. Um den Kontakt zu knüpfen, wendeten wir den Trick mit der fehlgeleiteten SMS an. Sie erinnern sich? Herr Lustig bekam eine SMS, die an eine Saskia gerichtet war und deren Inhalt ihn hoffentlich neugierig machen würde: Laura lud ihre Freundin Saskia aus ihrem Urlaub in Frankreich in ihr neu eröffnetes Kosmetikstudio zu einer Behandlung ein, indem sie ihr einen Gutschein schenkte. Wir achteten natürlich darauf, dass ihn die SMS in einem günstigen Moment erreichte, als er gerade erst versonnen zwei langbeinigen Frauen in Hotpants nachgestarrt hatte. In dieser Stimmung piepte sein Handy, und Laura simste ihn an. Und weil er eben nicht zu Hause unter Aufsicht seiner Frau war, rief er diese geheimnisvolle Laura einfach mal zurück. Er hielt sich womöglich für besonders schlau, unter dem Vorwand anzurufen, dass ihre SMS an ihre Bekannte Saskia bei ihm angekommen sei. Spätestens nach dem ersten Satz von Laura hatte er vergessen, dass nicht er sie, sondern sie ihn angesimst hatte. Jetzt war es sein Spiel, und er legte sich ins Zeug, um der Fremden mit der wohlklingenden Stimme zu gefallen.

Laura war Kosmetikerin, eine Beauty-Queen. Rüdiger Lustig fand sich bestimmt sehr originell, als er den Gutschein, der ihm fälschlicherweise per SMS angeboten worden war, nun für sich reklamierte. Laura stieg sofort darauf ein. Dummerweise befand sich ihr Studio, für das es im Übrigen auch einen Internetauftritt gab, jede Legende muss wasserdicht sein, am anderen Ende der Republik. Rüdiger Lustig flirtete, was das Zeug hielt. »Für eine schöne Frau fährt man gern ein paar Hundert Kilometer.«

Da bremste ihn Laura, wie mit mir verabredet, ein. So ein Flirt ist eine hochkomplexe Angelegenheit. Soll der geköderte Fisch am Haken bleiben, muss sich der Lockvogel rechtzeitig entziehen. Um den Fisch an die Angel zu bekommen, wäre eine SMS wie »Hallo, melde dich« zu kurz. Neugier muss geweckt werden. Und klingt der Name Laura nicht nach einer erotischen und interessanten Frau? Sind Kosmetikerinnen nicht immer besonders attraktiv? Geld schien sie auch zu haben, wenn sie ein eigenes Studio eröffnete. Außerdem war sie großzügig. Sie lud jemanden ein. Und sie konnte genießen, gönnte sich einen Urlaub in Frankreich. Was für ein appetitlicher Fisch, dachte sich Herr Lustig da wohl, der nicht merkte, dass er selbst an der Angel zappelte.

Von diesem ersten Telefonat an hielt meine Ermittlerin konstant Kontakt zur Zielperson. Rüdiger rief sie alle paar Tage an, um zu plaudern, zu protzen – und zu fragen, wann man sich mal sehen würde. Laura beherrschte das Spiel des Flirts perfekt. Man kam sich näher, erzählte sich auch Privates. Laura war seit drei Monaten Single, und es tat ihr ja so gut, mit einem Mann zu reden, der nicht ständig immer nur an das eine dachte. Rüdiger ahne ja gar nicht, wie schwer es eine gut aussehende Frau hatte. Ständig werde ihr unterstellt, sie sei nur an Abenteuern interessiert.

»Bist du das etwa nicht?«, schäkerte Rüdiger, der zunehmend keck wurde. Auch sein Gang hatte sich verändert, wie die Observation zeigte. Der ganze Mann wirkte beschwingt, fast um Jahre verjüngt.

»Aber Rüdiger! Ich suche einen total normalen Partner, weißt du.«

»Ich bin total normal«, behauptete Rüdiger und sagte wahrscheinlich zum ersten Mal in ihren Gesprächen die Wahrheit, während er sich sonst als toller Hecht darstellte. Ausführlich erzählte er Laura von seiner schlimmen Ehe und dass seine Frau ihn ständig korrigieren würde, wenn er schlechtes Deutsch spräche. So erfuhren wir noch einige Details, die uns neu waren. Rüdiger Lustig wirkte alles andere als glücklich in seiner Ehe, worin er womöglich die einzige Gemeinsamkeit mit seiner Frau hatte. Wenn Rüdiger alle zwei Wochen zum Skat ging, traf sie sich mit dem Religionslehrer im Mehrzweckraum der Schule und nutzte ihn gemäß seiner Bestimmung.

Selbstverständlich sprach Rüdiger mit Laura auch über seinen Beruf. Doch sie schien sich nicht richtig dafür zu interessieren. Dabei war er doch so ein genialer Manager. Er drängte ihr geradezu auf, dass seine Geschäftsabschlüsse millionenschwer seien.

»Ach nee. Und bei mir war letzte Woche die Königin von England zum Wimpernfärben«, erwiderte Laura.

»Nein, wirklich«, beharrte Rüdiger. Und dann packte er aus. Dass er quasi der Einzige sei, der eine Anlage vertreibe, die weltweit eingesetzt werde.

Laura lachte und schien nicht richtig zuzuhören. Aber zum Abschied war sie sehr süß zu ihm und klang wirklich traurig, weil sie so weit voneinander entfernt lebten und sich noch kein einziges Mal gesehen hatten, nur auf Fotos. Rüdiger hatte Laura eines von vor 15 Jahren geschickt, als er noch keine Glatze hatte. Rüdiger war neulich auch bei einer Ärztin gewesen, die Haarverpflanzungen anbot. Laura hatte kein Foto geschickt. Es gab ja welche von ihr auf der Homepage. Da bot sie Rüdiger genug Stoff für seine Träume. Denn sie war in verschiedenen Kleidern und Make-ups zu sehen.

Als Rüdiger Laura das nächste Mal anrief, erwischte er sie in Katar. Laura klang aufgeregt, erzählte wie eine sprudelnde Ölquelle von ihrem tollen Kurztrip. Gestern sei sie bei einem Wüstenrennen gewesen. Das Pferd, das gewonnen habe, sei eine Million Dollar wert. »Hier geht es ab, das kann man sich als Normalsterblicher gar nicht vorstellen.« Und dann war die Verbindung unterbrochen. Rüdiger grämte sich. Bei meinem Observationseinsatz stellte ich fest, dass die Zielperson niedergeschlagen wirkte. Ihr Gang war schleppend. Als sich Laura dann erneut meldete, war alles wieder gut, zumal sie Rüdiger einen Scheich auf dem Silbertablett servierte. Ihre Freundin Lissi war nämlich mit einem Juwelier liiert. Der machte öfter Geschäfte in Dubai und auch in Katar. Er kannte dort einen schwerreichen Araber, Hamad bin irgendwas, der zur Herrscherdynastie gehörte. Leider hatte Laura ihn nicht kennengelernt. Aber es war ein echt tolles Wochenende und völlig unverhofft. Lissi hatte eigentlich ihre Schwester mitnehmen wollen, aber die hatte Nebenhöhlenprobleme und damit kann man ja nicht fliegen. »Ich bin doch ein Glückskind, oder?«, fragte sie Rüdiger.

»Klar«, sagte er rau.

»Ich habe dich natürlich nicht vergessen«, gab sich Laura charmant. »Du hast mir doch von deinen komischen Dingern erzählt. Ich habe mich mal erkundigt. Solche Anlagen haben sie in Arabien auch.«

Jetzt wurde Rüdiger hellhörig.

»Ich könnte Lissi ja mal fragen, ob sie die Telefonnummer von dem Scheich für mich herausfindet.«

»Spricht der Englisch?«, fragte Rüdiger.

»Keine Ahnung.« Laura seufzte. »Ach, war vielleicht 'ne blöde Idee. Du, ich muss aufhören, meine nächste Kundin kommt.«

Der Scheich gärte in Rüdiger Lustig. Er verabredete sich mit einem Mann, den er schon öfter getroffen hatte, und endlich konnten wir auch dessen Identität bestimmen. Es war offensichtlich sein Geschäftspartner, der für ihn agierte. Rüdiger Lustig hielt sich wegen seiner Sperrklausel bedeckt. Doch nicht am Telefon. Er legte sich ins Zeug, Laura dazu zu bringen, einen Kontakt mit diesem Scheich herzustellen. Laura zog zuerst nicht richtig, doch dann versprach sie, ihre Freundin zu fragen. An Rüdigers Stimme war deutlich zu hören, für wie ausgebufft er sich hielt.

Nach ein paar Tagen meldete sich Laura mit der guten Nachricht, dass sie autorisiert sei, Rüdiger die Telefonnummer des Beraters und Sekretärs zu geben. »An den Scheich selbst kommst du nicht ran. Du musst es über Mr. Nasser versuchen. Er spricht fünf Sprachen und gilt als die Schlüsselstelle zu diesem Scheich. Aber bitte, versprich dir nicht zu viel davon und sei nicht böse, wenn es nicht klappt. Ich bekomme heute Abend die Telefonnummer. Du musst mir hoch und heilig versprechen, dass du sie niemandem, aber auch gar niemandem weitergibst. Sonst komme ich in Teufels Küche.«

Rüdiger Lustig orderte einen großen Blumenstrauß für Laura. An der Adresse ihres Kosmetikstudios wurde er selbstverständlich angenommen. Mit irgendeiner Adresse würde man sich auf dünnem Eis bewegen. Man muss für eine gewisse Tragfähigkeit sorgen. Der Internetauftritt von Scheich bin Hamid bin Jassim stand bereits; ebenfalls der seines Beraters Mr. Nasser – jeweils in Arabisch und Englisch. Beide Herren hielten sich im Netz bedeckt, was nicht ungewöhnlich für Männer ihres Status war. Dass es viele Scheichs dieses und eines ähnlichen Namens in der weitverzweigten Al-Thani-Dynastie gab, kam uns natürlich sehr entgegen. Doch selbst wenn Rüdiger Lustig den Scheich überprüft hätte, wäre es unmöglich gewesen, die Legende zu knacken, zumindest für einen Deutschen, der nicht Arabisch sprach und keine hervorragenden Kontakte nach Katar hatte, wo er sich in den komplizierten Familienverhältnissen des ehemaligen Beduinenstammes zurechtfinden müsste.

Laura hatte keine gute Nachricht. Lissi hatte die Telefonnummer nicht bekommen, wollte nun aber ihren Freund bitten, den Berater des Scheichs zu kontaktieren, um sich bei Rüdiger Lustig zu melden.

»Du bist ein Schatz«, sagte Rüdiger mit belegter Stimme. Er klang, als glaube er nicht mehr an den Erfolg des Unternehmens.

Gefahr-Radar

Alles, was mit Anstrengung zu bekommen ist, weckt Begehren. Wenn Sie möchten, dass jemand etwas unbedingt will, geben Sie Ihrem Gegenüber am besten das Gefühl, darum kämpfen zu müssen. Dann wird es immer kostbarer, denn was uns in den Schoß fällt, schätzen wir nicht. Ihr Gegenüber wird am Ende sehr glücklich sein, wenn es doch klappt. Alles, was schnell geht und einfach zu haben ist, vermittelt das Gefühl, es sei nichts wert. Und man zahlt auch nicht gern einen hohen Preis dafür.

Das Treffen

Rüdiger Lustig saß in seinem Garten, als das Telefon klingelte und sich ein Mr. Nasser in perfektem, fast akzentfreiem Deutsch als Berater des Scheichs vorstellte. Mr. Nasser schien wenig Zeit zu haben, er fragte im Befehlston ab, was Herr Lustig anzubieten habe. Rüdiger Lustig gehorchte und plauderte bereits jetzt überraschend viel aus

»Das könnte interessant für uns sein«, meinte Herr Nasser. »Seine Hoheit Shaikh Hamid bin Jassim ist nächste Woche in Europa und nimmt auch einige Termine in Deutschland wahr.«

»Ich komme, wohin Sie wollen.«

Mr. Nasser bat um einen Moment Geduld, er schien Termine zu checken. Dann teilte er Rüdiger Lustig mit: »In München, am Mittwoch von 14 bis 15.15 Uhr im Hotel *Marriott*. Wir treffen uns im Foyer. Lassen Sie doch bitte einen Raum reservieren, wo wir ungestört sind.« Und weg war Mr. Nasser.

»Manieren haben die ja nicht«, beschwerte sich Rüdiger bei Laura.

»Dafür Geld ohne Ende.« Laura freute sich sehr mit Rüdiger.

»Wenn das Ding unter Dach und Fach ist«, kündigte er an, »komme ich zu dir und lade dich ein wie ein Scheich.«

»Ich kann ja für dich Bauchtanzen«, kicherte Laura.

»Bitte nicht«, erwiderte Rüdiger wohl in Gedanken an seine Frau, schob dann aber schnell ein »Das wäre wunderbar« nach.

Gefahr-Radar

Es kommt immer wieder einmal vor, dass wir uns Menschen nahe fühlen, die wir noch nie gesehen haben. Besonders im Partnerschaftsmarkt geschieht das. Man mailt, man telefoniert, es scheint, als sei man seelenverwandt. Und ohne es zu merken, plaudert man Geheimnisse aus und vergisst jede Vorsicht. Ein kluger Betrüger kann einem alles entlocken, und er macht einen sehr schnell vergessen, wie der Kontakt zustande kam. Rüdiger Lustig hatte längst den Eindruck, er sei es, der Laura für seine Zwecke benutzte. Wenn Sie einem wirklich gewieften Manipulator auf den Leim gehen, haben Sie keine Chance. Nur eine: Seien Sie ein Stück besser. Und machen Sie es sich zur Gewohnheit, Menschen, die Sie neu kennenlernen, zu überprüfen. Gründlich. Dazu brauchen Sie keinen Detektiv. In der Regel genügt es, aufmerksam zuzuhören und zu beobachten.

Rüdiger Lustig glaubte nicht im Traum an eine Falle. Die Verbindung mit Laura war doch durch einen privaten Kontakt zustande gekommen, durch einen Zufall. Oder war das Schicksal? Der Scheich und Laura – vielleicht würden diese beiden Begegnungen sein ganzes Leben verändern. Rüdiger Lustig rief nicht in Katar an, obwohl wir eine Telefonnummer dort hatten, die in eines unserer Büros durchgeschaltet würde, wo sich eine Englisch sprechende Dame mit dem Firmennamen des Scheichs melden würde. Rüdiger Lustig fühlte sich sicher. Was ihm bald schon zum Verhängnis werden sollte.

Ich hatte mich bestens vorbereitet. Meine Legende war ein Märchen aus 1001 Nacht. Es ist immer wieder verblüffend, wie Vorurteile funktionieren. Aber ich war auch in den harten Fakten fit. Ich hatte mich in die Dynastie des Scheichs eingearbeitet und kannte mich in Katar wie in meiner Westentasche aus. Ich konnte über die Geschichte und die kulturelle Entwicklung der Region sowie über seine Investitionen sprechen. Nicht, dass ich das beabsichtigte. Doch eine perfekte Legende erforderte das. Auch wenn Rüdiger, wie Laura erfahren hatte, noch nie in Katar gewesen war, so konnte doch sein Geschäftspartner Horst Fritsch dort über Kontakte verfügen. Das hatten wir leider nicht herausfinden können. Es gibt immer einige Unwägbarkeiten, und dann braucht man einfach Glück oder muss improvisieren. Ich war beruflich oft in Dubai gewesen und hatte das Verhalten der Scheichs studiert. Ich hatte mich aber gegen Dubai entschieden, weil dort zu viele Europäer Geschäfte machen oder Leute kennen. Das Scheichtum Katar dagegen war noch relativ unbekannt. Vielen Menschen ist es nur als Umsteigeflughafen ein Begriff.

In einem Kostümverleih beschaffte ich mir das passende Outfit. Weißer bodenlanger Mantel, Turban, Gebetskette. In einem arabischen Schuhgeschäft in Berlin kaufte ich mir Sandalen und aus Dubai ließ ich mir Rosenwasser mitbringen. Viele Araber duften danach. Mr. Nasser alias Christian, ein langjähriger Mitarbeiter in meinem Alter, stattete ich mit Maßanzug, Maßschuhen und einer Breitling aus. Da mein Plan von Anfang an auf diese Legende hinausgelaufen war, ließ ich mir seit mehreren Wochen einen Bart wachsen. Der Bart eines Scheichs ist eine Wissenschaft für sich. Im Bahnhofsviertel in München fand ich einen Meister seines Fachs, der in dieser Kunst bewandert war und den ich öfter aufsuchte. Und dann war es so weit. Mr. Nasser und der Scheich fuhren in einer S-Klasse-Limousine mit getönten Scheiben vor dem *Marriott* vor. Ein Scheich wartet, bis ihm sein Chauffeur dienstbeflissen die Tür öffnet. Mit dem Gefühl im Leib, mindestens 500 Millionen Dollar schwer zu sein, stieg ich aus und ging gesetzten Schrittes auf den Eingang zu in dem beruhigenden Bewusstsein, das hier alles kaufen zu können. Zwei Schritte hinter mir Mr. Nasser. Obwohl es nieselte, trug ich eine Sonnenbrille, und ich gedachte nicht, sie abzunehmen. Frisch rasiert in ordentlichen Anzügen mit blank geputzten Schuhen beobachteten Herr Lustig und Herr Fritsch vom Foyer aus meinen Auftritt. Besser hätte es gar nicht kommen können. Mit ausgestreckten Armen eilten sie dann auf uns zu, standen stramm, bückten sich leicht und fragten auf Englisch, ob die Herren eine gute Reise gehabt hätten.

Ich sagte gar nichts. Auch ihre Hände ignorierte ich, legte stattdessen meine rechte Hand auf die Brust und verneigte mich leicht, was die beiden sofort imitierten. Mr. Nasser sagte in fast akzentfreiem Deutsch: »Sie können Deutsch sprechen.«

»Aber ist es nicht besser, wenn der Herr äh Scheich versteht, also wenn wir Englisch sprechen.«

»Er hasst Englisch«, erklärte Mr. Nasser. Dann stellte er uns vor. Mein Name war sehr lang und hatte Christian einige Mühe gekostet. Doch als Mr. Nasser machte er keinen Fehler. »Shaikh Hamid bin Jassim bin Muhammed bin Chalifa bin Adbullah al Thani«, sagte er, und ich nickte wohlwollend.

Herr Lustig wandte sich an mich. »Es ist mir eine Ehre, dass Sie die weite Reise auf sich genommen haben, um sich mit mir und meinem Geschäftspartner, Herrn Fritsch, zu treffen.«

»Er ist nicht nur wegen Ihnen da«, bremste ihn Mr. Nasser aus. »Er hört sich mehrere Investorenvorschläge an.«

»Aber wäre es da nicht besser, er würde verstehen, worum es geht?«, fragte Herr Fritsch, während der Scheich sich zur Seite drehte, um eine Lampe in Augenschein zu nehmen.

»Er vertraut mit«, erklärte Mr. Nasser mit einem charmanten Lächeln, das deutlich machte, dass er eine Provision erwartete, falls er eine Empfehlung ausspräche.

»Wir verstehen«, erklärte Herr Lustig.

Herr Fritsch bat uns in den reservierten Bereich im hoteleigenen Restaurant und entschuldigte sich wortreich, dass er keinen Raum hatte mieten können. Im Hotel war wegen einer Tagung alles besetzt. An dem Tisch waren bereits Getränke und kleine Speisen vorbereitet. »Bitte greifen Sie zu«, lud uns Herr Lustig ein. »Was möchten Sie trinken? Sollen wir etwas anderes bestellen?«

»Er hat wenig Zeit«, erklärte Mr. Nasser. »Er will gleich zur Sache kommen.«

Nein, der Scheich wollte Pistazien. Mr. Nasser bestellte sie beim Kellner. Ein Blick auf meine protzige Uhr zeigte mir, dass ich nur noch drei Minuten überbrücken musste, ehe ich meinen großen Auftritt starten konnte. Als ich das Foyer betreten hatte, hatte ich eine vorbereitete SMS an eine Mitarbeiterin geschickt. *In zehn Minuten.*

Mr. Nasser sagte noch einmal: »Erklären jetzt Sie Ihr Projekt. Er ist interessiert. Ich höre mir das alles an, und wenn es ein gutes Geschäft ist, werde ich ihm das auch mitteilen.«

Herr Fritsch, der mich mit großer Neugier immer wieder verstohlen gemustert hatte, konnte es nicht bleiben lassen. »Where in Katar do you come from?«

»I am from Doha«, sagte ich und spielte mit meiner Gebetskette.

»Bitte keine privaten Fragen«, schaltete sich Mr. Nasser ein.

»Aber woher wissen wir denn, mit wem wir es wirklich zu tun haben?«, ließ Herr Fritsch, der Vorsichtigere von beiden, nun doch einen Zweifel spüren. Aber auf ihn war ja auch keine Laura angesetzt gewesen. In diesem Moment klingelte mein Handy, und ich legte einen filmreifen Auftritt aufs Hotelparkett. Ich meldete mich und begann ein Gespräch auf Arabisch. Als guter Detektiv bin ich mit den wichtigsten Sprachen der Welt vertraut, wenn auch nur in Bruchstücken, um Glaubwürdigkeit zu erreichen. Und dann benahm ich mich genau so, wie ich es unzählige Male in Dubai und anderen Ländern, in denen Scheichs verkehrten, gesehen hatte. Ich schrie ins Telefon. Dann sprang ich auf. Rannte wild gestikulierend auf und ab, fluchte auf Arabisch und genoss meine Show. Die Herren Lustig und Fritsch beobachteten mich mit einer Mischung aus Faszination und Staunen, während das alles für Mr. Nasser völlig normal zu sein schien. So hätten sie sich im *Marriott* nicht aufgeführt. Aber sie waren ja auch keine 500 Millionen schwer. Ich spürte, wie der Scheich, der ich war, mich bis in die letzte Pore erfüllte. Ich war nie etwas anderes gewesen als Scheich. Während ich telefonierte, sollten die Herren Mr. Nasser das Projekt erklären. Sie wollten auf den Scheich warten, doch er machte ihnen klar, dass der Scheich wahrscheinlich nach dem Ende des Telefonats aufbrechen würde.

»Aber wir haben doch einen Termin!«, rief Herr Lustig entrüstet.

Herr Fritsch berührte ihn sanft am Arm. »Ich glaube, Rüdiger, die ticken irgendwie anders.«

Lustig seufzte und in den nächsten zehn Minuten gaben sie alle Details preis, die mich interessierten. Sie legten sogar Pläne und Unterlagen auf den Tisch, auch eine Referenzliste wurde überreicht. Es war geradezu unfassbar. So, wie es aussah, konnte ich noch in dieser Woche einen Abschlussbericht an meinem Auftraggeber schicken. Mr. Nasser erfuhr alles. Sogar den Standort des Werks, wo sie fertigen ließen und den wir so lange vergeblich gesucht hatten. Als ich mich wieder an den Tisch setzte, bekundete Mr. Nasser mein Interesse an dem Geschäft. Ich blätterte in einem Prospekt, schaute auf die Displays meiner beiden Smartphones, die vor mir lagen. Ich hatte es nicht nötig, höflich zu sein. Ich war 500 Millionen Dollar schwer. Ich lebte nach meinen Regeln. Genau diesen Eindruck hatten mir die echten Scheichs vermittelt, die ich weltweit beobachtet hatte. Bei Kundengesprächen spielten sie mit ihren Smartphones herum, zeigten sich Fotos oder simsten mit ihren Frauen. Wehe, ein Kunde fühlte sich davon brüskiert. Dann platzte das Geschäft eben, auch wenn es 50 Millionen wert war. Wichtiger war, dass der Sohn des Scheichs eben fast am Swimmingpool ausgerutscht war und sich womöglich beinahe ein Härchen gekrümmt hatte. Und so hatte auch ich meine Prioritäten gesetzt. Und je weniger ich die beiden Herren Lustig und Fritsch beachtete, desto toller fanden sie mich.

So eine plumpe Kostümierung und so ein Erfolg? Ja. Denn so sind die Menschen. Sie sehen einen Araber und denken: Scheich. Sie sehen einen Polen und versichern sich, dass ihr Auto abgeschlossen ist. Sie sehen einen Deutschen und glauben, er sei pünktlich. Es ist schrecklich, aber so ist es. Auch die Polizeiarbeit basiert auf Vorurteilen. Langhaarige Männer dealen mit Drogen. Also werden langhaarige Männer kontrolliert, und siehe da, man findet tatsächlich oft Drogen bei ihnen, so häufig, wie man sie durchsucht. Was die kurzhaarigen Frauen zu schätzen wissen, die ungestört weiterdealen.

Wenn ich nicht Arabisch gesprochen hätte, dann wären die Herren Lustig und Fritsch vielleicht vorsichtiger gewesen. Denn sie waren ja nicht dumm. Sie hätten dann schon gefragt, was sie sonst auch fragen würden. Woher stammen Sie? Wieso wollen Sie in unser Projekt investieren? Womit verdienen Sie Ihr Geld? Der Turban und die arabische Sprache genügten, um zwei erwachsene Männer in das Märchen von 1001 Nacht zu entführen. Es ist so leicht, Menschen zu blenden, und ich wette, Sie fallen auch manchmal auf Hochstapler herein. Wie oft denken Sie, dass jemand Geld hat, weil er ein teures Auto fährt, obwohl Sie doch wissen, dass man das mieten kann? Wie oft gehen Sie Äußerlichkeiten auf den Leim und versuchen, auch die Meinung anderer über Sie selbst mit Äußerlichkeiten zu beeinflussen? Ich glaube, nicht zu selten!

Eine Legende muss immer bis ins letzte Detail stimmen. Sobald man vorgibt, ein anderer zu sein, muss man sehr genau wissen, welcher Typ Mensch dieser andere ist und in welchem Umfeld er lebt. Es hätte sein können, dass Herr Fritsch schon einmal in Katar gewesen war. Alles ist möglich. Deshalb musste ich wissen, was dort ablief. Und wenn er irgendetwas sagen würde wie »Das Hotel XYZ ist schon beeindruckend«, musste ich etwas ergänzen. »Ja. Vor allem wegen des Hubschrauberlandeplatzes auf dem Dach.« So konnte ich zeigen, dass ich im Bilde war. Und natürlich wusste ich, wie weit verschiedene Orte vom Flughafen entfernt lagen. Der gesamte Stadtplan musste in meinem Kopf abrufbar sein. Ich bereite mich stets sehr gründlich und oft über einen längeren Zeitraum vor. Am Abend vor einem Treffen gehe ich in die Details. Zum Glück kann ich mir schnell und leicht viel merken. So bewahre ich mich auch vor Fehlern, denn ich höre mir immer genau dabei zu, was ich erzähle. Ein guter Lügner muss sich an alle seine Lügen erinnern, um ein glaubwürdiges Netz zu spinnen.

Mr. Nasser verabschiedete die Herren mit der Zusage, sich morgen zu melden und die Antwort von Shaikh Hamid bin Jassim bin Muhammed bin Chalifa bin Adbullah al Thani bekannt zu geben sowie weitere Dinge zu besprechen, womit er ja nur seine Provision gemeint haben konnte. Abermals ging er zwei Schritte hinter dem Scheich und öffnete dann auch die Wagentür für ihn.

»Puh«, machte Christian, als er den Wagen startete.

»Sag jetzt nichts«, bat ich ihn. »Fahr mich noch ein paarmal um den Block. Ich liebe es, Scheich zu sein.«

⚡ Gefahr-Radar ⚡

Herr Lustig hat es uns leicht gemacht. Hormongesteuert ging er blind in unsere Falle, die wir ihm mit einer angeblich fehlgeleiteten SMS stellten. Computer und Smartphones werden häufig benutzt, um andere auszuspionieren. Und obwohl doch jeder wissen sollte, dass ungesicherter Datenverkehr schlimme Folgen haben kann, zeigen Umfragen immer wieder, dass viele User nicht einmal beim Passwort die nötige Vorsicht walten lassen. Sie wechseln es nie, verwenden eines für alle ihre Aktivitäten im Netz – und dieses eine ist womöglich noch so einfallsarm, dass es von anderen Usern ebenfalls gern benutzt wird. Zu den beliebtesten Passwörtern gehören Ziffernfolgen wie 123456, Iloveyou, Passwort, abc123 oder die Wiederholung einer bestimmten Zahl, das eigene Geburtsdatum oder, wie gewieft, das des Partners, Namen von Kindern und Haustieren und Ähnliches mehr. Da muss man kein guter Detektiv sein, um ein solches Rätsel zu knacken. Technisch versierte Nutzer oder Computerfachleute verfügen davon abgesehen über Programme und Tools, mit denen sich Passwörter herausfinden lassen.

Also: Suchen Sie sich ein schwieriges Passwort aus, in dem auch Sonderzeichen vorkommen, wechseln Sie es hin und wieder und benutzen Sie für jeden Account ein anderes. Einzelne Wörter sind als Passwortschutz gänzlich ungeeignet. Diese lassen sich mit der Brute-Force-Methode und einer großen Wörterbuchliste, die es frei verfügbar im Internet zum Download gibt, entschlüsseln. Da die heutigen Computer über eine immer schneller steigende Rechnerleistung verfügen und dadurch immer mehr Passwortkombinationen pro Zeiteinheit automatisch durchprobiert werden können, helfen letztendlich nur zusammengesetzte Passwörter mit möglichst vielen unterschiedlichen Zeichen. Lange Passwörter mit Sonderzeichen wie §$%@!+, Zahlen und Buchstaben, günstigenfalls in Groß- und Kleinschreibung gemischt, sind am sichersten, und je länger das Passwort ist, desto sicherer. Doch auch das sicherste Passwort hilft nichts, wenn Sie Ihre Passwortliste neben dem Computer liegen lassen. Auch nicht, wenn sie, ganz raffiniert, unter die Tastatur geklebt ist oder in der Schreibtischschublade aufbewahrt wird. Es versteht sich hoffentlich von selbst, dass man seine Passwortliste niemals in unverschlüsselter Form auf dem Computer speichert!

Soziale Netzwerke wie Facebook, Twitter und Co. sind übrigens eine gern genutzte Plattform für Angreifer, um Schadcode zu verbreiten und dadurch Zugriff auf fremde Rechner zu erlangen. So, wie Sie über finstere Spelunken urteilen mögen, in denen sich Betrüger aller Couleur tummeln, so ungefähr können Sie sich das kriminelle Potenzial, die Virenlast in öffentlichen Netzwerken vorstellen. Dort können Sie sich alles Mögliche einfangen beziehungsweise Ihr Computer und damit alle anderen anstecken, mit denen Sie zu tun haben. So schafft man sich keine Freunde! Aber oft ist es ja gar nicht möglich zurückzuverfolgen, woher der Trojaner, der Schadcode stammen.

Generell sollten Sie nie einen Link von einem Absender öffnen, den Sie nicht kennen. Und Sie sollten darüber nachdenken, was »kennen« bedeutet. Jemand schreibt Ihnen eine nette Mail, lobt vielleicht Ihren Blog oder irgendeinen Ihrer Kommentare. Sie antworten, es geht ein paarmal hin und her, und dann bekommen Sie ein Foto oder eine Datei, einen Link geschickt. Sie öffnen das Dokument guten Gewissens – Sie kennen den Absender doch. Wenn Sie sich da mal nur nicht täuschen ...

Wenn Ihr Computer von mehreren Leuten genutzt wird, wenn es also möglich ist, dass andere physisch Zugriff auf Ihren Computer haben, nutzt Ihnen eventuell auch ein gutes Passwort nichts mehr, denn meistens liegen die Daten in unverschlüsselter Form auf dem jeweiligen Gerät (Rechner, Smartphone). Wer weiß, wie es geht, kann sehr schnell Informationen abschöpfen und die kompletten fremden Nutzerdaten kopieren.

Es ist sträflich leichtsinnig, sich nicht mit den Sicherheitseinstellungen seines Computers oder Smartphones zu beschäftigen! Wer das zu kompliziert findet, sollte einen Fachmann beauftragen.

Auf Handys und Smartphones haben in bestimmten Situationen viele Menschen Zugriff, denen sie nicht gehören. Man geht zur Toilette, lässt sein Handy liegen, man verlässt sein Büro, das Smartphone bleibt auf dem Schreibtisch ... Das ist eine ungewollte Einladung für alle, die mehr wissen wollen, als ihnen zusteht. Je nachdem, welches Smartphone Sie nutzen, sehen die Möglichkeiten der Datendiebe entsprechend aus. Speichert Ihr Smartphone zum Beispiel Ihre Fotos auf einer externen Speicherkarte, kann der Täter diese spielend einfach entnehmen. Das dauert ein, zwei Minuten. Sie merken nichts davon. Sie kommen zurück, das Handy liegt dort, wo Sie es abgelegt haben, und es funktioniert nach wie vor. In Wirklichkeit hat sich sehr viel verändert. Ihr Gegenüber kennt nun alle Ihre Bilder, denn die liegen ja meistens unverschlüsselt auf dem Stick. Sicherer, zumindest für diesen Fall, sind Smartphones ohne externen Speichersteckplatz wie zum Beispiel ein iPhone.

Dieses Gerät hat sich für mich in der Praxis bewährt. Aber ganz sicher ist das iPhone leider auch nicht. Es kommt immer darauf an, wie technisch versiert ein Angreifer ist. Wenn sich mein Smartphone aufgrund von mangelnden Sicherheitseinstellungen automatisch in ein offenes WLAN-Netz einloggt und der Angreifer auf diesen Moment nur gewartet hat, kann je nach App und Aktivität unter Umständen mein erzeugter Datenverkehr mitgelesen werden. Im Normalfall bekommt man das nicht mal mit. Offene WLAN-Netze gelten als größte Gefahrenquellen von Smartphones. Übrigens kann mit nahezu jedem halbwegs neuen Smartphone schnell und einfach ein offenes fingiertes WLAN-Netz erzeugt werden. Möchte man auf Nummer sicher gehen, sollte man am Smartphone die WLAN-Funktion deaktivieren. Bei offenen oder fremden WLAN-Netzen muss immer mit »Man-in-the-Middle-Attacken« gerechnet werden. Bei diesen Attacken wird der gesamte Datenverkehr zur späteren Auswertung vom Täter gespeichert. Durch spezielle Filter können sogar die jeweils interessanten Daten in Echtzeit herausgezogen werden. Dies ermöglicht es dem Täter gegebenenfalls, sofort in Aktion zu treten, beispielsweise beim Aufruf einer Banken-Website. Hier kann der Täter sein Opfer auf eine täuschend echte vorbereitete Phishing-Seite umleiten und so die »geheimen« Zugangsdaten abgreifen. Er kann aber auch Benutzernamen und das Passwort zum Firmennetzwerk herausfiltern etc.

Um auf Nummer sicher zu gehen, sollten nur gesicherte WPA2-Zugänge von seriösen Providern genutzt oder am besten die WLAN-Funktion gleich ganz deaktiviert werden. So haben Sie die Hürde für Eindringlinge ein gutes Stück höher gelegt. Einen technisch versierten Angreifer wird das jedoch auch nicht vollständig abhalten können.

Wenn Sie meine Warnungen für übertrieben halten, dann haben Sie einfach noch nicht die Geschichten gehört, die mir geläufig sind. Ich würde Sie gern davor bewahren, ahnungslos in fremden Netzen zu zappeln. Umfragen zeigen leider immer wieder, dass die wenigsten wissen, wie sie sich vor Angriffen schützen können, und dass sie auch keine Lust haben, sich damit zu beschäftigen. Dabei ist es relativ einfach, eine gewisse Grundsicherheit zu erreichen. Einen technisch versierten Angreifer werden Sie damit zwar nicht ganz aufhalten, doch müsste auch er viel Zeit und Geld investieren, um in Ihr Netz einzudringen. Und das leisten sich Privatleute in der Regel nicht.

Nachfolgend möchte ich Ihnen noch etwas für den sicheren Umgang mit Ihrem Smartphone ans Herz legen:

Je nach Studie haben circa 30 bis 40 Prozent der User überhaupt keine Codesperren am Smartphone aktiviert. Das heißt, dass man jederzeit auf ihr Smartphone zugreifen kann. Die Codesperre, auch Displaysperre genannt, kann man bei den Einstellungen im Smartphone leicht selbst einrichten. Sie blockiert das Smartphone nach einigen Minuten, in denen es nicht in Gebrauch ist. Telefonate können angenommen werden, aber wenn man selbst telefonieren oder andere Dienste nutzen möchte, muss man zuerst seinen Code eingeben, um das Display und die Funktionen des Smartphones zu entsperren. Das ist vielen Anwendern zu umständlich, und sie nehmen es in Kauf, dass sie sehr leicht durchsichtig werden, verrückterweise sogar, wenn sie ein Verhältnis pflegen, das sie geheim halten wollen. Um dieser Bequemlichkeit der User zu begegnen, hat Apple den Fingerabdruckscanner ins Spiel gebracht. Doch der ist für Technikbegeisterte auch kein Hindernis. Ein Fingerabdruck kann unter Umständen schneller hergestellt und benutzt werden, als man eine Ziffernfolge herausbekommen kann, vorausgesetzt, sie lautet nicht 1234 oder so ähnlich.

Da ist es sicherer, auf die Display-Codesperre zu setzen beziehungsweise auf beides, wenn Sie ein iPhone mit Fingerabdruckscanner nutzen. Wann immer Sie ein neues Gerät kaufen, lassen Sie sich von Fachleuten über die Sicherheitseinstellungen aufklären. Glauben Sie mir, es lohnt sich! Und wenn Sie dann noch Ihren gesunden Menschenverstand aktiviert haben, das WLAN deaktivieren, wenn Sie es nicht brauchen, Ihr Smartphone nicht zu lange unbeaufsichtigt lassen und sich kontinuierlich um die wichtigen Sicherheitsupdates kümmern ... dann sollte es schon klappen mit dem sicheren Surfen im Netz. Sollten Sie eine fehlgeleitete SMS bekommen, dann wissen Sie hoffentlich, was Sie zu tun haben ...

Das eiskalte Spiel mit heißer Liebe – Heiratsschwindler

Die falsche Liebe der reichsten Frau Deutschlands, BMW-Erbin Susanne Klatten, ging seinerzeit durch die Presse. Die einen waren schadenfroh, die anderen fragten sich, wie eine nicht unattraktive Frau auf einen solchen Schwindler hatte hereinfallen können, der nicht mal besonders gut aussah. Nein, ein Beau war der Liebesbetrüger nicht. Er hatte aber sein Opfer sehr gut recherchiert, und deshalb wusste er, was Susanne Klatten fehlte. ! !

Jeder von uns hat ein paar Schwachstellen. Es ist gut, wenn man sich darüber bewusst ist und Vorsichtsmaßnahmen trifft. Denn wenn andere sie erkennen, ist man sehr leicht zu manipulieren. Wie können Sie nun Ihre eigenen Schwachstellen finden? Indem Sie aufmerksam beobachten, worauf Sie empfindlich reagieren. Ein Freund von mir hat eine Firma mit über 100 Mitarbeitern. Er ist, wie man so schön sagt, ein gemachter Mann. Sobald die Sprache auf die Schulzeit kommt, wird er unwirsch. Ich brauchte eine Weile, bis ich dahinterkam, woran das liegt: Er hat keine akademische Ausbildung und leidet unter diesem »Makel«, wie er es nennt, der für einen anderen in seiner Position gar keiner wäre. Für Außenstehende mag diese Empfindlichkeit schwierig nachzuvollziehen sein, da er zudem gebildet, erfolgreich und attraktiv ist. Doch jeder Mensch hat seine Schwachstellen. Fremd- und Eigenwahrnehmung passen oft nicht zusammen. Eine Frau, die sich dick fühlt, wird auch auf echt gemeinte Komplimente skeptisch reagieren. Sind das nicht etwa Anspielungen? Wunde Punkte können ebenso dunkle Flecken in der Vergangenheit sein oder ein Schufa-Eintrag. Für einen Detektiv ist es hilfreich, sie zu kennen. Sowohl die psychischen als auch die materiellen. Und natürlich kennt er seine eigenen.

Ein erfolgreicher Liebesbetrüger sucht nach dem, was sein Opfer emotional vermisst, und erfüllt es ihm. Er ist ein hervorragender Psychologe, der feinsinnig auf jede Gefühlsregung seines Gegenübers reagiert und es dorthin bringt, wo er es haben möchte. Manche Betrüger observieren ihre Opfer wochenlang. Je vermögender jemand ist, desto wichtiger ist die gute Vorbereitung, denn wohlhabende Leute sichern sich ab. Es gibt sowohl männliche als auch weibliche Heiratsschwindler. Ich habe in meiner Detektei mehr Frauen vertreten, was auch daran liegen kann, dass Männer eine solche Schmach lieber verschweigen. Heiratsschwindler spielen mit den Gefühlen ihrer Opfer. Das ist bedeutend schwerer zu verarbeiten oder überhaupt wiedergutzumachen als der Verlust von viel Geld. Ein Heiratsschwindler trifft einen Menschen ins Mark des Vertrauens. Dort kann er tiefe seelische Wunden hinterlassen, die vielleicht nie mehr heilen.

Die Freundin

Eine Frau mit einem Adelstitel, die in der Klatschpresse öfter zu finden ist, wenn auch in der Spalte der seriösen Events, rief mich an. »Sie sind mir empfohlen worden. Ich weiß, dass Sie in erster Linie Wirtschaftsermittler sind, doch man sagte mir, ich solle es trotzdem bei Ihnen versuchen, weil Sie sehr gut seien. Mir liegt viel an dieser Angelegenheit, auch wenn sie mich nicht persönlich betrifft.«

»Worum geht es?«

»Eine gute Freundin von mir, sie stammt aus dem Stuttgarter Raum, lebt aber in Saint-Tropez, benötigt Ihre Hilfe.«

»Und worum geht es?«

»Um Geld natürlich.«

»Statt Liebe?«, fragte ich.

»Würden Sie einmal mit meiner Freundin sprechen? Kann sie Sie heute Nachmittag anrufen?«

»Ich bin gespannt.«

Die Freundin, Juliette von Stein, hatte eine sehr angenehme Stimme. Natürlich weiß ich, dass man von der Stimme nicht auf das Aussehen schließen kann. Und es ist auch nicht so, dass Heiratsschwindler und Liebesbetrüger nur unattraktive Opfer wählen würden. Aber bei ihnen haben sie noch bessere Chancen. Die Wahrscheinlichkeit, dass Frau von Stein nicht so gut aussehen würde, wie ihre Stimme klang, war also hoch. Nachdem wir zwei, drei Minuten über das Wetter in Südfrankreich im Allgemeinen und das in Saint-Tropez im Besonderen gesprochen hatten, kam sie zögernd zur Sache. »Ich hätte die Angelegenheit ja auf sich beruhen lassen. Aber meine Freundin meint, dass das nicht richtig sei. Denn sollte ihm nichts zugestoßen sein, sollte er also tatsächlich ein Betrüger sein, kann er es jederzeit bei einer anderen Frau versuchen. Das möchte ich verhindern.«

»Handelt es sich um einen Liebesbetrüger?«

Sie schwieg so lange, dass ich schon fragen wollte, ob sie noch dran sei. Dann sagte sie: »Ja. Vielleicht. Es ist seltsam, wenn Sie das aussprechen. Das Wort habe ich so noch nie gedacht. Aber womöglich haben Sie recht. Ich muss den Tatsachen ins Auge blicken. Es wäre mir lieb, wenn wir uns treffen und persönlich darüber sprechen könnten. Ich bin nächste Woche in Frankfurt. Ob Sie es einrichten könnten?«

Ich konnte.

Per Mail bat sie mich ins *Jumeirah*. Die erste Adresse in Frankfurt. Ich liebe dieses Hotel. Frau von Stein musste wirklich ziemlich wohlhabend sein, zumal sie eine Suite im obersten Stockwerk bewohnte. Ich hatte bereits ein wenig recherchiert und herausgefunden, dass sie mit einem Großindustriellen verheiratet gewesen war, der vor vier Jahren an einem Herzinfarkt gestorben war. Über Frau von Stein gab es keine Gerüchte, sie war eine Dame. Und sie hatte ihren Mann geliebt, auch wenn er 25 Jahre älter war als sie, so viel zur einhelligen Meinung der Regenbogenpresse.

Im Hotelfahrstuhl merkte ich, dass ich ein wenig aufgeregt war. Was an der Stimme von Frau von Stein lag. So warm und tief und leicht angeraut. Ihre Stimme klang, als würde sie von Herzen kommen. Irgendetwas hatte mich berührt. Als ich im obersten

Stockwerk angelangte, öffnete sich die breite Tür der Suite, und da stand sie. Mitte vierzig, blond, dezent, aber perfekt geschminkt, gewelltes Haar bis über die Schultern, High Heels, sexy und dabei ausgesprochen geschmackvoll gekleidet. Eine Bombe. Ja, ich hatte bereits ein paar Fotos von ihr gesehen, doch Fotos lügen bekanntlich, vor allem in Magazinen, da ist heutzutage alles nachbearbeitet, und ein Foto sagt wenig über die Ausstrahlung eines Menschen aus. Frau von Stein war eine Hammerfrau. Die schöne Stimme hieß mich willkommen und bat mich herein.

»Wow!«, rief ich und schaute mich im Wohnzimmer der Suite um. Fensterfront, Blick über Frankfurt.

Sie lachte.

Auf einem Tisch hatte sie Kaffee, Tee, Gebäck und Obst für unser Treffen vorbereiten lassen. »Oder möchten Sie etwas anderes? Ich lasse Ihnen gern etwas bringen.«

»Nein, danke, das ist nett. Kaffee genügt.«

Sie schenkte mir eine Tasse ein. Ihre Hände waren ebenso gepflegt wie der ganze Rest. Ich bin schon vielen betrogenen Frauen gegenübergesessen. Aber diese hier – ich fragte mich, welcher Ignorant sie abgezockt hatte. Sie gefiel mir so gut, dass ich ein kleines bisschen die Kontrolle verlor. Was ihr nicht entging. Sie lächelte. Ich riss mich am Riemen. Sie war eine Auftraggeberin. Und als solche war sie tabu für mich als Privatmensch, als Mann.

»Wollen Sie mir jetzt erzählen, worum es geht?«, fragte ich.

Plötzlich wirkte sie schüchtern, nein, scheu. Das stand ihr vortrefflich. Sie ließ einen Zuckerwürfel in ihre Kaffeetasse fallen, rührte bedächtig. Schließlich begann sie. »Ich hätte nicht geglaubt, dass mir das einmal passiert. Natürlich weiß ich, dass es so etwas gibt. Man hört es, man liest es. Und in meiner Position ist man sowieso vorsichtig. Wenn die Leute wissen, mit wem sie es zu tun haben, wollen sie etwas. Die einen bitten um eine Spende, die anderen möchten, dass ich mich für ihr Projekt einsetzte, wieder andere versuchen, mich als Investorin zu gewinnen, ich soll die Garderobe von bestimmten Designern tragen oder auf gewisse Partys gehen.«

Ich nickte. Das war das Los vieler meiner Kunden.

»Ich weiß nie, ob man mich meint oder mein Vermögen, meinen Einfluss. Im Grunde ist mir das auch egal. Aber wenn es um Freundschaft oder«, sie zögerte, »Liebe geht – dann ist es eben nicht egal. Und als alles begann, habe ich sehr genau hingeschaut. Juliette, habe ich zu mir selbst gesagt, meint er dich oder will er dich ausnehmen. Doch das erschien mir unwahrscheinlich. Denn wir lernten uns zufällig kennen, und wie wir harmonierten, nein, das konnte keine Falle sein. Das hätte ich gespürt. Ich habe doch sonst so eine gute Intuition.«

Sie schaute mich an mit einem Blick, der tief aus ihrem Herzen kam. Ratlosigkeit las ich darin, in der noch eine Spur von Verzweiflung schimmerte. Aber sie war eine Kämpferin. Auch das nahm mich für sie ein. Manche Menschen, die so etwas erleben wie das, was ihr wahrscheinlich zugestoßen war, können danach nie wieder jemandem vertrauen. Ihr Herz ist, wie man sagt, gebrochen.

»Wenn Sie Opfer eines Liebesbetruges geworden sind«, erklärte ich, »dann haben Sie es gerade in Ihren Kreisen mit einem absoluten Profi zu tun. Der weiß, wie er Ihren Verstand ausknipst. Der kennt alle Tricks und beeinflusst auch Ihre Intuition – zu seinen Gunsten.«

»Also bin ich kein dummes Mädchen?«, fragte Frau von Stein.

»Oh nein«, erwiderte ich.

Sie schüttelte den Kopf »Wissen Sie, man liest so etwas und denkt sich: Wie konnte die so blöd sein. Und dann passiert es einem selbst.«

»Vielleicht können Sie mir die ganze Geschichte erzählen, damit ich mir ein Bild machen kann.«

Frau von Stein nahm einen Schluck Kaffee. Die Art, wie sie trank, machte den Vorgang zu etwas Besonderem.

»Mein Mann ist vor vier Jahren gestorben. Wir haben eine glückliche Ehe geführt. Sein Tod traf mich sehr, und ich glaubte nicht, dass ich mich noch einmal binden würde. Zumal ich ja merkte, dass die Männer oft vor allem an meinem Einfluss und meinem Geld interessiert waren. Aber es war auch keiner dabei, der mich vom Hocker gerissen hätte. Irgendwie habe ich mit dem Thema abgeschlossen. Juliette, dachte ich bei mir, du hattest das Glück, einmal eine große Liebe erlebt zu haben. Sei dankbar, dass dir das vergönnt war. Und jetzt lebe anständig und so gut es geht und sei dankbar für deine Gesundheit und das Schöne, das dir widerfährt. Aber im letzten Jahr habe ich doch gespürt, dass da ein Wunsch nach einer neuen Partnerschaft wuchs. Nach Nähe. Nach einem Du. Ich habe mich ein bisschen umgeschaut. Und da tauchte Angelos auf.«

»Grieche?«, fragte ich.

»Ja. Reedersohn. So stellte er sich mir zumindest vor.«

Klar, dachte ich. Alle Araber sind Scheichs und alle Griechen Reeder. Es ist nahezu unfassbar, wie Menschen immer wieder Opfer ihrer Vorurteile werden.

»Es war in Saint-Tropez in einem Hotel. Ich lief ihm geradezu in die Arme. Er war am Telefonieren und rannte direkt in mich hinein. Es war … irgendwie lustig, ungezwungen, fast selbstverständlich … Und dann lud er mich auf einen Drink ein. Wenn ich es mir heute überlege, hätte ich normalerweise abgelehnt. Ich lasse mich nicht von Fremden einladen. Aber die ganze Situation war so verrückt, so spontan. Und er sah umwerfend aus. Dunkles Haar, brennend braune Augen, ein wunderschönes Gesicht, fast wie gemeißelt, eine zarte Haut unter gepflegtem Bart. Er war sehr gut gekleidet und roch auch gut. Wissen Sie, für mich ist der Geruch eines Menschen sehr wichtig. Es gibt eine Reihe von Rasierwassern, die ich nicht ausstehen kann. Was ich damit sagen will, ist, dass eben alles passte.«

»Das klingt in der Tat nach einem Profi«, sagte ich.

»Wie meinen Sie das?«

»Er wird viel über Sie in Erfahrung gebracht haben. Aber bitte, fahren Sie fort. Ich würde gern die ganze Geschichte hören.«

»Herr Bakiner, ich möchte noch hinzufügen, dass ich selbst mir da nicht sicher bin. Es könnte ihm auch etwas zugestoßen sein. Meine Freundin ist überzeugt davon, dass ich einem Betrüger auf den Leim gegangen bin. Ich glaube das auch. Zu 50 Prozent. Aber ich halte es nicht für ausgeschlossen, dass es anders ist.«

»Deshalb muss ich alles wissen«, erklärte ich.

»Selbstverständlich. Aber bitte haben Sie auch Verständnis dafür, dass das nicht so einfach für mich ist.«

»Natürlich.«

»Angelos und ich unterhielten uns also, und ich fühlte mich so wohl und frei und unbeschwert an seiner Seite. Es war, als würden wir uns schon Ewigkeiten kennen. Es stellte sich heraus, dass wir einige Gemeinsamkeiten hatten. Und für mich wurde es immer deutlicher, dass das vielleicht kein Zufall war.«

»Sondern Schicksal?«

»Ja. Irgend so etwas. Wir saßen zusammen, bis meine Freunde eintrafen, mit denen ich verabredet war. Ich hätte gern gehabt, dass er bliebe, aber er erwartete es nicht und lud mich für den nächsten Tag zum Essen ein. Ich muss noch dazusagen, dass ich gerade in dieser Woche im Hotel wohnte, weil ich einen Wintergarten an mein Haus anbauen ließ und noch weitere Veränderungen plante. Das war mir alles zu laut und schmutzig. Und war das nicht wieder Schicksal?«

Das passte vortrefflich ins Bild. Ich nickte, wobei ich ebenso gut den Kopf hätte schütteln können.

»Eigentlich hätten die Renovierungsarbeiten einen Monat zuvor beginnen sollen. Doch dann gab es Probleme mit der Baugenehmigung. Angelos holte mich am nächsten Abend in einem Aston Martin ab. Nicht, dass Sie glauben, mir wäre so etwas wichtig. Aber seine Stilsicherheit imponierte mir. Das Auto passte perfekt zu ihm als Typ, zu seiner Kleidung, zu seiner Ausstrahlung, zu allem. Er führte mich in ein wunderbares Lokal, das ich nicht kannte, obwohl ich schon seit zwei Jahren in dieser Gegend lebe. Beim Essen erzählte er von seiner großen griechischen Familie. Es war ein lustiger, schöner und auch«, Frau von Stein räusperte sich, »erotischer Abend. Ich fühlte mich wunderbar an seiner Seite. Als ich ihm sagte, dass ich erst ein einziges Mal im Leben in Griechenland war, lud er mich sofort nach Rhodos ein. Er sagte, dort hätte er ein kleines Häuschen, direkt am Meer oberhalb eines malerischen Fischerdörfchens. Er zeigte mir Fotos davon. Das Haus war ein Traum.« Sie schwieg.

»Und dann?«

»Brachte er mich ins Hotel.«

»Wo wohnte er?«

»In einem anderen Hotel, ich weiß es nicht. Ich habe nicht gefragt.«

»Warum war er bei Ihrem Kennenlernen in diesem Hotel?«

Sie dachte nach. »Er hatte eine Besprechung, glaube ich. Ja, doch. Das sagte er. Es ist ein Fünfsternehotel, nicht nur Touristen, viele Geschäftsleute steigen dort ab.«

»Und dann?«

»Wir saßen in seinem Aston Martin vor dem Hotel. Es war wie in einem Film. Dann küsste er mich. Sehr zärtlich. Sehr …«, sie schwieg eine Weile, »innig. Da lud ich ihn auf einen Drink in meine Suite ein. Ich stieg aus, er wollte den Wagen parken …«

»Er hat keinen Limousinenservice beansprucht?«

»Nein. Das ist ja auch immer so umständlich mit dem ganzen Papierkram«, sagte sie.

»Ja. Für einen Betrüger wäre das in der Tat suboptimal«, erwiderte ich. »Denn dazu muss er sich ausweisen.«

»Ich dachte mir nichts dabei. Ich glaube, er wollte so schnell wie möglich mit mir allein sein.«

»Und dann?«

»Ich hatte die beste Suite im Hotel. Ich wusste ja, dass ich einige Tage bleiben werde, und mir ist es schon wichtig, dass ich mich wohlfühle. Die Art, wie er von den Räumen Besitz ergriff … Ich habe seither immer wieder darüber nachgedacht. Wissen Sie, als Sie vorhin hereinkamen. Sie drehten sich einmal im Kreis und sagten ›Wow‹. So wie jemand, für den eine solche Suite etwas Besonderes ist.«

Ich nickte. Ihre Beobachtungsgabe gefiel mir.

»Er aber benahm sich, als wäre alles normal.«

Profi, dachte ich. »Damit hat er Ihnen gezeigt, dass er zu Ihresgleichen gehört.«

»Genau. Und dann sind wir uns nähergekommen.«

»Wie nah?«

»Sehr nah.«

»Wie lang?«

»Die ganze Nacht.«

In meinen Augen glomm wohl eine Frage auf. Denn so hatte ich Juliette von Stein nicht eingeschätzt. Sie reagierte sofort darauf. »Ja, das hat mich auch gewundert. So bin ich normalerweise nicht. Aber es hat eben alles gepasst. Perfekt. Und außerdem war ich mindestens verknallt, wenn nicht verliebt. Ich wusste gar nicht, wie mir geschieht. In meinem Alter. Und nach der langen Zeit der Trauer. Es war einfach … zauberhaft, ein Geschenk. In den nächsten beiden Wochen telefonierten wir öfter. Angelos lud mich noch einmal ausdrücklich nach Rhodos ein. Da sagte ich einfach Ja. Vom Flughafen holte er mich in einer Riesenlimousine ab. Er wirkte ganz anders als in Saint-Tropez, so entspannt, so privat. Er trug einen hellen Leinenanzug – ich sehe ihn noch vor mir, als wäre es gestern gewesen, ein Bild von einem Mann. Das angebliche Häuschen stellte sich als Villa am Meer heraus, mit atemberaubendem Blick. Es war so gebaut, dass man von der Terrasse aus den Eindruck hatte, über dem und zugleich im Meer zu sitzen. Großartig! Wissen Sie, ich interessiere mich sehr für Architektur …«

»Wie Angelos sicher auch«, warf ich ein.

Verblüfft musterte sie mich. »Ja. Sein Haus war für mich die letzte Bestätigung, dass wir füreinander bestimmt waren. Nicht nur von den finanziellen Mitteln her, sondern auch vom Lebensstil, vom ästhetischen Empfinden. Alles passte perfekt. Heute bezweifle ich das. Doch in dem Moment glaubte ich es wirklich. Und so ließ ich meine Vorsicht fallen. Ich war mir sicher, Angelos hatte selbst genug Geld und wäre nicht an meinem interessiert. Sondern an mir. Wir verbrachten zwei herrliche Wochen. Es war wie ein Rausch. Nach so langer Zeit ohne Partner – ach, warum soll ich es verschweigen. Wir hatten jeden Tag Sex, oft mehrmals. Dann musste Angelos nach Rotterdam, irgendwelche Geschäfte erforderten seine Anwesenheit. Wir telefonierten häufig. Anfang August besuchte er mich, und wir verbrachten eine herrliche Woche in meinem Haus. Dass er meine Freunde nicht kennenlernen wollte, fand ich erst im Nachhinein seltsam. Es schmeichelte mir, dass er jede Sekunde mit mir allein sein wollte. Bei diesem Treffen schmiedeten wir Zukunftspläne. Er wünschte sich, dass ich zu ihm zog. Das schmeichelte mir. Ach, ich war richtig verrückt. Ich überlegte mir das ernsthaft! Warum nicht?, dachte ich. Noch mal ganz von vorn anfangen. Und dann kam die SMS.

»Wie lange kannten Sie sich da?«, fragte ich. Denn es war mir klar, welchen Inhalt die SMS hatte.

»Drei Monate. Er schrieb sinngemäß: *Ich habe eine Bitte, versteh es nicht falsch, aber ich würde gern in ein Projekt investieren, wozu ich allerdings Geld locker machen müsste, was mit herben Einbußen verbunden wäre, da es noch gebunden ist. Es geht nur um eine kurze Überbrückung. Ich möchte mir dieses vielverspre-*

chende Geschäft nicht entgehen lassen. Ich wunderte mich, dass die Anfrage per SMS kam, aber ich vermutete, dass es ihm persönlich vielleicht unangenehm gewesen wäre. Ich fragte ihn, warum er seine Familie nicht um Hilfe bat. Von deren Zusammenhalt hatte er nämlich öfter geschwärmt. Er antwortete, dass er das Geschäft allein machen und seine Familie mit dem Erfolg überraschen wollte. Das fand ich irgendwie süß.«

»Um was für ein Projekt handelte es sich denn?«

»Das hat er mir nicht verraten. Und das fand ich auch reizend. Er kam mir vor wie ein kleiner Junge mit einem großen Geheimnis. Und er versicherte mir, dass ich mein Geld in fünf Monaten zurückerhalten würde, sobald sein Geld frei sei. Außerdem betonte er in einem Telefonat, dass er nicht erwarte, dass ich ihm aushelfe. Er habe mich gefragt, weil er mich als seine Partnerin betrachte, er aufrichtige Gefühle für mich hege und an unsere Zukunft glaube. Das hat mir natürlich gefallen. Und bei mir war es ja genauso. Auch ich glaubte an unsere Zukunft.«

»Um welche Summe handelte es sich denn?«

»500.000 Euro. Letztlich erbat ich mir Bedenkzeit. Er brachte das Thema nie wieder zur Sprache, ließ aber nicht nach in seinen Aufmerksamkeiten. Es war so, als hätte er mich nicht gefragt, und das gefiel mir auch. Dass er mich nicht bedrängte. Also entschloss ich mich, ihm das Geld zu leihen.« Ein wenig trotzig schaute mich Frau von Stein an. »Warum auch nicht? Ich hatte das Geld übrig, ich mochte ihn und vertraute ihm. Und ich war wohl sehr verliebt.«

»Und als er das Geld hatte? Verschwand er dann?«

»Eine Woche später. Er rief noch einige Male an, und plötzlich war der Kontakt abgebrochen. Meine E-Mails kamen zurück, sie seien nicht zustellbar, telefonisch gab es keinen Anschluss mehr. Ich war in höchster Sorge. Es könnte ihm ja etwas passiert sein. Schließlich flog ich nach Rhodos. Er war nicht in seinem Haus, alles wirkte unbewohnt. Auch die Nachbarn waren nicht da. Ich sprach zwar mit einem Herrn, aber der konnte kein Englisch. Die Reise war umsonst. Jetzt erst fiel mir auf, dass ich wenig von Angelos Alltag wusste. Ich kannte seine Freunde nicht, niemanden aus seiner Familie. Nach zwei Wochen habe ich mich einer Freundin anvertraut. Sie hat zwei Monate auf mich eingewirkt, bis ich nun diesen Schritt gewagt habe, mich an Sie zu wenden. Und ich glaube mittlerweile, dass die Entscheidung richtig ist.«

»Das glaube ich auch«, erwiderte ich. »Denn wenn Angelos so einen Betrug zweimal im Jahr begeht, dann hat er ein schönes Leben.«

»Sie sind sich also sicher, dass er ein Betrüger ist?«

»Ja.«

»Und woran machen Sie das fest?«

»Erfahrung.« Frau von Stein sah bedrückt aus. »Und weil ich diese Erfahrung habe«, versuchte ich, sie zu trösten, »werde ich ihn auch finden.« In diesem Moment spürte ich, wie ernst mir das war. Für diese großartige Frau wollte ich alles geben. Ich würde den Kerl aufspüren – Ehrensache! Manchmal gibt es Fälle, da gebe ich nicht nur 100 Prozent, sondern noch ein bisschen mehr. Man kann es Herzblut nennen. Obwohl ich schon so lange im Geschäft bin, passiert es immer wieder einmal.

Frau von Stein gab mir ein Foto und eine Liste mit allen Informationen, an die sie sich erinnern konnte. Es war nicht allzu viel. Ich war gespannt, wie Angelos sich an sie herangemacht hatte. Manche Opfer werden über Wochen ausspioniert. Der Aufwand ist hoch, doch der Betrüger darf keine Fehler machen. Alles muss perfekt sein, denn in diesen Kreisen ist das Misstrauen groß. Später sollte sich herausstellen, dass Angelos einen freundschaftlichen Kontakt zum Barkeeper des Hotels aufgebaut hatte. Dieser checkte die weiblichen Gäste, verwickelte diejenigen, die als Opfer infrage kamen, in ein Gespräch, horchte sie aus. Im Falle von Frau von Stein konnte er Angelos sogar ein Rasierwasser nennen, das sie mochte. Mit all diesen Informationen kann sich ein Betrüger in jemanden verwandeln, den die Zielperson einfach toll finden muss. Er kann dieselbe Musik mögen, dieselben Hobbys haben und dieselben Abneigungen. Die Sympathie, aus der Liebe werden soll, entsteht durch exakte Planung. Ein Betrüger auf diesem Niveau muss sich natürlich sicher in der Welt der Reichen bewegen können. Auch das erfordert viel Training und Vorbereitung. Man kann es sich wie bei einem noblen Escortservice vorstellen, also einem Dienstleister, der gut aussehende, stilsichere Frauen mit Niveau und perfekten Umgangsformen für die oberen zehntausend Männer vermittelt. Sie möchten sich nicht nur sexuelle Wünsche erfüllen, sondern engagieren Escortdamen auch, um nicht allein auf bestimmte Events gehen zu müssen. Darüber hinaus genießen sie es, von anderen Männern um die schöne Begleitung beneidet zu werden und zu zeigen, was für ein toller Hecht sie sind. Hier wären wir wieder beim Thema Neid – und Hormone. Manchmal fasse ich es selbst nicht, wie beschämend banal wir Männer so ticken …

Gefahr-Radar

- Vorsicht vor zu viel Schicksal. Es könnte Kalkül sein. Überprüfen Sie deshalb Begegnungen, die Ihnen »schicksalhaft« erscheinen.
- Vorsicht vor zu viel Gleichklang. Wenn ein Mensch, den Sie kaum kennen, das Gespräch in kurzer Zeit auf Gemeinsamkeiten bringt, die Sie miteinander haben, sollten Sie wachsam sein.
- Vorsicht aber auch vor zu viel Misstrauen! Ihr Gefahr-Radar kann außer Kontrolle geraten, wenn Sie es zu scharf stellen. Gerade nach emotionalen Verletzungen, die sie erlitten haben, reagieren manche Menschen mit einem extremen Selbstschutz. Sie unterstellen dann auch wohlmeinenden Zeitgenossen niederträchtige Absichten. Und verbauen sich so selbst den Weg zum Glück. Also werfen Sie nicht alle in einen Topf, sondern unterscheiden Sie und schauen Sie genau hin. Jemandem eine Chance geben bedeutet nicht automatisch, dass Sie hereinfallen müssen. Bleiben Sie konstant vorsichtig, aber nicht krankhaft misstrauisch!

Die Entlarvung

Ehrlich gesagt musste ich Rhodos erst einmal googeln. Griechenland ist nicht so mein Fall, was in erster Linie am Essen liegt. Doch was ich im Internet sah, gefiel mir gut, und ich freute mich auf die Ermittlungen auf der viertgrößten Insel in der Ägäis. Ich war nicht der einzige Tourist, der ein Zimmer suchte, und so dauerte es eine Weile, bis ich in einer Pension unterkam. Die Lage in der malerischen Altstadt war zwar gut, doch das

Ambiente nicht sehr einladend. So packte ich meine Bermuda-shorts aus und erkundete die Sonneninsel. Es dauerte 24 Stun-den, bis ich den richtigen Partner für meine Ermittlungen auf der Insel gefunden hatte. Georgis, ein Taxifahrer und Einheimi-scher, hatte 15 Jahre lang in Deutschland gelebt. Vor zwei Jahren war er nach Rhodos zurückgekehrt und hatte sich mit seinem alten Mercedes E-Klasse als Taxiunternehmer selbstständig ge-macht. Wenn er frei hatte, fuhr sein Bruder den Wagen. »In Deutschland habe ich keine Perspektive mehr gesehen«, er-klärte er mir. »Deshalb bin ich zurückgekehrt.« Mit Georgis verstand ich mich auf Anhieb gut. Ich erzählte ihm, dass ich ein Haus auf Rhodos kaufen wollte. Das Problem wäre bloß, dass eine Bekannte von mir ein Auge auf dasselbe Objekt geworfen hatte. Ich müsste also schneller sein.

»Kein Problem«, sagte Georgis.

»Und sie soll nichts davon spitzkriegen.«

»Geheime Mission?«, grinste Georgis.

»Sozusagen. Wenn du mir behilflich bist, lasse ich mich nicht lumpen.«

Georgis gab Gas. Das lief ja alles wie geschmiert. Als Taxifah-rer verdiente Georgis nicht allzu viel und freute sich über das Zusatzeinkommen. Außerdem war er hier geboren, er kannte viele Leute. Dieser neue Mitarbeiter war ein Glücksgriff, wenn ich von seinem Fahrtstil absah, der mich einiges an Nerven kos-tete.

Ich bat ihn, mich am Vormittag an meiner Pension abzuho-len. Der Weg zu Angelos' Villa war herrlich, wir fuhren an der Küste entlang. Zwischen Felsen grasten Schafe und Ziegen, ich sah Bauern mit Holzkarren, viele Olivenbäume und ein paar

Touristen mit schwer gepackten Rucksäcken. Schaumkronen zierten das dunkelblaue Meer, was für ein Segelwetter! Irgendwann würde ich einmal Zeit haben und eine Jacht und mich dann allein vom Wind treiben lassen. Ich dachte auch an meine Auftraggeberin. Wie sie sich wohl gefühlt hatte mit Angelos in der Luxuslimousine auf dem Weg in ihr Liebesnest? Und dann das böse Erwachen.

Nach etwa 30 Minuten Fahrzeit gelangten wir zu der Adresse, die mir Frau von Stein gegeben hatte. Das Haus war schön, keine Frage, doch bei Weitem nicht so luxuriös, wie ich es mir vorgestellt hatte. Womöglich war der Blick meiner Klientin bereits stark getrübt gewesen. Als ich jedoch ausstieg und versuchte, einen Blick in das fast vollständig eingewachsene Grundstück zu ergattern, musste ich ihr recht geben. Das war Architektur vom Feinsten. Ein Kleinod. Ich klingelte, niemand öffnete. Ich schickte meinen neuen Mitarbeiter los. »Georgis, es sieht so aus, als wäre hier niemand zu Hause. Kannst du für mich herausfinden, wann der Besitzer zurückkommt?« Georgis machte sich auf die Socken. Beim dritten Nachbarn, und es gab nur fünf, wurde uns die Tür geöffnet. Ein dicker, barhäuptiger Grieche im Unterhemd begrüßte uns freundlich, und sofort sprudelte Georgis los. Eben noch hatte ich ihm erklärt, dass es seine Schuld wäre, wenn ich dieses Haus nicht bekommen würde. Das wollte er nicht auf sich sitzen lassen. Heftig gestikulierend wies er auf mich, fuchtelte durch die Luft, und der Glatzkopf tat es ihm gleich. Ich verstand kein einziges Wort der mehr geschrienen denn gesprochenen Unterhaltung. Doch beide Herren schienen sich zu amüsieren. Georgis übersetzte für mich. »Da wohnt nur selten jemand. Das Haus wird wochenweise vermietet. Seit mindestens drei Wochen steht es aber nun schon wieder leer.«

»Du hast doch noch mehr mit ihm geredet.«

»Ja. Er kennt meine Cousine.«

Ich verzichtete darauf zu fragen, wie sich das ergeben hatte. Griechische Verhältnisse sind manchmal kompliziert. Ich bewahrte Falltreue. »Und wem gehört das Haus?«

Nach einem weiteren Wortwechsel, der mir abermals recht lang erschien, doch den Herren offensichtlich behagte, bekamen wir eine Telefonnummer ausgehändigt. Ich instruierte Georgis, was er sagen sollte, und er erklärte dem Eigentümer des Hauses, der ans Telefon gegangen war, dass ein Österreicher hier sei, der das Haus unbedingt kaufen wolle. Als Österreicher trat ich auf, um noch ein Stück weiter entfernt von der Wahrheit zu sein. Das ist immer nützlich. Ich erfuhr, dass das Haus nicht zu verkaufen sei. Nur zu vermieten. Ich bekundete mein Interesse.

»Wenn Sie ein wenig Zeit haben, komme ich herüber. In einer Stunde kann ich dort sein und Ihnen das Haus zeigen.« Der Hausbesitzer empfahl mir noch eine Taverne in der Nähe, und wir verabschiedeten uns. Georgis aß gern auf, was mir nicht schmeckte. Ihm gefiel diese Abwechslung in seinem Alltag.

Nach knapp zwei Stunden, aber immerhin hatte der Hausbesitzer nach eineinhalb Stunden angerufen und seine Verspätung angekündigt, stand ich in Frau von Steins Liebesnest. Ich konnte mir sie und Angelos hier sehr gut vorstellen.

Der Hausbesitzer erklärte die Modalitäten. Ich sollte bar bezahlen für den Zeitraum, in dem ich mieten würde, bekäme den

Schlüssel und sollte ihn am Ende der Zeit einer Frau aus dem Dorf übergeben, die auch kontrollieren würde, ob alles in Ordnung sei. Um eventuelle Schäden auszugleichen, würde eine Kaution einbehalten.

»Prima«, sagte ich. »Es ist genauso toll, wie ich es mir vorgestellt habe. Wissen Sie, ich habe den Tipp von einem Bekannten. Er heißt, wenn ich mich recht erinnere, Angelos. Ich glaube, er wohnt sogar auf der Insel. Blöderweise habe ich irgendwo am Flughafen mein Handy verloren und zurzeit keinen Zugriff auf meine Kontakte.«

»Das ist mir letztes Jahr auch mal passiert!«, rief der Hausbesitzer. »Eine ganz ärgerliche Sache. Ich habe Wochen gebraucht, bis ich alles wieder beieinanderhatte. Man verliert so viel Zeit.«

»Ja. Und vielleicht auch Menschen. Ich hätte Angelos gern wiedergesehen.«

»Angelos, Angelos …«, der Hausbesitzer überlegte.

Ich beschrieb ihn. Da riss er die Augen auf. »Natürlich! Aber er heißt nicht Angelos! Er heißt Jannik.«

Ich gab mich peinlich berührt und murmelte etwas von meinem schlechten Namensgedächtnis. Der Hausbesitzer schlug mir auf die Schulter. »Das Alter, mein Freund. Das Alter. Es trifft jeden, früher oder später. Aber mit der Telefonnummer kann ich Ihnen aushelfen. Ihr Bekannter mietet mein Haus öfter.«

Die Art, wie er sich ausdrückte, zeigte mir, dass er nicht mit Jannik befreundet war. Er würde ihn also nicht warnen. Hätte diese Gefahr bestanden, hätte ich ihn weitläufig ablenken müssen, bis er vergessen hatte, dass ich auf eine angebliche Empfehlung gekommen war.

»Kann ich ein paar Fotos machen?«, bat ich. »Ich würde das Haus gern länger mieten, wenn das möglich ist. Vielleicht für drei Monate. Aber ich muss natürlich erst meine Freundin fragen«, köderte ich ihn mit einem guten Geschäft.

»Ja, ja, die Frauen«, lachte der Hausbesitzer. »Aber diejenige, der es hier nicht gefällt, müssen Sie mir erst mal zeigen.«

Zehn Minuten später verließen Georgis und ich mit Janniks Telefonnummer in der Tasche das Grundstück. Georgis kapierte zwar überhaupt nichts mehr, hielt sich jedoch zurück. Er rief die Telefonnummer an. Eine Mailboxansage verriet uns Janniks Nachnamen. So einfach konnte es sein. Dies war ein perfekter Tag für mich.

Ich überreichte Georgis einen weiteren 50-Euro-Schein und fragte, ob er in Erfahrung bringen könnte, wo Jannik wohnte. Zufälligerweise kannte Georgis jemanden bei der Behörde, dem er ein kleines Bakschisch in Aussicht stellte. 30 Minuten später hatten wir zwei Adressen am anderen Ende der Insel, da der Name zum Glück nur zweimal gemeldet war. Ab dem nächsten Tag observierten wir das erste Haus. Georgis führte Selbstgespräche mit sich über mich. »Du willst doch gar kein Haus kaufen. Du willst auch nichts mieten. Und ehrlich gesagt weiß ich nicht mal, ob du aus Österreich bist. Ich war lange genug in Deutschland. Ich kenne die verschiedenen Dialekte. Meine Tochter hat nach Bayern geheiratet. Dein Deutsch klingt eher so. Ich glaube nicht, dass du aus Österreich stammst. Aber geht mich das was an? Nein. Georgis ist Taxifahrer. Georgis erledigt auch Sonderaufträge. Wenn das Geld stimmt, stellt Georgis keine Fragen.«

Ich reichte ihm noch einen Schein, und er war still. Bis er mich nach zehn Minuten zu sich nach Hause einlud. Wir mochten uns, keine Frage. Und Georgis wollte mir unbedingt beweisen, dass griechisches Essen sehr lecker schmecken kann. Wozu er ausführlich mit seiner Frau telefonierte, um alles vorzubereiten.

Nach drei Stunden Wartezeit kam Angelos aus dem Haus, Hand in Hand mit einer sehr attraktiven jungen Frau, ich schätzte sie auf höchstens Mitte zwanzig. Angelos selbst war Ende dreißig. Die beiden stiegen in einen Range Rover. Georgis' Augen funkelten. »Verfolgen?« Ich nickte. Das Pärchen fuhr nur zu einem Supermarkt und erledigte einige Einkäufe. Beide trugen Schlabberlook, und die Art, wie sie miteinander umgingen, zeigte, dass sie sehr vertraut miteinander waren. Ich fotografierte sie. Dann ließ ich mich von Georgis in meine Pension fahren, rief Frau von Stein an und berichtete ihr, dass ich die Zielperson gefunden hatte. Juliette von Stein wollte Details wissen, und ich erzählte ihr auch von Angelos Beziehung. Daraufhin drang sie auf eine Konfrontation. »Das ist keine gute Idee«, versuchte ich, sie davon abzubringen. Doch eine Frau wie sie war nicht aufzuhalten, wenn sie sich etwas vorgenommen hatte.

Drei Tage später landete Juliette von Stein in Begleitung ihres Rechtsanwaltes auf Rhodos. Ich holte die beiden am Flughafen ab. Frau von Stein wirkte sehr angespannt, was ihrer Klasse jedoch keinen Abbruch tat. Wir gingen in eine Taverne, und ich erzählte den beiden von meinen Ermittlungen.

Frau von Stein ballte ihre Hände zu Fäusten.

»Auch wenn Sie zu Recht sehr wütend sind«, sagte ich zu ihr, »Sie dürfen nicht die Fassung verlieren und Angelos angreifen.«

Der Rechtsanwalt unterbrach mich. »Meine Mandantin ist vollständig aufgeklärt. Wir werden die Sache über den Rechtsweg regeln.«

»Lassen Sie nur, Herr Dr. Westermann, Herr Bakiner meint es nur gut mit mir, nicht wahr?«

Ich nickte. »Ja. Natürlich.« Für einen kurzen Moment berührte sie meine Hand.

Am nächsten Vormittag fuhren wir zu Angelos alias Jannik. Da ich sicher war, dass er nicht öffnen würde, wenn wir unangemeldet klingelten, warteten wir vor seinem Haus. Ich war bereits mit seinen Lebensgewohnheiten vertraut. Gegen zehn Uhr verließ das Paar meistens die Wohnung, die übrigens in einer teuren Gegend lag und Angelos gehörte. Auch sein Range Rover war nicht billig. Alles finanziert von Frau von Stein. Um halb elf erschien das Paar. Wie besprochen stiegen wir aus und stellten uns an den Range Rover. Den Blick, mit dem Angelos Frau von Stein anstarrte, werde ich nie vergessen. So muss es sein, wenn man glaubt, einem Gespenst zu begegnen. Seine Freundin merkte zuerst gar nicht, dass etwas nicht stimmte. Munter plaudernd lief sie neben ihm. Bis er stehen blieb. Dann schaute sie ihn an. Angelos war erst knallrot geworden, dann leichenblass. Seine Freundin fragte ihn, was los sei. Er starrte Frau von Stein an. Sie lief los, der Anwalt und ich hinter ihr, bis sie unmittelbar vor ihm stoppte. Dann sagte sie ihm mit ruhiger Stimme in feinem Englisch, dass er Abschaum sei. Die Freundin fing zu schreien an. Was hier gespielt werde. Wer das sei. Angelos konnte nicht sprechen. Wie ein Fisch auf dem Trockenen schnappte er nach Luft. Schließlich stammelte er in bruchstückhaftem Deutsch, wahrscheinlich, damit seine Freundin ihn nicht verstand, dass es kein Spiel gewesen sei. Dass er sie wirklich gemocht habe. Doch dann sei seine alte Beziehung wieder aufgeflammt.

Kühl fragte Frau von Stein, wo ihr Geld sei.

Jetzt wechselte auch er ins Englische und behauptete, kein Geld von ihr bekommen zu haben.

Das war schon dreist. Und er wurde noch dreister. Er habe nichts unterschrieben. Jetzt trat der Anwalt vor. »Ja, es wird Aussage gegen Aussage stehen, doch wir haben einige SMS und eine E-Mail, in der die Summe erwähnt ist, sowie Ihre Bitte, das Geld leihen zu wollen, und Ihre Zusage, es innerhalb von fünf Monaten zurückzuzahlen.«

»Eben!«, rief Angelos »Fünf Monate. Ich habe also noch Zeit.«

»Dem entnehme ich, dass Sie sich nun doch erinnern?«, stellte der Anwalt fest, der mir mit einem Mal sehr sympathisch war. Er würde die Sache zu einem guten Ende bringen. Für mich gab es hier nichts mehr zu tun. Nach einem gemeinsamen Essen verabschiedeten wir uns voneinander. Normalerweise frage ich nie nach, wie etwas weitergeht. Doch in diesem Fall war auch der Detektiv einmal neugierig und meldete sich einige Wochen später bei Juliette von Stein. Ich erfuhr, dass Angelos zwei Autos und seine Wohnung verkauft hatte, um die Summe zurückzuzahlen. Seine Freundin hatte sich von ihm getrennt. Angelos brachte zwar »nur« 400.000 Euro auf, wollte den Rest jedoch auch noch beschaffen, aus Angst vor einer gerichtlichen Auseinandersetzung, bei der er den Kürzeren gezogen hätte, da Frau von Stein im Besitz einiger Schriftstücke war, die ihn belasteten.

Ich glaube nicht, dass Angelos noch einmal als Liebesbetrüger aktiv wurde.

 **Gefahr-Radar**

Bewahren Sie wichtige Schriftstücke auf. Leeren Sie Ihren Maileingang nicht, ohne vorher ein Backup durchgeführt zu haben. Behalten Sie auch Mails Ihrer Liebsten, wenn Sie einen finanziellen Inhalt haben. Bereits eine Kleinigkeit wie ein Notizzettel kann vor Gericht nützlich sein. Sie wissen ja jetzt, dass Liebe oft nicht bis ans Lebensende währt. Ja, das passiert immer nur den anderen. Aber sollten Sie doch eines Tages in der Situation sein, etwas beweisen zu müssen, ist es gut, auf Beweismaterial zurückgreifen zu können. Deshalb sollten Sie auch unter Freunden schriftlich festhalten, wer wem Geld leiht und zu welchen Konditionen. Und auch in einer Liebesbeziehung sollte man Absprachen schriftlich fixieren. Und bitte nicht vergessen, manches davon eventuell auch wieder zurückzunehmen, wenn eine Beziehung gescheitert ist. Auch dies schriftlich. Das hat nichts mit fehlendem Vertrauen zu tun, sondern erleichtert Ihnen vieles, sollten Sie einmal Beweise benötigen. Es ist eine reine Vorsichtsmaßnahme. Ungefähr so wie eine Patientenverfügung. Man hofft, sie nie zu brauchen, aber wenn es doch einmal dazu käme, ist es gut, sie zu haben.

Die vermeintlichen Rückenprobleme – Arztfehler kontra Betrug

Ein Professor aus einer Privatklinik meldete sich bei mir. »Ich habe ein Problem mit einem Patienten. Darf ich Sie zu einem Frühstück einladen?«

Diese unkonventionelle Einladung brachte mich zum Schmunzeln. »Wo?«

Er nannte eines der besten Cafés seiner Stadt. Immerhin, Geschmack hatte er.

Eine Woche später kam ich 15 Minuten zu spät zu unserer Verabredung. Der Professor saß steif am Tisch, und als ich vor ihm stand, deutete er tadelnd auf seine Uhr. »Ich warte nie.«

»Sie haben gewartet«, korrigierte ich ihn.

»Meine Zeit ist begrenzt. In einer Viertelstunde könnte ich eine Untersuchung durchführen oder eine Operation beginnen.«

»Dann gehe ich eben wieder«, sagte ich freundlich. »Ich möchte Ihre kostbare Zeit ja nicht verschwenden.« Ich drehte mich bereits um, da bat er mich zu bleiben. Ich setzte mich. »Sie haben um dieses Treffen gebeten. Sie könnten sich doch erkun-

digen, warum ich 15 Minuten zu spät bin. Es könnte beispielsweise einen Verkehrsunfall gegeben haben. Den hat es aber
nicht gegeben. Ich habe mit einem Kunden telefoniert. Es hat
länger gedauert. Ich höre meinen Kunden nämlich aufmerksam
zu.«

Der Professor reichte mir die Speisekarte. »Hauen Sie rein«,
grinste er mich an. Von diesem Moment an waren wir Freunde.
Nach der ersten Runde Kaffee erzählte er mir, was ihn be-
drückte. »Ich habe einen Patienten, der mir von einem Kollegen
überwiesen wurde, am Rücken operiert. Dieser Kollege hatte
ihn ebenfalls operiert, doch die Beschwerden waren geblieben.
Da ich auf meinem Gebiet als Spezialist gelte, wollte mein Kollege seinem Patienten, mit dem er weitläufig verwandt ist, etwas
Gutes tun. Ich habe mit Herrn Wagner, so heißt der Patient, ausführlich gesprochen und ihn auch darüber aufgeklärt, dass ich
ihm nicht garantieren könne, dass er nach der Operation
schmerzfrei sei.« Der Professor pellte sein Ei. »Herr Wagner
stimmte allem zu. Ich operierte, war mit dem Resultat sehr zufrieden und auch mit dem Verlauf danach. Doch einen Monat
nach der Operation erhielt ich einen Brief von Herrn Wagners
Anwalt. Sein Mandant könne sich nicht mehr bewegen. Er habe
starke Schmerzen, sei arbeitsunfähig und fordere Schadener-
satz, solange er im Krankenstand sei.«

»Aber ist das kein Fall für die Versicherung?«, fragte ich.

»Im Prinzip schon. Es ist nun aber dummerweise so, dass ich
just in diesem Moment meine Versicherung gewechselt habe. Es
gab eine Lücke von einer Woche. Genau in diese Zeit fiel die Operation von Herrn Wagner. Ich könnte nun natürlich gegen meinen
Versicherungsagenten vorgehen, aber ich kenne den Mann seit

vielen Jahren. So beschloss ich, aus eigener Tasche Herrn Wagner eine bestimmte Summe zur Verfügung zu stellen.«

»Wie viel?«

»2.000 Euro. Ich dachte, dass er nach spätestens zwei, drei Wochen wieder arbeitsfähig sein sollte.«

»Entschuldigung, aber das fällt mir schwer zu glauben. Denn wenn Sie bezahlen, noch dazu aus eigener Tasche, kommt das doch einem Schuldeingeständnis gleich.«

Der Professor seufzte. »Ja, Sie haben recht. Es ist eine ganz vertrackte Geschichte. Aber an meiner Klinik gab es vor einem halben Jahr einen Fall, da hat mein Oberarzt versehentlich das falsche Knie operiert. Anstatt des rechten Knies das linke. Meine Klinik darf auf keinen Fall erneut mit Negativschlagzeilen in der Presse erscheinen. Die Zahlung an Herrn Wagner ist somit eine reine Vorsichtsmaßnahme.«

»Und was ist mit dem Oberarzt?«, fragte ich.

»Er ist freiwillig gegangen.«

»Wirklich freiwillig?«, fragte ich.

Irritiert musterte mich der Professor. Dann schüttelte er den Kopf. »Nein, von dieser Seite erwartet mich bestimmt keine böse Überraschung. Aber ich muss dafür sorgen, dass unser Ruf nicht nachhaltig beschädigt wird. Die Operation bei Herrn Wagner ist ohne Komplikationen verlaufen. Meines Erachtens war sie auch erfolgreich. Herr Wagner selbst wurde umfassend aufgeklärt. Man kann vor einer Operation nie zu 100 Prozent sagen, wie sie ausgeht. Ein Restrisiko bleibt bestehen, deshalb werden auch alle Eventualitäten besprochen. Aber ich kann im Moment einfach keine schlechte Presse gebrauchen.«

»Und was soll ich tun?«

»Ehrlich gesagt habe ich Zweifel an der Darstellung des Herrn Wagner. Ich habe mir alle Befunde noch einmal gründlich angeschaut. Sie passen nicht zu der Schilderung des Anwalts über den Gesundheitszustand seines Mandanten. Skeptisch macht mich auch, dass Herr Wagner es ablehnt, in meine Sprechstunde zu kommen. Angeblich hat er das Vertrauen verloren. Ich möchte, dass Sie ihm mal auf den Zahn fühlen. Er wohnt in Köln. Gestern kam schon wieder ein Brief des Anwalts mit der nächsten Zahlungsaufforderung. Herr Wagner kann angeblich nur mühsam auf Krücken gehen und sitzt zeitweise sogar im Rollstuhl.«

»Wie alt ist Herr Wagner?«

»Zweiundsechzig. Und hier«, der Professor reichte mir ein Kuvert »sind noch ein paar Informationen über ihn. Auch ein Foto ist dabei.«

»Danke«, sagte ich und köpfte mein Ei.

Die Telefonfalle

Auch wenn man seine Wohnungstür mit Spezialschlössern gesichert hat, ist man doch nicht gefeit vor Angriffen von außen, wenn man über ein Telefon verfügt. Viele Betrüger knüpfen am Telefon Kontakt zu ihren Opfern. Besonders ältere Leute fallen oft auf angebliche Nichten und Neffen und Enkel herein, die am Telefon behaupten, dringend Geld zu brauchen, die Tante oder Oma solle etwas bereithalten, gleich komme jemand, um es abzuholen.

Auch ich nutze das Telefon häufig zur Informationsbeschaffung. Dazu braucht es eine versierte Ermittlerin. Am Telefon setze ich fast nur Frauen ein. Auf eine weibliche Stimme reagieren die meisten Menschen weniger ablehnend. Eine Frau kann doch nichts Böses im Schilde führen! Nein, das tut sie auch nicht, sie will nur die Wahrheit herausfinden. In diesem Fall: Ist Herr Wagner ein Betrüger?

Wir ermittelten die Wohnverhältnisse von Herrn Wagner – er lebte mit seiner Frau in einem dreistöckigen Haus in der Nähe des Hauptbahnhofs – und den Namen seiner Nachbarn. Einen dieser Nachbarn, Herrn Biederstein, der selten zu Hause war, wählten wir aus. Dann rief die Ermittlerin bei Herrn Wagner an. Seine Frau ging ans Telefon.

»Hallo, hier ist der internationale Paketdienst. Wir haben ein Paket aus dem Ausland für Herrn Biederstein. Wir haben schon mehrfach versucht, ihn zu erreichen, ihn aber leider nie angetroffen. Wissen Sie zufällig, wann Ihr Nachbar mal zu Hause ist?«

»Ach, Herr Biederstein! Der ist ja nur am Arbeiten. Der geht morgens um sieben aus dem Haus und kommt manchmal erst um Mitternacht zurück.« Das deckte sich mit unserer Beobachtung.

»Oje!«, rief meine Ermittlerin. »Das ist ja jetzt blöd für uns, weil wir vor sieben gar nicht liefern und nachts sowieso nicht.«

»Das ist auch vernünftig. Man muss doch mal schlafen.«

»Das können Sie ja mal Ihrem Nachbarn sagen«, lachte die Ermittlerin.

Frau Wagner lachte mit. Dann bot sie an: »Aber wenn Sie wollen, können Sie das Paket auch bei uns abgeben.«

»Ach, das ist ja nett von Ihnen! Vielen Dank! Da erkundige ich mich mal bei unserer Auslieferstelle, ob das möglich ist oder ob wir eine Unterschrift von Ihrem Nachbarn bräuchten. Darf ich Sie denn heute oder morgen noch einmal in dieser Sache anrufen?«

»Ja. Ich bin meistens zu Hause. Nur am Vormittag gehe ich für gewöhnlich einkaufen.«

»Wenn Sie nicht da sind, vielleicht sagen Sie Ihrem Mann auch Bescheid, dass der sich nicht wundert, wenn ich mich melde.«

»Das brauche ich nicht. Mein Mann ist ja tagsüber nicht zu Hause. Und nachts arbeiten Sie ja nicht.«

»Nein, zum Glück nicht. Also dann, Frau Wagner, Sie hören von mir. Einen schönen Tag noch.«

Ein dreiminütiges Telefonat, das unglaublich viele Informationen brachte. Wären wir nicht die Guten, sondern die Bösen, wüssten wir jetzt genau, wann es günstig wäre, bei Wagner und Biederstein einzubrechen, und dass Frau Wagner nicht allein lebte. Aber was für uns noch viel interessanter war: Wo verbrachte Herr Wagner seine Tage … am Stock und im Rollstuhl? In einer Reha-Maßnahme?

Am selben Nachmittag meldete sich die Ermittlerin abermals bei Frau Wagner. Sie entschuldigte sich charmant, es sei ein Irrtum gewesen, das Paket sei schon zurückgegangen, da habe etwas mit den Formalitäten nicht gestimmt oder der Kunde habe storniert, so genau könne man das im Computer nicht sehen.

»Dann hat es sich ja erledigt«, sagte Frau Wagner.

»Ja. Aber ich möchte Ihnen noch rückmelden, dass das wirklich sehr nett von Ihnen war. In dem Haus, in dem ich wohne, zum Beispiel«, begann die Ermittlerin und erzählte dann, dass dort niemand ein Paket für einen anderen annehmen würde. So kam man auf die soziale Kälte in Großstädten zu sprechen. Eine gute Ermittlerin mit einem sympathischen Auftreten kann aus so einem Telefonat viele Informationen abschöpfen, ohne dass ihr Gesprächspartner das Geringste merkt. Gerade ältere Leute, die vielleicht einsam sind, freuen sich über eine nette Unterhaltung am Telefon. Frau Wagner wunderte sich nicht darüber, dass die Frau vom Paketdienst so viel Zeit hatte, mit ihr zu plaudern. Aber vielleicht machte sie gerade Pause? Das Gespräch wurde persönlicher.

»Arbeiten Sie auch noch?«, fragte die Frau.

»Nein, ich bin im Ruhestand. Ich habe schon mit achtundfünfzig aufgehört. Da gab es Umstrukturierungen bei uns in der Firma.«

»Dann muss ja jetzt nur noch Ihr Mann in Rente gehen, damit Sie die Zeit genießen können.«

»Ach nein. Der denkt gar nicht an Ruhestand. Der hat immer was zu tun.«

»Ja, manchmal ist es aber auch besser, die Männer sind aus dem Haus. Im Grunde genommen stehen Sie einem im Haushalt doch nur im Weg rum.«

Frau Wagner setzte an zu antworten, da kam ihr Mann nach Hause. Wie schade. Sie hätte sicher noch viel mehr ausgeplaudert. Meine Ermittlerin verabschiedete sich von ihr. Ein drittes Mal würde sie nicht anrufen, das wäre zu auffällig gewesen. Wir begannen mit der Phase der Observation.

Die Observation

Am nächsten Morgen um 8.30 Uhr verließ Herr Wagner sein Wohnhaus. Der Wetterbericht hatte einen typischen Apriltag vorausgesagt. Dementsprechend war Herr Wagner gekleidet. Über seiner Jeans und den Outdoor-Schuhen trug er einen blauen Anorak. Außerdem hatte er einen Rucksack bei sich. Herr Wagner bewegte sich flüssig. Ich konnte keine einzige Einschränkung wahrnehmen, sein Gangbild wirkte völlig normal, nicht einmal ein leichtes Hinken war zu sehen. Er schlug den Weg zum nahe gelegenen U-Bahnhof ein. Jetzt war Eile geboten. Zum Glück fand ich einen Parkplatz. Das ist manchmal ein Problem, wenn man sein Auto loswerden muss, um der Zielperson zu folgen, und keinen Parkplatz findet. Ich riss meinen Rucksack vom Rücksitz, der alles enthielt, was ich eventuell benötigen würde – zwei Mützen, kleine Kamera, große Kamera, Teleobjektiv, Wasser, Diktiergerät, Fernglas, Zeitung zur Deckung – und folgte Herrn Wagner. Am Barbarossaplatz stieg er um und fuhr weiter Richtung Köln-Deutz. An der Messe stieg er aus. Mittlerweile hatte ich mein Käppi mit dem aufgestickten Schriftzug *New York* auf dem Kopf. Im *N* von *New York* befindet sich eine kleine Linse. Mit berechtigtem Interesse filmte ich Herrn Wagners Gangbild. Und es kam noch viel besser. Herr Wagner arbeitete bei einer Gartenbaufirma! Wahrscheinlich auch noch schwarz, wie ich vermutete, als ich die Gestalten sah, die nach und nach eintrudelten. Da wirkte keiner so, als hätte er einen seriösen Arbeitsvertrag. Ich schaute mir das Ganze eine Weile an, filmte und fotografierte aus einer guten Deckung heraus. Dann kaufte ich mir einen billigen Pullover, verstrubbelte

mir die Haare, verstaute meine teure Outdoor-Jacke im Rucksack und lief schnurstracks zu demjenigen, den ich in der Gartenbaufirma für den Chef hielt. Wenn Sie sich jetzt fragen, warum ich ihn erkannte, dann gebe ich diese Frage gern an Sie
zurück. Sie würden es auch herausgefunden haben. Probieren
Sie es selbst einmal aus. Noch ein Tipp: In einer Gesprächs-
runde erkennen Sie die wichtigste Person daran, dass sie am
häufigsten von den anderen angeschaut wird. Wer also die
meiste Aufmerksamkeit hat, ist auch am wichtigsten. Ich erkundigte mich beim Chef oder Vorarbeiter der Gartenbaufirma, ob
er noch eine Aushilfe brauche.

»Nee du, wir sind komplett.«

»Nur heute oder noch länger?«

»Nee du, das läuft hier bestimmt noch zwei Wochen, aber wir
brauchen echt keinen mehr.«

Es ist immer wieder verwunderlich und höchst angenehm,
dass man stets mehr Informationen bekommt, als man eigentlich abgefragt hat. Jetzt wusste ich, dass Herr Wagner hier noch
länger zu finden sein würde. Ich musste ihn nicht rund um die
Uhr beschatten. In den nächsten Tagen ließ ich stichprobenartig
dokumentieren, wann er zur Arbeit ging, welche Tätigkeiten er
verrichtete und wann er nach Hause kam.

Die Verhandlung

Bei der Gerichtsverhandlung – der Professor hatte Herrn Wagner angezeigt – wurde ich als Zeuge geladen. Ich bin oft als
Zeuge vor Gericht geladen, und meistens ist es mir lästig, weil

dabei schnell mal ein ganzer Arbeitstag verloren geht, manchmal sogar zwei, wenn ich die An- und Abreise mitrechne. Und das für letztlich vielleicht zehn Minuten Zeugenaussage und eine minimale Aufwandsentschädigung. So eine Verhandlung kann ja überall zwischen Rosenheim und Husum stattfinden. Gelegentlich macht mir ein Auftritt vor Gericht aber auch Spaß. Manchmal freut sich ein Richter oder Staatsanwalt über mein Erscheinen. Ich habe die Erfahrung gemacht, dass viele unter ihnen sehr neugierig sind, wie ein Detektiv arbeitet. Sie wollen sogar oft viel mehr wissen, als sachdienlich ist.

Herr Wagner, der mich oder meine Kollegen während der Observation niemals wahrgenommen hatte, musterte mich böse. Wenn Blicke töten könnten, hätte man mich aus dem Saal tragen müssen. Herr Wagner hatte sich wie die meisten zu sicher gefühlt, denn der Professor war weit weg. Doch der lange Arm des Detektivs hatte ihn erwischt.

Sein Anwalt versuchte während der Verhandlung, mich als Lügner darzustellen und in die Enge zu treiben. Die Beweisfotos, die Herrn Wagner bei der Gartenarbeit zeigten, bezeichnete er als Fotomontage. »Wie viel hat Ihnen der Professor denn bezahlt, dass Sie Beweismaterial fälschen, um das Ansehen seiner Klinik zu retten?«

So etwas liebe ich. Ein bisschen Adrenalin zur Entschädigung, wenn ich schon so eine lange Fahrt auf mich genommen habe. Ich drehte mich zu dem Anwalt. Und dann stand ich auch noch auf. Das habe ich mir von Ben Matlock abgeschaut, einem amerikanischen TV-Anwalt, dessen Plädoyers ich immer gern gehört und gesehen habe. Allerdings esse ich nicht so gern Hotdog wie Matlock. Aber ein bisschen Show muss sein. Auch im Gericht, zumal wenn Zuschauer im Raum sind.

Mit freundlichem Gesicht sagte ich: »Ich verstehe, Herr Rechtsanwalt, dass Sie Ihren Mandanten herausboxen wollen. Aber das darf doch nicht auf Kosten der Wahrheit gehen.«

»Wahrheit! Sie wagen es, von Wahrheit zu sprechen! Sie haben die Wahrheit verfälscht. Mein Mandant kann sich kaum bewegen. Wie soll er da Gartenarbeit leisten?!«

So ging es eine Weile hin und her, bis der Richter eingriff und den Anwalt, der ein wenig die Contenance verloren hatte, um Sachlichkeit bat. Das war der Moment, auf den ich gewartet hatte. Mit einem Seitenblick zum Professor, der, obwohl er das nicht musste, erschienen war und der von dem, was nun folgen würde, nichts ahnte, bat ich den Richter, einen Film vorführen zu dürfen.

»Was für einen Film?«

»Da der Herr Anwalt meine Fotodokumentation bezweifelt, würde ich gern Herrn Wagners Gangbild auf Video vorführen.« Ich deutete auf den Mann, der mich hasserfüllt anblickte. »Heute sehen wir Herrn Wagner an Krücken. Er macht den Anschein, große Schmerzen zu haben, und scheint kaum die kurze Strecke von der Tür bis zu seinem Platz gehen zu können. Ich kann Ihnen da etwas ganz anderes zeigen.«

»Da werden Sie ihn wohl vor der OP gefilmt haben«, rief der Anwalt.

»Damals bestand noch keine Veranlassung zu einer Observation«, erklärte ich.

»Dann haben Sie das Material eben irgendwie beschafft.«

»Sie können gleich selbst das Datum sehen.«

»Das kann man fälschen.«

»Man kann auch so tun, als sei man auf Krücken angewiesen.«

»Filme sind nicht zulässig«, keifte der Anwalt.

»Ich will das Video sehen«, verlangte der Richter.

Ich legte meinen Laptop auf den Richtertisch, die Datei war vorbereitet, drückte auf die Enter-Taste, und der Richter und der Anwalt konnten Herrn Wagner bei der Gartenarbeit beobachten. Man sah ihn gehen, er streckte sich, er bückte sich und zog einen halben Baumstamm quer über ein Grundstück.

»So fit wäre ich auch gern«, grinste der Richter.

Der Anwalt war blass geworden. Das Gesicht des Professors leuchtete knallrot vor Aufregung. Als der Prozess gewonnen war, versicherte er mir, dass er mich jederzeit operieren würde, eigenhändig, wenn ich ihn mal bräuchte. Und zu einem zweiten Frühstück lud er mich obendrein ein.

Ich liebe es, wenn ein Plan funktioniert.

Lügen im Training – Schweigeklausel

Wie ich bereits schon einmal erwähnt habe, vermische ich mein Berufs- und Privatleben nicht. Das habe ich vorhin zwar im Hinblick auf weibliche Aufraggeber geschildert, doch die erste schlechte Erfahrung machte ich diesbezüglich mit einem Mann. Ich war noch relativ neu im Detektivgeschäft. Ein Unternehmen beauftragte mich, einen ehemaligen Angestellten zu überprüfen. Hielt er sich an die Schweigeklausel in seinem Vertrag oder plauderte er bei seinem neuen Arbeitgeber Firmengeheimnisse aus? Ben, meine Zielperson, war nur ein paar Jahre älter als ich. Er wohnte in derselben Stadt wie ich und besuchte, was für ein Zufall, sogar dasselbe Fitnessstudio. Alle, die seinerzeit wert auf die allerneusten Geräte legten, trainierten dort. Da hatten wir schon eine Gemeinsamkeit, für die ich mir keine Legende ausdenken musste. Ich lernte Ben an der Langhantel kennen, er war mir aufrichtig sympathisch. An der Kurzhantel unterhielten wir uns so angeregt, dass ich tatsächlich für einige Augenblicke meine Mission vergaß. An der Beinpresse stellten wir fest, dass wir beide Harley fuhren. Dann kümmerte er sich um seinen Rücken, während ich mich meinen Sixpacks widmete. Wir freuten

uns beide, als wir uns zwei Tage später wiedertrafen, wobei ich
es natürlich darauf angelegt hatte. Nach drei weiteren Treffen
wusste ich sehr viel von Ben. Auch von seinem ehemaligen Job.
Sein Chef hatte versucht, ihn fertigzumachen. Seltsam, dachte
ich. Der hatte einen eher netten Eindruck hinterlassen, aber so
täuscht man sich eben. Ich glaubte Ben alles, was er sagte, und
geriet zunehmend in die Bredouille. Sollte ich den Auftrag zu-
rückgeben und die Freundschaft erhalten? Oder würde ich damit meinen Ruf als Detektiv ruinieren? Es ging mir nicht gut in
dieser Zeit. Zum ersten – und übrigens einzigen – Mal in meinem Leben überlegte ich, ob ich den richtigen Job hatte. Ich un-
terstellte total netten Leuten kriminelle Handlungen. Nein, so
wollte ich eigentlich nicht weitermachen. Doch dann fiel mir
auf, dass Ben gern viel Geld ausgab. Er war sehr großzügig, lud
andere oft ein, und außerdem war seine Harley *Fat Boy* ein extrem teures Gefährt. Eines Abends fragte ich ihn einfach mal direkt heraus, woher er so viel Geld hätte. »Hast du geerbt?«,
schob ich nach, was ich insgeheim hoffte. Etwas tief in mir drin
wollte die Wahrheit nicht hören. Ben lachte. »Ich hab einen dicken Fisch an der Angel.« Und dann erzählte er mir die Geschichte, die ich ein paar Tage darauf meinem Auftraggeber erzählte. Ben hatte Firmeninterna über die Herstellung eines
bestimmten Produktes verkauft. Obwohl ich damit den Fall erfolgreich gelöst hatte, ging es mir beschissen. Heute würde ich
sagen, dass ich eine persönliche Krise durchmachte. Ich hatte
das Gefühl, ich dürfe überhaupt niemandem mehr vertrauen.
Doch so kann man natürlich nicht leben. Und auch ich fand
einen Weg aus diesem Dilemma: Beruflich traue ich prinzipiell
niemandem; privat gelten andere Regeln. Doch manchmal er-

tappe ich mich dabei, dass ich darüber nachdenke, warum jemand etwas tut – welchen Vorteil will er sich dadurch verschaffen? Dann bringe ich mich aber schnell wieder zur Vernunft.

Der unschuldige Mandant

Auch in meinem allerersten Fall, den ich als Detektiv bearbeitete, täuschte ich mich, was die Wahrheit betraf. Ein Mann saß in Untersuchungshaft, weil er angeblich einen Jungen sexuell missbraucht hatte. Sein Anwalt, mein Auftraggeber, glaubte an die Unschuld seines Mandanten, der schwor, den Jungen niemals angefasst zu haben. Ich glaubte dem Jungen. Ich hatte mit ihm gesprochen, und er erschien mir in seiner Aussage authentisch, genauso wie seine Eltern. Ich hätte die Sache auf sich beruhen lassen, doch der Anwalt machte Druck. Ich sollte weiterermitteln. Also machte ich weiter, versuchte von allen Seiten an Informationen zu gelangen. Eines Tages konnte ich mit einer ehemaligen Lehrerin des Jungen sprechen, und es stellte sich heraus, dass er wohl ausschweifend log. Auch andere unschöne Dinge kamen ans Licht. Das wollte ich zuerst nicht glauben. Dann ging ich hart mit mir ins Gericht. Willst du ein wirklich guter Detektiv werden?, fragte ich mich und befahl mir im gleichen Atemzug, was ich dann zu tun hatte: Ermittle ohne Vorurteile, ohne Gefühle, ohne Partei zu ergreifen. Bleibe sachlich und stütze dich allein auf die Fakten. Mit neuem Elan stürzte ich mich in die Ermittlungen und konnte schließlich beweisen, dass der Junge gelogen hatte. Der unschuldige Mann wurde aus dem Gefängnis entlassen. Von jenem Tag an bekam ich viele Aufträge von dem in ganz Deutschland bekannten Anwalt. Und ich hatte etwas äußerst Wichtiges gelernt: Jeder kann mich anlügen, auch wenn ich es nicht wahrhaben will. Und ich ging noch einen Schritt weiter. Ich beschloss als Arbeitshypothese, dass jeder lügen würde. Ich bin nicht schlecht gefahren damit.

Und wenn Sie jetzt sagen, dass nicht jeder Mensch lügt, dann glaube ich das nicht. Es kommt natürlich darauf an, wie man Lüge definiert. Doch wenn wir uns darauf einigen können, dass es bedeutet, die Unwahrheit zu sagen, dann haben Sie in Ihrem Leben bestimmt schon einmal gelogen. Und sei es nur, dass Sie auf die Frage, wie es Ihnen gehe, mit »gut« antworteten.

Es gibt natürlich auch bestimmte Merkmale, an denen ich erkennen kann, wann Menschen lügen. Die Lügenerkennung ist eine Wissenschaft für sich und würde ein eigenes Buch füllen. Trotzdem möchte ich Ihnen gern ein paar Tipps mit auf den Weg geben, wann Sie besonders aufmerksam sein sollten. Es ist mir bewusst, dass Lügenmerkmale individuell verschieden sind. Dennoch habe ich einige immer wieder verifiziert.

Gefahr-Radar

Für das Gehirn ist eine Lüge deutlich anstrengender als die Wahrheit. Denn wenn man die Unwahrheit sagt, muss man erstens die Wahrheit unterdrücken und zweitens eine neue Geschichte erfinden. Das ist eine enorme kognitive Belastung. Lügen setzt Intelligenz voraus, denn man muss sich seine Wahrheit konstruieren, anstatt Erlebtes bequem abzurufen. Lügen stresst. Das zeigt sich zum Beispiel in prinzipieller Nervosität und weiteren Anzeichen, die jedoch alle auch andere Gründe haben können, was man nie außer Acht lassen sollte. Manche Menschen werden rot, wenn sie verlegen sind oder sich freuen. Andere sind prinzipiell gestresst, wenn sie etwas gefragt werden. Also bitte vorsichtig mit den folgenden Merkmalen umgehen!

- Ein Lügner ist oft wortkarg in Bezug auf seine Aussage.
- Ein Lügner macht oft einen angespannten Eindruck, hier vor allem: zusammengepresste Lippen. Er errötet auch leicht.
- Lügner schauen ihr Gegenüber beim Lügen oft nicht direkt an und vermeiden auch nachfolgend Blickkontakt.

Wichtiger als physiognomische Details, da diese ja immer auch andere Gründe haben können, ist die Frage: Wie glaubwürdig klingt eine Geschichte? Also schalten Sie Ihren gesunden Menschenverstand ein und hören Sie sehr gut zu. Denn Lügner verwickeln sich in Widersprüche.

Forschungen belegen, dass sich Frauen beim Lügen in der Regel unwohler fühlen als Männer; sie sind nervöser, fühlen sich schuldbewusster und zeigen Angst vor der Aufdeckung. Übrigens zeigte sich bei unverheirateten Paaren, dass 85 Prozent ihre Partner in Bezug auf frühere Beziehungen und Verfehlungen belügen. Frauen lügen mehr, wenn es um ihre Gefühle geht, während Männer häufiger lügen, um sich in einem besseren Licht darzustellen.

Frauen lügen auch öfter aus Höflichkeit, um die Gefühle und das Selbstwertgefühl anderer nicht zu verletzen, diese Art der Flunkerei wird Schonungslüge genannt. Manchmal kann eine Lüge also durchaus gut gemeint sein!

Glaubhaft lügen ist eine Kunst

Nicht nur die Lügenerkennung, auch das Lügen gehört zum Beruf eines Detektivs, und je besser er darin ist, desto besser ist er auch in seinem Job. Ich würde mich als Lügenprofi bezeichnen. Und deshalb bin ich auch ein Profi in der Lügenerkennung. Was man selbst gut kann, fällt einem auch bei anderen auf. Nur wer etwas wirklich gut beherrscht, erkennt die Feinheiten eines anderen Könners. Lügen kann man üben, und man kann auch tatsächlich immer besser werden. Viele Lügner fliegen auf, weil sie stottern, rot werden, verlegen oder unsicher wirken. Wenn man es schafft, an seine Lüge zu glauben, mit ihr zu verschmelzen, passiert das nicht mehr. Man muss glauben, was man lügt. Der gute Detektiv leitet dabei auch noch das Gespräch und achtet als Regisseur seiner Legende darauf, dass alles nach Plan läuft. Souveränität, Flexibilität, Selbstbewusstsein – das sind die drei Säulen, auf denen die Lüge steht. Am häufigsten habe ich gelogen, wenn ich mich beruflich als jemand ausgab, der ich nicht bin. Ich habe schon eine Menge Berufe ausprobiert, war unter anderem Versicherungsmakler, Sporttrainer, Banker, Lehrer, Bauträger, Immobilienmakler, Vermögensberater, Lehrer, Bademeister, Rennfahrer, Verkäufer, Fluglotse, Taxifahrer, Jachtclubbesitzer.

Versuchen Sie sich doch auch einmal in einem anderen Beruf. Sagen Sie beispielsweise: Ich bin Pilot bei der Lufthansa. Wie klingt das? Unsicher? Oder gar ehrfürchtig? Dann würde Ihnen niemand glauben, weil die wenigsten Leute Ehrfurcht vor ihrem eigenen Beruf verspüren.

Und welche Lizenzen haben Sie?, könnten Sie gefragt werden.

Wenn Sie sich gut vorbereitet haben, was unabdingbar ist, wissen Sie, dass Piloten eine solche Frage beantworten können. Werden Sie kalt erwischt, müssen Sie flexibel sein und der Frage ausweichen, ohne aufzufliegen. Aber die nächste Frage müssen Sie dann beantworten können. Sonst wird Ihr Gegenüber misstrauisch.

Je besser die Accessoires, die man vorführt, zur Lüge passen, umso eher wird sie geglaubt. Und selbstverständlich müssen die Garderobe und das Aussehen die Lüge bestätigen. Doch das alles genügt nicht, wenn die Informationen fehlen, mit denen man ein Gespräch führen kann. Und manchmal müssen sie ziemlich fundiert sein. Unvergessen ist mir das Essen mit einer Frau, über die ich an meine Zielperson herankommen wollte. Sie war Werbetexterin, ich hatte sie auch einige Tage observiert. Was ich jedoch nicht wusste, war, dass sie seit vielen Jahren begeistert Snowboard fuhr. Es war Hochsommer, und diesen Sport betreibt man in unseren Breiten ja normalerweise im Winter. Ich setzte mich voll ins Fettnäpfchen, als ich erzählte, ich sei Snowboardlehrer. Sie riss die Augen auf. »Wow!« Und dann traf mich eine Lawine von Brettern, Bindungen, Marken, Namen von Medaillengewinnern, *Alley-oop*, *Grab*, *Backflip*, *Fakie*, *Goofy* und *Tweak*, es war unmöglich, mir diese Begriffe allein aus dem Zusammenhang, der mir ähnlich unverständlich erschien, zu erschließen.

Bei mir drehte sich alles. Ich schleuderte in Spins durch den Raum und wusste mir keinen anderen Rat, als zu behaupten:

»Mir ist auf einmal so flau.« Ich ging zur Toilette. Als ich zurückkam, wirkte sie besorgt. »Du bist ja geradezu bleich.« So fühlte ich mich auch. Immerhin konnte ich mich unter dem Vorwand einer plötzlich aufgetretenen Übelkeit schnell verabschieden. Ich schrieb der Frau am nächsten Tag noch eine SMS, danach meldete ich mich nie mehr. Ich hätte zu viel über Snowboards lernen müssen, um sie erneut zu treffen und bestehen zu können. Dieser Angriff auf meine Zielperson war gescheitert.

Wer lügt, braucht ein gutes Gedächtnis. Da ich gelegentlich in mehrere Lügengebilde meiner verschiedenen Legenden verstrickt bin, mache ich mir nach jedem Kontakt Notizen, was ich wem wann erzählt habe. Bevor ich die Person erneut treffe, gehe ich die Notizen durch. Ich lese sie auch sonst hin und wieder, denn es kann ja jederzeit ein Handy klingeln, und ich muss wissen, wie ich mich melde und dann sofort im Thema sein.

Ich hoffe, dieser kleine Exkurs war abschreckend genug. Glauben Sie mir: Man lebt entspannter, ohne zu lügen. Vor allem muss man dann abends nicht darüber nachdenken, wer man eigentlich ist. Wenn ich an manchen Tagen in zwei oder gar drei Rollen geschlüpft bin, kann ich schon mal leichte Orientierungsprobleme haben. Was ich meistens witzig finde. Ich schüttle mich dann wie ein Hund nach dem Schwimmen, und all die Lügen und Rollen und Vorwände spritzen von mir weg wie Wasserperlen. Nein, ich muss nichts über meine Arbeit erzählen, um sie zu verarbeiten. Das mache ich mit mir selbst aus. Nur meine engsten Freunde wissen, in welchem Metier ich arbeite. Ich habe den Überbegriff »Unternehmensberater« für meine Tätigkeit gewählt. Im Privatleben spreche ich fast nie über meine Arbeit. Da genieße ich es, von ganz normalen Menschen umgeben zu sein. Und wenn jemand erzählt: »Gestern war ich im Kino«, dann glaube ich das und muss nicht überprüfen, ob der Film, den er gesehen haben will, tatsächlich um diese Uhrzeit in diesem Kino gelaufen ist. Im Privatleben hat mein Kopfkino nämlich geschlossen. Meistens.

Gefahr-Radar

Wir neigen dazu, Informationen zu vergessen. Machen Sie sich hin und wieder Notizen nach einem Gespräch und lesen Sie diese durch, ehe Sie die Person erneut treffen. So können Sie leicht überprüfen, ob er oder sie den Darstellungen treu bleibt oder aus Vergesslichkeit andere Fakten auf den Tisch legt. Dann sollten Sie misstrauisch werden!

Der Stoff, aus dem die Piraten sind – Markenpiraterie

Ich will hier keine Marken nennen. Doch es ist allgemein bekannt, dass die Gewinnspanne bei Designerware hoch ist. Ein T-Shirt, ob von *Adidas, Louis Vuitton, Armani, Ed Hardy, La Martina, Puma* und allen anderen, die hier nicht gelistet sind, doch genauso dazugehören, kostet in der Herstellung zwischen 50 Cent und 1 Euro. In Europa wird es zwischen 80 und 380 Euro verkauft. Im Herstellpreis von bis zu rund 1 Euro ist alles enthalten: der Stoff, der Lohn für die Näherin, die Betriebskosten für die Fabrik, die Verpackung, der Versand – und der Gewinn für diejenigen, die die Ware produzieren. Den machen sie nämlich trotzdem, auch bei 1 Euro pro T-Shirt. Deshalb läuft der Handel mit Plagiaten so gut. Zumal man den Unterschied meistens kaum feststellen kann. Ist das ein echtes Designerstück oder ein Plagiat? Ja, sogar Fachleute tun sich da manchmal schwer. Vor allem auch, weil man munkelt, dass die Hersteller in der Türkei, in China, Taiwan, Indien usw. selbst einen Teil der Designerware als Plagiate verkaufen, um ihren Gewinn zu erhöhen oder überhaupt erst zu Dumpingpreisen produzieren zu können. Und hier sind wir wieder bei der Gier. Die Designer wollen immer noch mehr verdienen, drücken die Preise ihrer Fabrikanten, ködern sie mit hohen Stückzahlen, erpressen sie mit Drohungen: Wenn du den Preis nicht garantierst, gebe ich die komplette Produktion eben nach China oder Taiwan – und die Hersteller verkaufen 20 Prozent der produzierten Ware, also der echten Designerware, auf dem Schwarzmarkt. Und produzieren nebenbei vielleicht auch noch direkt für den Schwarzmarkt. Das alles ist ein eher schwarzes Kapitel, bedenkt man die Arbeitsbedingungen der Näherinnen, deren Lohn in 1 Euro pro T-Shirt nicht den Löwenanteil ausmacht und ihnen trotz mancherorts 60-Stunden-Wochen nicht einmal ein finanzielles Existenzminium bietet. Wenn der Hersteller aber nun beispielsweise 3 oder 4 Euro für ein T-Shirt verlangt, um seine Näherinnen besser zu bezahlen, läuft er Gefahr, den Kunden zu verlieren, der Jahr für Jahr sattere Gewinne einfährt.

Ein weltbekanntes Designerlabel aus der Textilbranche beauftragte mich, in Sachen Markenpiraterie zu ermitteln. Den internen Schätzungen meines Auftraggebers zufolge summierte sich der durch Plagiate verursachte Schaden auf einen hohen zweistelligen Millionenbetrag. In Anbetracht dieser Zahlen wollte sich der Kunde nicht mehr allein auf die Zufallsfunde der örtlichen Zollbehörden verlassen.

Allein die Zollverwaltung in Europa hat im Jahr 2012 gefälschte Produkte im Wert von knapp einer Milliarde Euro konfisziert. In etwas mehr als 90.000 Fällen wurden knapp 40 Millionen Artikel beschlagnahmt. Experten schätzen, dass der Anteil der gefälschten Produkte am globalen Welthandel rund 7 Prozent beträgt. Dies entspricht einer Summe von circa 600 Milliarden US-Dollar.

Nach dem Briefing, das in einem Berliner Hotel am Branden-
burger Tor stattfand, teilte mir einer der Geschäftsführer auf
dem Weg in die Tiefgarage in vertraulichem Tonfall mit: »Wissen Sie, im Grunde schaden uns die Plagiate nicht. Ganz im Gegenteil. Wenn alle Leute scharf auf unsere Produkte sind, zeigt
das doch nur, wie gefragt die Marke ist. Aber die Kopien müssen
eben in einem gewissen Rahmen bleiben.«

Hochpreisige Marken wie die meines Kunden werden meistens
in Shops vertrieben, die von Franchisenehmern weltweit geführt werden, die wiederum, das ist vertraglich vereinbart, bei
den Designerfirmen einkaufen müssen. Nachdem ich mich
zwei Wochen lang in weiblicher Begleitung – meine Mitarbeiterin liebte diesen Fall – in den betreffenden Shops in europäi-
schen Städten wie Mailand, Barcelona, Paris, Berlin umgesehen
hatte, wusste ich, dass manche der Franchisenehmer eben nicht
nur bei den Herstellern der Designerware einkauften, sondern
billigere Plagiate unter ihr Angebot mischten. Diese waren allerdings so gut gemacht, dass sie kaum von den Originalen zu
unterscheiden waren. Mein Auftraggeber bat mich herauszufinden, wo die Ware in welchen Stückzahlen kopiert und wohin sie
verkauft wurde. Die Hersteller der Fälschungen mussten ausge-
hebelt werden. Meine Recherchen ergaben, dass die Ware mit
hoher Wahrscheinlichkeit aus der Türkei stammte. Auch China,
Thailand und Indien kamen als Herkunftsländer infrage. Doch
ich beschloss, es zuerst in der Türkei zu versuchen. Meiner Legende nach war ich ein vermögender Geschäftsmann aus Düsseldorf, der mit seiner Freundin Urlaub machte. Die Freundin
musste attraktiv sein und Türkisch sprechen, damit sie zum ei-

nen hinter dem Rücken des Geschäftsmannes mit den Einheimischen reden konnte, zum anderen sollte sie natürlich auch verstehen, was gesprochen wurde. So holte ich mir für diesen Fall Layla ins Ermittlerteam. Sie war Ende zwanzig, eine Schönheit mit langen dunklen Haaren und olivefarbenem Teint – perfekt geeignet für diese Mission. Wenn eine Frau attraktiv ist, sorgt sie durch ihre erotische Ausstrahlung für eine ganz andere Gesprächsatmosphäre. Da vergisst so mancher Mann seine Wachsamkeit und möchte der Frau imponieren. Das liegt in seiner Natur. Der Mann ist ein Jäger. Und merkt nicht, dass ihn die tolle Frau zuerst um den Finger wickelt und dann nach Strich und Faden aushorcht. Er fühlt sich dabei auch noch unwiderstehlich. So eine hübsche Frau interessiert sich für ihn! Ja, wir Männer sind am Ende ziemlich leicht zu durchschauen. Davon abgesehen wird Frauen eher vertraut. Wenn ich mit einer attraktiven Frau an meiner Seite auftauche, dämpft das die Wachsamkeit meiner Zielpersonen, die ihre Energie darauf verwenden wird, der Dame zu imponieren. Besonders in südlichen Ländern funktioniert der Trick mit den schönen Frauen gut. Aber eigentlich funktioniert er weltweit. Doch im Süden zündet der Funke am schnellsten.

Die Legende vom Bummeln

Wie immer war der Basar Kapalı Çarşı in Beyazit, einem Stadtteil von Istanbul, voll von Touristen. Es war laut und heiß, die Händler standen vor ihren Geschäften und versuchten, Käufer anzulocken. Sobald sie eine Nationalität zu erkennen glaubten, sprachen sie die Touristen in deren vermeintlicher Landessprache an. »Nur kucken, nix kaufen«, rief man den vermeintlich deutschen Besuchern nach. Hin und wieder erklang auch ein bayerisches Servus oder ein zackiges Guten Tach oder Namen von Fußballspielern – Schweinsteiger! Robben! Muller! Lahm! Der FC Bayern schien im Kapalı Çarşı einige Fans zu haben.

Auf dem Basar bekommt man alles. Gewürze werden in groben Säcken angeboten, die reinste Farbenpracht und Duftorgie: Pfeffer, Kardamom, Paprika, Kreuzkümmel, Curry, Muskat. Brauner und weißer Reis in rauen Mengen, Zucker – und daneben Gold, Klamotten aller Art, Lederwaren, Schuhe. Eine kunterbunte Mischung aus allem, was das Herz begehrt. Da ist für jeden Geldbeutel etwas dabei. Modeschmuck, teure echte Uhren, billige falsche Uhren, die den echten täuschend ähnlich sehen, Designerkleidung und kopierte Designerkleidung. Oder vielleicht einen Gürtel? *Willst du Gucci? Mach ich dir gleich. Komm in meinen Shop. Bitte. Du musst nichts kaufen. Nur kucken. Tee?*

Im Gucci-Laden kostet der Gürtel 400–600, auf dem Basar 20 Euro – und man sieht ihm seine Herkunft auf den ersten Blick nicht an.

Viele Touristen sind tatsächlich vor allem zum Einkaufen hier. Auch in Thailand und den anderen Plagiatshochburgen wird geshoppt, was das Zeug hält. Vom Zoll darf man sich mit Plagiaten nicht erwischen lassen, was die Schnäppchenjäger natürlich wissen. So wird aus neu alt gemacht, zusammengeknüllt und ab in den Beutel mit der Schmutzwäsche. Super Trick! Wer mit verpackter Ware erwischt wird, sollte eine Quittung vorweisen können. Auf dem Basar bekommt man allerdings keine. Dafür einen Händedruck und Chai, starken Tee, der in kleinen Gläsern serviert und löffelweise gezuckert wird.

Layla und ich bummelten Hand in Hand durch den Basar. Sie mit großen Augen, ich leicht genervt wie ein Mann, der seiner Freundin einen Gefallen tut, dem aber wahrlich Besseres einfallen würde, als zu shoppen. Doch natürlich musste ich sie als Mann, der eine solche Prachtfrau an der Seite hatte, bei Laune halten. Das wussten auch die Händler, die uns grinsend in ihre Läden einluden. »Buyrun, buyrun.« Man sah uns die deutschen Pässe ja nicht an.

»Teşekkür«, bedankte ich mich auf Türkisch.

Hin und wieder blieben wir stehen, nahmen ein Geschenk an. Eine Handvoll Kirschen, eine Tasse Tee. Ich muss gestehen, dass mir diese Lebensart gut gefällt. In Deutschland muss, wer eine Kirsche nimmt, sie für gewöhnlich kaufen. In südlichen Ländern werden Früchte offeriert. Auch das Teetrinken ist ein schöner Brauch. Wenn man allerdings »nebenbei« ermitteln muss, wird es schwierig. Nach einigen Stunden bekommt man Herzrasen, denn der Tee ist oft sehr stark, und Layla und ich mussten sehr viel Tee trinken, um herauszufinden, wo wir ansetzen würden.

So bummelten wir von Boutique zu Boutique. Layla schaute Klamotten an, ich checkte mit gelangweilter Miene den Laden. Wie viele Verkäufer waren anwesend? Nur einer? Falsche Adresse. Wie sahen sie aus, eher türkisch oder südostanatolisch? Ich wollte an die Produzenten kommen, die auch einen Laden betrieben, und die hatten mehrere Leute. Einen, der Touristen ins Geschäft holte, mindestens zwei für den Verkauf. Man merkt es auch an der Ware. Gibt es viel Auswahl oder wenig – so überprüfte ich meine Verdachtspunkte, während Layla mit den Verkäufern plauderte und herausfand, wer der Chef war, ihn umgarnte und hin und wieder eine Bemerkung über ihren Freund einstreute. Dass er viel Geld habe. Und dass er ruhig großzügiger sein könnte.

»Wenn du meine Freundin wärst, würde ich dir meinen Laden zu Füßen legen«, wurde ihr erwidert. Und so sprang das Gespräch hin und her, ich saß manchmal in einem Café gegenüber eines Ladens, ein Mann, der des Shoppens längst überdrüssig war, und beobachtete unter scheinbar müden Lidern aufmerksam, was um mich herum vorging. Layla winkte mit Kleidern, Taschen, Schuhen, T-Shirts. Ich nickte oder schüttelte den Kopf, irgendwann kam sie zu mir, ich gab ihr Geld, sie kaufte etwas. Nach drei Tagen hätten wir einen dritten Koffer gebraucht und uns ganz schön strafbar gemacht. Layla, die privat andere Klamotten bevorzugte als die, die wir kauften, beschloss, die Zimmermädchen zu beschenken.

Und wir shoppten und shoppten und shoppten. Allmählich kannte ich mich im Basar schon sehr gut aus, und ich hatte auch herausgefunden, wo die meisten Geschäfte stattfanden, wie viel angeliefert wurde, wie groß die Auswahl und wer der Chef war, und ich hatte einen Blick auf die Hautfarbe der Leute im Laden geworfen. Es ist nun mal so, dass 90 Prozent der Schwarzhändler aus Südostanatolien stammen. Ein Laden weckte schließlich meine Aufmerksamkeit. Natürlich hatte ich bereits Dutzende von Geschäften gesehen, die Plagiate verkauften. Doch ich war nicht auf der Suche nach dem Verkäufer. Ich wollte die Organisation dahinter. Ich wollte diejenigen finden, die im großen Stil Markenpiraterie betrieben.

Der Chef des Ladens, der mir verdächtig erschien, hieß Bülent. Er war Mitte vierzig, klein und dick, trug einen dichten Schnauzbart über gelben, weit auseinanderstehenden Zähnen und rauchte Kette. Layla machte ihm schöne Augen, was Bülent sichtlich schmeichelte. Am ersten Tag kauften wir für 20 Euro ein, am zweiten für 50, am dritten für 100. Layla wurde nun ausschließlich von Bülent bedient, während ihr langweiliger Macker namens Ricardo, in dessen Rolle ich lebte, im Café gegenüber saß und einen genervten Eindruck machte. Deshalb beschwerte sich Layla auch bei Bülent. In der Annahme, dass sich Bülent und der Kaffeehausbesitzer kannten, beschwerte ich mich bei Letzterem, weil Frauen nichts anderes im Sinn haben, als Männer zu schröpfen. Aber zum Glück gab es die schönen Sachen hier so günstig. Das fand auch Layla toll. Sie erzählte Bülent, dass sie in Düsseldorf eine Boutique betreibe.

»Und er?«, fragte Bülent und nickte in meine Richtung.

»Mein Freund ist Geschäftsmann. Immer auf der Suche nach gutem Business. Deshalb findet er Shoppen total langweilig. Dabei hast du so schöne Sachen hier, Bülent.«

»Ich bemühe mich, die Wünsche der Frauen zu erfüllen.«

»Oh ja, das tust du, Bülent. Ich kann mich wieder mal gar nicht entscheiden. Sag, hast du das auch in Grün?« Sie hielt ein Kleid in die Höhe. Ja, Bülent hatte es auch in Grün. Bülent hatte alles. Und wenn er etwas nicht auf Lager hatte, konnte er es besorgen. Schnell.

Mit Layla hatte ich vereinbart, dass wir eine Fährte auslegen würden, wenn ich sagte: »Ich habe Hunger, lass uns was essen gehen.« Dieser Moment war günstig.

Layla zog einen Schmollmund. »Gleich.«

Ich gab mich gutmütig und nahm ein T-Shirt von einem Stapel.

»Zieh es doch mal an, bitte, Ricardo«, sagte Layla.

Wir schäkerten ein bisschen, dann erklärte mir Layla, wie billig das alles hier sei und was für einen Superdeal ich abziehen könnte, wenn ich hier große Stückzahlen ordern würde, die sie in ihrer Boutique und an anderen Orten in Deutschland verkaufen könnte. Bülent verstand zwar kein Deutsch, doch einer seiner Verkäufer, wie ich wusste, auch wenn er jetzt scheinbar unbeteiligt Strandtücher nach Farben sortierte.

»Ich will jetzt was essen gehen«, wiederholte ich.

Layla hakte sich bei mir unter, verabschiedete sich von Bülent, und wir verließen den Laden. Am Nachmittag kaufte Layla erneut bei Bülent und fragte ihn auf Türkisch, ob es denn möglich sei, mehr Ware bei ihm zu ordern.

»Wie viel mehr?«

»Weißt du, mein Freund hätte vielleicht Interesse.«

»Der interessiert sich doch nicht für Klamotten.«

»Nein, aber für gute Geschäfte. Er hat viel Geld. Und ich finde, dass er es ausgeben soll.« Sie zwinkerte ihm zu.

»Das ist eine gute Idee«, stimmte Bülent zu, der Laylas Information mit dem abglich, was sein Mitarbeiter ihm erzählt hatte. Er kam zu dem Schluss, dass wir die Wahrheit sagten. Er ahnte ja nicht, dass er uns mit der ihm eigens gestellten Falle prüfte.

Tee hatten wir immer offeriert bekommen, nun ließ Bülent auch Gebäck holen und bat uns in sein Hinterzimmer.

Der Köder

Wir saßen zwischen Stoffballen, unausgepackten Kisten, Plastiktüten voller Klamotten und einem Regal mit Zigaretten. Die konnte man bei Bülent auch erwerben. Ebenso Gewürze, Busfahrkarten, Uhren und Whiskey. Und wahrscheinlich noch viel mehr. Wenn man sein Vertrauen gewonnen hatte. Ein kleiner Junge stürmte herein und rief Bülent etwas zu. Der lachte, warf ihm einen Schokoriegel entgegen und rührte weiter in dem kleinen Teeglas. Ich glaubte schon, er würde meine Frage komplett ignorieren, da hob er den Blick unter seinen buschigen Augenbrauen und schaute mich durchdringend an. »An wie viel denkst du?« Layla übersetzte.

»30.000 bis 40.000 Euro.«

Bülent rührte weiter. Es war heiß und stickig. Im Nachbarladen hörten wir Männer lachen. Bülent trank den Tee in einem Zug aus. Dann ließ er uns wissen: »One minute. Ich muss mal telefonieren«, und ging hinaus.

Selbstverständlich fielen Layla und ich nun nicht aus der Rolle. Das wäre ein Anfängerfehler gewesen. Man weiß nie, wann man beobachtet wird.

»Ach, Schatz, das wäre ja so toll, wenn ich in meiner Boutique ein paar dieser Sachen hätte«, seufzte Layla, und ich setzte das Gesicht eines Mannes auf, der die Frauen zwar nicht versteht, ihnen aber gern eine Freude macht. Und natürlich legte ich für den vermeintlichen Lauscher einen Köder aus. »Wer weiß, vielleicht ist dies ja nur der Anfang. Ich könnte mir durchaus vorstellen, mehr zu investieren.«

Layla strahlte.

Gefahr-Radar

Wann immer viel auf dem Spiel steht: Lassen Sie sich Zeit und fallen Sie nicht mit der Tür ins Haus. Um erfolgreich zu sein, müssen Sie Selbstkontrolle üben. Auch wenn es Sie so manches Mal drängen mag, ein bestimmtes Anliegen gleich zu klären – oft ist es besser zu warten, bis der rechte Moment gekommen ist. Vor allem, wenn Sie Ihre Partner noch nicht so gut kennen. Dann ist der Vertrauensaufbau das A und O. Und das gilt überall. Ein Informant wird mir nur etwas erzählen, wenn er mir vertraut. Deshalb ist der erste Schritt in jeder Ermittlung, wie Sie mittlerweile längst wissen, der Vertrauensaufbau. Und das gilt nicht nur für Detektive. Sobald wir einen Menschen kennenlernen, geht es um diesen wichtigen Klebstoff der menschlichen Beziehung: Vertrauen. Das überprüfen wir meistens unbewusst und zu Beginn einer Beziehung mit Kleinigkeiten. Hält der andere seine Zusagen ein? Er hat versprochen, mir das geliehene Buch innerhalb einer Woche zurückzugeben. Tut er das? Er hat zugesagt, im Urlaub meine Blumen zu gießen. Hält er Wort? Später werden die Vertrauensbeweise größer: Kann ich ihn mit meiner Freundin allein lassen?

Nur wenn andere uns vertrauen, lassen sie uns wirklich an sich heran. Vertrauen ist kein Zufall oder Schicksal, sondern kann erworben werden, zum Beispiel durch Zuverlässigkeit, Interesse am anderen, gleiche Lebenseinstellung und Herkunft. Wer das Vertrauen anderer gewinnen möchte, muss den ersten Schritt selbst tun mit einem sogenannten Vertrauensvorschuss.

Am nächsten Tag wurden die Gespräche konkreter. Es ging nun um 10.000 T-Shirts verschiedener Marken in den gängigen Größen. Als Ricardo war ich bereit, 4 Euro pro Stück zu bezahlen. Bülent wollte 6 Euro. Ricardo blieb hart. Vielleicht 4,50 Euro, sagte Bülent und dann abermals: »One minute.« Und ging wieder hinaus, um zu telefonieren.

Als er wiederkam, nickte er. Layla würdigte er nun kaum mehr eines Blickes. Jetzt war Business angesagt. Ich hatte das Geld. Ich war sein Gesprächspartner. Layla dolmetschte und schmiegte sich immer wieder eng an mich. Sie war absolut glaubwürdig in ihrer Rolle als Boutiquebesitzerin, die ihren Freund dazu überredet, Geld in ihr Geschäft zu investieren.

»Bevor ich den Deal mache«, sagte ich zu Bülent, »möchte ich wissen, wo die Ware herkommt. Ich will die Fabrik sehen.«

»Das geht nicht. Ich zeige euch die Ware hier.«

»Ich möchte wissen, worauf ich mich einlasse. Ich möchte in die Fabrik. Das bin ich so gewöhnt.«

Bülent bedauerte wortreich.

Ich stand auf.

»One minute«, sagte er und ging erneut hinaus, um zu telefonieren.

Wir setzten uns wieder.

In den folgenden Stunden warteten wir noch öfter *one minute*. Bülent musste einige Telefonate führen, da ich hartnäckig blieb. Die Aussicht auf 40.000 Euro und eine langjährige Geschäftsbeziehung reizte seine Kontaktleute offensichtlich.

Schließlich nickte Bülent. »Heute Nachmittag du kommst hierher. Ohne deine Freundin.« Bei einem schnellen Mittagessen mit Layla überlegte ich, ob ich einen Peilsender tragen sollte.

Ich brauchte Beweise. Andererseits war das sehr riskant. Ich entschied mich dagegen. Mein Handy musste genügen. Außerdem würde ich versteckt aufzeichnen. Mit meiner Uhr konnte ich filmen, mit einem präparierten Kugelschreiber den Ton aufnehmen. Ich wollte meinem Auftraggeber schlagkräftige Beweise liefern.

Die geheime Fabrik

»Schalt das Handy aus«, sagte einer der beiden finster dreinblickenden Männer, die mich vor Bülents Laden in Empfang nahmen. Sie führten mich zu einer Mercedes-Limousine. Bülent saß, das Handy am Ohr, auf dem Beifahrersitz, ein vierter Mann fuhr, meine zwei Bodyguards nahmen mit mir auf der Rückbank Platz. Dann gab der Fahrer Gas. Am Rückspiegel baumelte die übliche Kette mit dem Auge, das seinen Besitzer vor dem bösen Blick schützen soll. Anstatt mit Gummimatten war der Fahrzeugboden mit kleinen Teppichen ausgelegt. Der Fahrer fuhr wie ein Henker. Bülent telefonierte ohne Unterlass. Ich kannte mich in Istanbul ein wenig aus, verlor jedoch in der 17-Millionen-Einwohner-Metropole schnell die Orientierung. Fast 30 Minuten kurvten wir unter gnadenloser Beschallung anatolischer Popmusik durch ärmliche Wohngegenden, die alle gleich aussahen. Dann parkte der Fahrer den Wagen in einer schmalen Gasse.

Ich wunderte mich, sagte jedoch nichts und folgte meinen nunmehr vier Bodyguards zu einem zehnstöckigen Wohnhaus. Wohl war mir nicht zumute. Doch ich blieb in meiner harmlosen Rolle eines deutschen Geschäftsmannes. Bülent telefonierte weiter. Wir betraten den Hausflur des Gebäudes. Knoblauch und Kaffee schwängerten die Luft. Die Wände waren mit Schmierereien verunstaltet, der Steinboden sah stellenweise aus, als hätte ihn jemand mit einem Hammer aufgeschlagen. Eine vollständig verschleierte Frau in Schwarz kam aus einer Wohnung im Erdgeschoss und stieß an der Haustür fast mit einer anderen im Minirock zusammen. Meine Begleiter sperrten eine kleine Holztür auf, ich musste mich bücken, um nicht mit dem Kopf anzustoßen, eine steile Treppe führte nach unten – und dann staunte ich nicht schlecht. Unter dem Wohnhaus befand sich eine Fabrik in der Größe eines halben Fußballfeldes! In dem fensterlosen Keller arbeiteten in einem Höllenlärm mindestens 100 Frauen im flackernden Licht unter Neonröhren. Tief über ihre schwarzen uralten Singer-Nähmaschinen gebeugt, sahen sie unter ihren Kopftüchern nur schnell verstohlen auf, als wir hereinkamen. Die meisten von ihnen waren jung, viele kauten Kaugummi, fast so schnell, wie die Nadeln in die Stoffe stichelten. Es war entsetzlich heiß und stickig, trotz der zahlreichen Ventilatoren. Ein Sicherheitsmann trat auf mich zu und tastete mich ab. Dann ging er wieder auf seinen Posten neben der Tür.

Bülent hörte zu telefonieren auf. Er steckte sein Handy weg und beobachtete mich. Ich setzte einen anerkennenden Gesichtsausdruck auf und versuchte, den Hustenreiz zu unterdrücken. Durch einen engen Zwischenraum gingen wir an den Tischen vorbei. Die Frauen taten mir leid. Ich wusste, dass sie sehr wenig Geld für diese anstrengende Arbeit bekamen und vermutete, dass sie aus Anatolien stammten. Sie hatten keine Wahl, mussten sogar froh sein, überhaupt Arbeit gefunden zu haben, wobei dies eher als Ausbeutung zu bezeichnen war.

Zwei weitere Bodyguards schlossen sich uns an. Sie wechselten einige Worte mit Bülent, der sich entfernte. Was ich schon vermutet hatte, bestätigte sich nun. In der Hierarchie stand er nicht besonders weit oben. Durch mehrere Türen gelangten wir zum Chefbüro. Davor bedeuteten mir die beiden Muskelpakete zu warten, und ich musste eine zweite Leibesvisitation über mich ergehen lassen. Obwohl es unwahrscheinlich war, dass sie die multifunktionale Uhr und den Kugelschreiber enttarnen würden, hatte ich Angst. Doch die war tief in meinem Inneren verborgen. In solchen Situationen gibt es nur eine Chance: locker bleiben. Zumal ich in Lebensgefahr schwebte. Wenn mir hier etwas zustieß, würde mich niemand aufspüren. Da mein Handy ausgeschaltet war, würde auch Layla nicht herausfinden können, wo ich mich aufhielt. Und außerdem machte ich mir keine Illusion: Wer kräht schon nach einem verloren gegangenen Detektiv in der Türkei?

Wenn ich nicht möchte, dass jemand meine Anspannung spürt, denke ich konzentriert an etwas Schönes. Das entkrampft. Meistens klappt es. Auch diesmal. Die beiden Bodyguards kamen gar nicht auf die Idee, Uhr oder Kugelschreiber genauer zu untersuchen. Sie nickten sich zu. Ihrer Meinung nach war ich sauber.

Im Chefbüro erwartete mich der Patron in einem fensterlosen schmutzigen Raum voller Plastikstühle. Er selbst saß in einem mächtigen Ledersessel an einem Mahagonischreibtisch. Rechts und links von ihm auf Plastikstühlen zwei seiner Mitarbeiter, beide relativ ungepflegt, doch noch lange nicht in so einem Zustand wie der Patron. Er wog mindestens 120 Kilo, trug ein schmuddeliges Unterhemd, auf dem in mehreren Reihen massiver Goldschmuck prangte. Ein Ring an seinem rechten Mittelfinger war so groß, dass ich mich fragte, ob er den Finger überhaupt noch beugen konnte. Am linken Handgelenk trug er eine massive goldene Uhr und hielt zwischen Zeige- und Mittelfinger eine Zigarre, die, so, wie es in diesem Raum roch, niemals ausging. Während der Patron mich unter hängenden Lidern hervor scheinbar gelangweilt beobachtete, beäugten mich seine Beisitzer wachsam. Schließlich bedeutete mir der Patron mit einer kleinen Geste, dass ich mich setzen sollte. Ich nahm Platz auf dem schäbigen Plastikhocker vor seinem Schreibtisch und saß nun wie ein Kind an einem zu hohen Tisch. Psychologisch ausgefeilt, in der Tat. Der Patron rülpste und kratzte sich dann mit der Zigarrenhand großflächig am Bauch, um mir seine Magnum im tief hängenden Hosenbund zu zeigen.

»How do you do?«, fragte er dann.

»Fine. How do you do?«, erwiderte ich.

Er nickte träge und schnippte dann mit den Fingern. Eine Tür hinter ihm öffnete sich, und eine Frau in Kittel und Kopftuch erschien. Auf Türkisch bestellte der Patron Tee. Ich war drin. Zwar erst im Vorraum des Vertrauens, doch wenn ich jetzt keinen Fehler machte, würde mein Plan gelingen. Locker bleiben, sagte ich zu mir selbst, während ich mich so positionierte, dass meine Uhr gut filmen konnte. Mein Kugelschreiber würde hoffentlich astreine Tonaufnahmen liefern. Der Tee wurde serviert beziehungsweise auf einem schmutzigen Tablett in schmierigen Gläsern auf den Tisch geknallt. Er war so stark, dass er fast nur aus Satz und sehr wenig Wasser bestand. Meine Geschäftspartner gaben drei bis vier Löffel Zucker hinzu. Ich tat es ihnen

gleich. Wahrscheinlich würde ich umkippen, wenn ich das Gebräu trank. Aber ich musste es trinken. Ich musste alles tun, um
ihnen so ähnlich wie möglich zu sein.

⚡ Gefahr-Radar ⚡

Auch wenn Sie normalerweise keinen Alkohol trinken – sagen Sie
Ja zu einem Gläschen, wenn es Ihnen angeboten wird und Sie etwas erreichen wollen. Sagen Sie ruhig auch, dass Sie eine bestimmte Automarke mögen, selbst wenn das nicht der Fall ist. Passen Sie sich den Menschen an, die wichtig für Sie sind. Das
bedeutet nicht, dass Sie kein Rückgrat haben, im Gegenteil. Es
zeigt, dass Sie zielorientiert vorgehen. Und solche Anpassungen
leisten Sie jetzt doch auch schon, wenn Sie beispielsweise Ihre
Garderobe einem Anlass entsprechend auswählen. Menschen
passen sich unterschiedlichen sozialen Situationen an. Als Detektiv
muss ich hier oft einen Spagat aufs Parkett legen. Aber das kenne
ich auch als Privatperson. Jeder passt sich an. Wenn wir ein Wirts-
haus auf dem Land betreten, verfallen wir vielleicht automatisch in
einen Dialekt, was uns in der Stadt nicht passieren würde. In Gegenwart von Geistlichen unterdrücken wir Flüche, und wenn wir
einen bestimmten Job möchten, dann wählen wir für das Vorstel-
lungsgespräch eine Kleidung, die uns passend erscheint. Wir passen uns auch den Gefühlen anderer Menschen an, indem wir unsere Tonlage ihrer Stimmung angleichen. Und das ist gut so, denn
es zeigt: Ich bin wie du. Du brauchst vor mir keine Angst zu haben.
Du kannst mir alles sagen.

Der Patron erzählte mir zwar nicht alles, doch einiges, nachdem ich seine tolle Ware gelobt hatte, die mir einer seiner Mitarbeiter entgegengeworfen hatte. Er vertraute mir sogar an, wie sie so schnell an die jeweils neuen Kollektionen kamen. »Übers Internet.« Ach, wie einfach. Sie schauten sich die kommende Saison an und kopierten sie sofort, so kamen Originale und Kopien fast zeitgleich auf dem Markt. Und die Originale machen ganz wunderbar Werbung für die Kopien.

»Und du?«, wollte der Patron nun von mir wissen. Seine Stimme klang lauernd. Ich durfte mich auf keinen Fall sicher fühlen, auch wenn er mir bis jetzt friedlich begegnet war. Ich erzählte meine Geschichte, die er von Bülent kannte. Ich sei ein Geschäftsmann aus Düsseldorf, meine Freundin habe dort eine Boutique …«

»Wo?«

Ich nannte eine Seitenstraße im Zentrum. Der Patron schnippte mit den Fingern, und einer seiner Mitarbeiter reichte ihm ein iPad. Ich blieb cool. Ich war vorbereitet. Am meisten wunderte mich, dass er hier im Keller Internet hatte. Ich nannte auch den Namen der Boutique. Bei einer Legende muss alles stimmen, bis in die kleinste Kleinigkeit. Eine Unsicherheit hätte meinen Tod bedeuten können. Solche Leute kennen kein Pardon. Die Boutique, die ich nannte, gab es wirklich. Aber es gehört auch Glück dazu. Alles kann man nicht vorbereiten. Der Zufall darf nie dazwischenfunken. Denn natürlich hätte der Patron die wahre Besitzerin der Boutique kennen können. Dann wäre es mein Fehler gewesen, hier keine Scheinadresse eingerichtet zu haben. Ich hatte es abgewogen und mich für das Risiko entschieden, dass ein T-Shirt-Produzent in der Türkei wohl nicht mit der Boutiquenlandschaft in Düsseldorf vertraut war. Ich hatte gewonnen.

Bis auf eine Kleinigkeit, die noch unklar war. Ich hatte keine Ahnung, wo sich die Fabrik befand. Ohne genaue Ortsangabe hatte ich meinen Auftrag nicht erfüllt. Doch dann half mir der Zufall. Oder das Glück? Nein, im Grunde war es meine gute Vorbereitung gewesen. Bülent und seine Mannen waren längst weggefahren. Wäre der Patron klug gewesen, hätte er mich von seinen Getreuen über Umwege nach Hause fahren lassen. Doch der Patron vertraute mir, weil ich alles getan hatte, um genau dies zu erreichen. Er ließ mir ein Taxi rufen! So viel Unvorsichtigkeit ist mir selten begegnet. Aber andererseits – warum auch nicht? War ich nicht ein zukünftiger guter Kunde, mit dem er übermorgen telefonieren würde, wenn ich ihm die Adresse nennen würde, wohin die Ware geliefert werden sollte?

Noch am selben Abend reisten Layla und ich ab. Unsere türkischen Prepaid-Karten knickten wir und kehrten zurück in die Unsichtbarkeit.

Hat es uns jemals gegeben?

Nein, wir sind eine Täuschung.

Gefahr-Radar

Lassen Sie sich in brenzligen Situationen niemals Ihre wahren Gefühle anmerken, denn dies wird von einem Gegenspieler meistens
gnadenlos ausgenutzt. Sollten Sie Angst haben, identifizieren Sie
sich nicht damit. Denken Sie an etwas anderes. Sollten Sie sich
klein und hilflos fühlen, identifizieren Sie sich auch damit nicht.
Versuchen Sie, Ihre negativen wie auch euphorischen Gefühle in
den Griff zu bekommen. So bleiben Sie ruhig und behalten den
Überblick und sind nicht so leicht übers Ohr zu hauen. Denn das
geschieht meistens, wenn wir nicht mehr klar denken – weil wir in
unsere Gefühle verstrickt sind.

Insgesamt dauerten die Ermittlungen in diesem Fall drei Monate, zumal es sich herausstellte, dass wir uns im Bereich der
organisierten Kriminalität mit mafiaähnlichen Strukturen be-
wegten. Im Lauf der Wochen ermittelten wir ein Dutzend
Händler, auch Internet-Onlineshops, die teilweise von Stroh-
männern betrieben wurden. Zum Teil wurden die Plagiate sogar bei *eBay* angeboten. Mein Auftraggeber schaltete schließlich
seine Anwälte ein, und in Absprache mit den örtlichen Behörden fand eine Razzia statt. Die Fabrik wurde geschlossen, der
Betreiber verhaftet. Der jährlich verursachte Schaden allein
durch diese Produktionsstätte wurde auf rund sieben Millionen
Euro geschätzt.

Was den guten Detektiv auszeichnet

Sie haben im Verlauf des Buches sicher gemerkt, dass die Arbeit eines Detektivs auch eine Art Persönlichkeitsentwicklung ist. Nachfolgend beschreibe ich die wichtigsten Punkte, die meines Erachtens einen wirklich guten Detektiv auszeichnen. Alle diese Fähigkeiten können Sie aber auch in Ihrem Privat- und Berufsleben gut gebrauchen. Denn die Schule des Detektivs ist eine Schule des Lebens. Indem Sie hin und wieder ein bisschen Detektiv spielen, trainieren Sie auch alle folgenden Eigenschaften. Jede einzelne ist wichtig, wenngleich es manche gibt, die ich als Grundbedingung werten würde, wie etwa Kontaktfreudigkeit. Alle miteinander führen zu einem erhöhten Selbstbewusstsein, wobei Selbstbewusstsein wiederum eine Voraussetzung für andere Eigenschaften wie beispielsweise Kontaktfreudigkeit ist. Aus diesem Grund habe ich mich für eine alphabetische Reihenfolge entschieden.

Beharrlichkeit

Wer schnell aufgibt, ist kein guter Detektiv. Wenn ein Plan fehl-
schlägt, muss man einen neuen schmieden. Und man muss sehr
oft sehr lange warten, häufig in unbequemer Haltung. Wer beim
Observieren die Flinte ins Korn wirft, weil ihm die Augen bren-
nen, weil er Rückenschmerzen hat, hungrig oder durstig ist,
wird womöglich den entscheidenden Moment verpassen. Und
so ist es auch sonst im Leben. Wenn wir zu früh aufgeben, verpassen wir vielleicht das Beste. Andererseits müssen wir auch
genau abwägen: Wann verwandelt sich Beharrlichkeit in Stur-
heit? Die ist nicht förderlich. Wenn das droht, gibt es nur ein
Kommando: Abbruch. Dazu gleich noch mehr unter *Improvisa-
tionsgeschick.*

Beharrlichkeit kann man üben, sie gehört in das Fach der
Selbstdisziplin. Beim Observieren im Auto versuche ich, mich
mit verschiedenen Dingen, die meine Aufmerksamkeit allerdings nicht zu sehr beanspruchen, abzulenken. Ich telefoniere
mit einem Freund, einer Freundin, Mitarbeitern, lese die News
auf meinem iPad oder verschiedene Magazine, höre Radio,
trinke Kaffee oder Tee aus meiner Thermoskanne und versuche,
es mir trotz aller Aufmerksamkeit irgendwie gemütlich zu machen. Denn wenn man immer nur auf sein Zielobjekt starrt,
wird man schnell müde. Man kann dann auch in einen Sekundenschlaf fallen und offenen Auges nichts sehen. Was dann geschehen kann, habe ich weiter vorne im Buch beschrieben – Sie
erinnern sich sicher daran, außer Sie sind beim Lesen mit offenen Augen in einen Sekundenschlaf gefallen …

Fantasie

Ohne Fantasie kann keine Legende entstehen, und die Legende
ist die Basis der Ermittlungen. Die Legende ist der Türöffner.
Wenn man es geschafft hat, mit einer glaubwürdigen Legende in
das Umfeld der Zielperson vorzudringen, hat man den schwie-
rigsten Teil oft schon bewältigt. Ich glaube, dass es Menschen
mit mehr Fantasie und solche mit weniger Fantasie gibt. Aber
ich glaube auch, dass man seine Fantasie schulen kann. Hilfreich hierzu ist eine gute Beobachtungsgabe. Das Lesen von Ro-
manen und Krimis regt die Fantasie an. Und für die Legenden-
bildung ist auch Fernsehen sehr hilfreich. Hier haben sich
Autoren Geschichten ausgedacht, und das ist im Grunde nichts
anderes, als wenn ich eine Legende vorbereite. Wenn man den
Erzählsträngen, den Bauplänen der Autoren aufmerksam folgt,
erhält man genug Anregungen für die eigenen Geschichten.
Eine andere Methode, die Fantasie zu schulen, ist es, sich selbst
immer wieder vor kleine Aufgaben zu stellen: Womit würde ich
Frau X beeindrucken? Was müsste ich sagen, damit Herr Z mich
interessant findet? Die Schwachpunkte der Leute zu kennen,
schadet erst recht nicht. Ich glaube, dass ich Ihnen in diesem
Buch genügend Legenden vorgestellt habe, sodass nun vielleicht
auch Ihre eigene Fantasie angeregt ist. Die Sie übrigens auch
mal für sich selbst spielen lassen können: Ich bin ja damals nach
dem Abitur für ein Jahr nach Frankreich gegangen und …

Wie geht es weiter? Oder: Als Kind hatte ich einen Hund …

Nein, ich möchte Sie nicht zum Lügen verführen. Aber wenn
Sie selbst merken, wie leicht es ist, in eine andere Wahrheit zu
wechseln, glauben Sie anderen vielleicht auch nicht mehr unbe-

sehen alles. So trainieren Sie den Lügendetektor in sich und bereichern gleichzeitig Ihre eigene Fantasie, die Lügen anderer zu erkennen, und die Fähigkeit, sie souverän zu parieren.

Gefühlskontrolle

Oft werde ich gerade dann beauftragt, wenn die Emotionen hochkochen. Man ist wütend, fühlt sich verletzt, betrogen, ausgenommen, merkt jedoch, dass man allein nicht weiterkommt, sondern Beweise braucht. Und dann entscheidet man, einen Detektiv zu engagieren. Der muss stets einen kühlen Kopf bewahren. Das fängt schon beim Erstgespräch mit meinem Auftraggeber an. Ich darf mich nicht hinreißen lassen, ihm alles zu glauben oder seine Meinung vorbehaltlos zu teilen, denn es gibt Kunden, die lügen, um sich einen Vorteil zu verschaffen. Dazu komme ich später noch. Ich sollte auch für niemanden vorbehaltlos Partei ergreifen, was manchmal schwierig ist, da ich ja sehr nahe an Menschen herankomme. Einige wecken mein Mitgefühl. Das Verhalten anderer empört mich. Ich muss stets sachlich bleiben, nur dann finde ich die beste Strategie. Wer sich von seinen Gefühlen leiten lässt, mag zwar im Moment das Richtige tun, langfristig, oder manchmal auch schon kurzfristig gesehen, begeht er einen Fehler. Es stimmt schon, wenn einem jemand rät: Schlaf mal eine Nacht drüber – morgen sieht alles anders aus. Manches sieht aber morgens noch genauso aus – wenn beispielsweise jemand durch meine Ermittlungen ins Gefängnis muss, ich aber vielleicht verstehen kann, warum er diese oder jene kriminelle Tat begangen hat, weil ich mit seinen Motiven vertraut bin. Oder wenn ein Mann, der seine Frau über alles liebt, weinend vor mir zusammenbricht, wenn ich ihm die Fotos zeige, die beweisen, dass sie ihn betrügt. Ein Detektiv, der emotional zu tief in seine Fälle verstrickt ist, wird den Job nicht lange machen können. Ausschalten kann ich meine Gefühle natürlich nicht. Aber ich kann sie kontrollieren und merke jederzeit, wenn sie zu präsent werden. Da meldet sich mein Gefahr-Radar. Gefühle außer Rand und Band trüben den Verstand. Andererseits muss der auch mal runterfahren, wenn nämlich meine Intuition die Führung übernimmt. Wenn ich wirklich in die Bredouille gerate, erinnere ich mich daran, dass es nicht meine Aufgabe ist zu entscheiden, was richtig oder falsch ist, wer recht hat. Meine Aufgabe ist es, Beweise zu sammeln. Das mache ich und fertig.

Gefühlskontrolle ist auch wichtig, wenn ich es mit Klientinnen zu tun habe. Einige haben sich in mich verliebt. Ich biete ihnen eine perfekte Projektionsfläche als Held und Retter aus der Not. Auch hier gilt es, eine klare Trennlinie zu ziehen. Denn wenn ich emotional verwickelt wäre, könnte ich den Fall nicht lösen. Aber genau das ist mein Job. Und ich will ihn gut machen. Immer.

Improvisationsgeschick

Meine Legende kann noch so gut, mein Plan noch so durchdacht sein – plötzlich geschieht etwas Unvorgesehenes, und alles ist anders. Der gute Detektiv muss auf jede Veränderung reagieren, und zwar sofort und spontan. Er kann keinen Plan B in der Tasche haben, weil er ja nicht weiß, was sich ändern wird. Alles ist ständig möglich.

Um als Detektiv improvisieren zu können, bedarf es auch einiger Requisiten. Verschiedene, am besten unauffällige Klamotten oder die berühmte Mütze, um bei einer Observation zu Fuß nicht gleich aufzufallen. Das alles muss natürlich vorbereitet sein. Und zum Improvisieren braucht es natürlich Fantasie. Aber vielleicht weniger, als man glauben möchte, denn oft geht es nur darum, schnell eine Lösung zu finden. Das machen Sie doch auch oft! Ihr Auto springt nicht an, Sie klingeln beim Nachbarn und fragen ihn, ob er Sie mitnimmt. Der Scanner ist kaputt, Sie fotografieren das Dokument ab und mailen es dann. Zur Improvisation gehört Schnelligkeit. Da kann man nicht lang überlegen. Wenn meine Zielperson zum Flughafen fährt und eincheckt, muss ich mir flugs ein Ticket besorgen, denn ich muss im selben Flieger sitzen, sonst habe ich sie verloren. Manchmal aber gibt es Situationen, da muss auch ich aufgeben. Da habe ich keinen Spielraum mehr, da kann ich mich nur noch rasch aus dem Staub machen, wenn möglich, ohne aufzufallen. Irgendetwas ist schiefgelaufen. Meine Legende droht, in sich zusammenzustürzen. In solchen Fällen improvisiere ich mit einem fingierten Anruf. Ich gebe vor, mein Telefon habe vibriert oder aufgeleuchtet, entschuldige mich bei meinem Gesprächspartner und gehe dran. Während ich scheinbar konzentriert, aber mit besorgtem Gesichtsausdruck zuhöre, habe ich mir ein paar Sekunden Zeit verschafft, in denen ich überlegen kann, wie ich nun weitermache. Brauche ich eine längere Bedenkzeit, sage ich vielleicht etwas wie: »Es kann sein, dass ich die Unterlagen im Auto habe. Okay, ich schaue mal nach.« Und bitte meinen

Gesprächspartner dann, kurz zu warten. Im Auto kann ich mich sortieren, konzentriert überlegen oder noch etwas regeln, einen Mitarbeiter hinzuziehen oder was auch immer nötig ist. Das hätte ich auch bei einem fingierten Toilettenbesuch tun können, doch der ist zu offensichtlich, da ich ihn initiiert hätte. Für einen Telefonanruf kann ich ja nichts. Manchmal gibt es nur eine Lösung: weg hier! Dann führe ich das Telefongespräch so, dass ich – anscheinend widerwillig: »Ich kann jetzt nicht. Ich bin gerade im Gespräch« – schließlich doch aufbreche. Der Vorteil: Ich habe den Kontakt nicht zerstört, ich habe ihn auf Eis gelegt und kann später noch einmal anknüpfen. Der Notausgang sieht folgendermaßen aus:

Ich melde mich am Handy, auf dem angeblich ein Anruf eingeht, nachdem ich die Nummer kontrolliert habe. Denn selbstverständlich würde ich nicht bei jedem Anrufer abheben. »Ja?« Ich höre zu. »Oh mein Gott!« Ich mache ein entsetztes Gesicht. »Ich komme sofort.«

Ich springe auf, entschuldige mich, versichere, dass ich mich melde – und ergreife die Flucht, die allerdings niemals so aussehen darf!

Kontaktfreude

Wie vorhin bereits erwähnt, ist Kontaktfreudigkeit das A und O eines Detektivs. Wenn es einem leichtfällt, Kontakt mit anderen Menschen aufzunehmen, kommt man auch leicht an Informationen, die Währung, mit der ein Detektiv handelt. Kontakte knüpfen kann man lernen. Nehmen Sie sich beispielsweise vor,

jeden Tag drei fremde Menschen anzusprechen, ob im Fahrstuhl, im Supermarkt, in öffentlichen Verkehrsmitteln oder im
Treppenhaus. Fangen Sie klein an. Fragen Sie beispielsweise
nach der Uhrzeit oder nach dem Weg. Steigern Sie Ihre Vorwände und fragen Sie jemanden im Supermarkt, der gerade ein
Produkt in den Einkaufswagen legt: »Taugt das was?« Oder gehen Sie zu jemandem, der eine Dose Katzenfutter in der Hand
hält, und reichen Sie ihm eine Dose eines anderen Herstellers:
»Danach ist meine Katze ganz verrückt.«

Jemand vor Ihnen an der Kasse hat sehr viel Gemüse eingekauft.
»Heute Rohkosttag?«, können Sie kommentieren und zu sich
überleiten: »Ach, das sollte ich auch mal wieder machen.« Kommentare sind eine hervorragende Möglichkeit, mit anderen in
Kontakt zu kommen. Sie brauchen dazu keine Fantasie, Sie müssen nur das, was die andere Person ohnehin tut, kommentieren.
Sie texten sozusagen die Bildunterschrift. Und schon sind Sie im
Gespräch. Denn Ihr Gegenüber wird ja antworten. Womöglich
gehen Sie dann schon nebeneinanderher zum Parkplatz. Und
könnten, falls es wichtig wäre, sehen, in welches Fahrzeug Ihr Gesprächspartner steigt. Aber nein. Sie wollen ja nur den Kontakt
herstellen. Haben Sie keine Angst! In der Regel beißen Menschen
nicht. Je selbstbewusster, beiläufiger und souveräner Sie sind,
desto freundlicher wird man Ihnen begegnen. Als junger Detektiv
habe ich mir immer gedacht, die anderen seien bestimmt schüchtern, deshalb müsse ich den ersten Schritt tun. Es hat funktioniert!

Es klingt abgedroschen, aber so ist es nun mal: Seien Sie Sie
selbst. So überzeugen Sie andere am besten. Stehen Sie hinter
dem, was Sie sagen. Deshalb sollten Sie ja auch zuerst mit der
Wahrheit beginnen. Lügen ist viel zu anstrengend.

Üben Sie zu Beginn am besten mit Leuten, die Sie erotisch nicht anziehend finden. Bei denen fällt es relativ leicht. Nach und nach können Sie die Latte dann höher legen und auch solche Menschen ansprechen, die Ihnen gefallen. So gelangen Sie Schritt für Schritt dorthin, wo das Kontaktknüpfen richtig spannend wird: zum Flirten.

Viele Menschen haben große Angst davor, einen Korb zu bekommen, und um das zu vermeiden, sprechen sie lieber gar niemanden an. Aber wer gut Kontakte knüpfen kann, kann auch ohne Hemmungen mit Frauen und Männern ins Gespräch kommen, die er oder sie sexy findet. Und wenn Sie mal einen Korb kriegen, dann tragen Sie den nicht ewig mit sich herum, sondern stellen Sie ihn ab und weiter geht's. Wenn Sie es zehnmal versuchen, werden Sie sicher einmal Erfolg haben. Darauf richten Sie dann den Fokus. Konzentrieren Sie sich immer auf das, was geklappt hat. Und den Rest, den vergessen Sie!

Jeder kleine Erfolg macht Sie selbstbewusster, und so werden Sie immer besser.

Nehmen Sie eine Ablehnung niemals persönlich. Wenn jemand nicht auf Ihr Kontaktangebot eingeht, hat das nichts mit Ihnen zu tun. Der andere hat es womöglich eilig oder ist, sollte es sich um einen Flirtversuch handeln, vergeben. Vielleicht ist er auch nur in Gedanken. Er ist jedenfalls nicht an einem Gespräch interessiert. Mit der Zeit werden Sie keine Erklärungen mehr benötigen. Jemand geht nicht auf Ihr Kontaktangebot ein oder bleibt wortkarg, das lässt Sie völlig unbeeindruckt. Sie versuchen es eben bei einem anderen. An Menschen herrscht ja kein Mangel. Das ist die Einstellung, die Sie sich zu eigen machen sollten.

Üben Sie kontakten! Suchen Sie im Restaurant keinen freien Tisch, sondern setzen Sie sich zu einer fremden Person und wechseln Sie ein paar Worte. Nutzen Sie jede Gelegenheit, geschmeidiger zu werden. Sie werden merken, dass das auch Ihr Lebensgefühl verändern wird. Und wenn Sie auf Partnersuche sind, wird es womöglich Ihr Leben verändern! Jeder Kontakt kann alles Mögliche verändern. Sie müssen sich nur trauen. Wie gesagt, vielleicht ist Ihr Gegenüber schüchtern und froh, wenn Sie die Initiative ergreifen. Basteln Sie sich Ihre eigene Motivation.

Menschenkenntnis

Ohne Menschenkenntnis kann ein Detektiv nicht gut sein. Es beginnt schon beim Kunden, den ich sehr genau einschätzen muss, denn er könnte mich ja anlügen. In jeder Begegnung mit anderen Menschen, ob Mitarbeiter, Auftraggeber, Zielpersonen, Informanten, kommt es darauf an, ihn oder sie richtig einzuschätzen. Es mag Menschen geben, die von Natur aus ein gutes Gespür haben, Frauen sind hier meistens besser als Männer, weil sie in der Regel beziehungsorientierter leben und jede Begegnung zwischen zwei Menschen ja eine Art von Beziehung ist. Aber man kann Menschenkenntnis auch lernen. Am wichtigsten sind jedoch die Erfahrungen, die man selbst sammelt. Je kontaktfreudiger man ist, desto mehr Erfahrungen kann man machen. Wieder schließt sich ein Kreis. Menschenkenntnis bedeutet, dass man andere Menschen einschätzen und ihr Verhalten voraussehen kann. Wer schnell zu einem sicheren Urteil

über andere gelangt, gewinnt einen Vorsprung. Menschenkenntnis ist nicht angeboren, sie wird ständig geschult, in jeder
Begegnung mit anderen. Die Frage ist: Ziehen wir die richtigen
Schlüsse aus diesen Begegnungen? Leider ist der größte Vorteil
in der Einschätzung anderer Menschen – sie schnell beurteilen
zu können – zugleich der größte Nachteil. Viele Menschen ver-
wechseln Vorurteile mit Menschenkenntnis. Der gute Detektiv
blickt tiefer. Mit guter Menschenkenntnis kann man andere sowohl manipulieren als auch motivieren. Es liegt an Ihnen, wie
Sie Ihre Fähigkeiten einsetzen. Für einen Detektiv ist es enorm
wichtig herauszufinden, ob jemand lügt. Und auch Laien profitieren von einer guten Menschenkenntnis.

Organisationsgeschick

Organisationsgeschick braucht im Prinzip jeder, ob jemand
eine Firma leitet oder sein Leben auf die Reihe kriegen will. Als
Detektiv stehe ich außerdem zwischen den Kunden, meinen
Mitarbeitern und den Zielpersonen und muss alle »Mitspieler«
unter einen Hut bekommen. Das Organisationstalent wird oft
von Veränderungen, die sich spontan ergeben, herausgefordert:
Ein Auftraggeber kann während der Observationsphase plötzlich den Wunsch äußern, auch die nächtlichen Aktivitäten der
Zielperson observieren zu lassen, obwohl ursprünglich nur die
Tagesaktivitäten für den Auftraggeber von Interesse waren. In
diesem Fall muss ich kurzfristig ein zweites Ermittlerteam hinzuziehen, vor allem dann, wenn am darauffolgenden Tag die
Observation wie geplant fortgesetzt werden soll. Observieren

verlangt, wie bereits erwähnt, höchste Konzentration, deshalb kann eine Doppelschicht Tag/Nacht nur in Ausnahmefällen von einem einzigen Team bewältigt werden. Abhängig vom Verhalten und den Aktivitäten einer Zielperson kann es darüber hinaus erforderlich sein, kurzfristig eine weitere Zielperson zu observieren. Auch Technik und Arbeitsmittel müssen gut organisiert sein – Stichwort Vorbereitung: Akkus, Kamera, Notebook, Tablet etc. sollten stets voll aufgeladen sein. Auch der Reserve-Akku darf nicht vergessen werden. Nichts ist ärgerlicher für einen Detektiv, als im entscheidenden Moment nicht den Auslöser der Kamera bedienen zu können, weil der Akku leer ist, der durch die Zoomfunktion beim Observieren in der Regel stark beansprucht wird.

Zur Organisation gehört auch der Aufbau eines vielschichtigen, perfekt funktionierenden Netzwerks. Wobei wir gleichzeitig wieder bei der Kontaktfreudigkeit wären …

Schauspieltalent

Ein guter Detektiv ist ein hervorragender Schauspieler. Höchst verwandlungsfähig kann er jede Rolle in seinen Legenden übernehmen und sie glaubwürdig darstellen. Gleichzeitig ist er auch der Regisseur seines Stückes, da die Legende von ihm stammt. Es gibt Menschen mit Talent zur Schauspielerei und solche, die sich schwer damit tun. Doch ein bisschen kann man es lernen. Und mal Hand aufs Herz: Sicher haben Sie irgendwann schon irgendwem etwas vorgespielt, und wenn es nur ein kleines Unwohlsein war, um den Besuch bei den Schwiegereltern abzukürzen? Trainieren Sie Ihre Schauspielkünste im Alltag. Seien Sie mal ein bisschen anders, als Sie es für gewöhnlich sind. Fangen Sie klein an mit einer Rolle, die Ihnen liegt. Einfach mal so, um es auszuprobieren.

Selbstbewusstsein

Ein starkes Auftreten brauchen Sie bei allen genannten Eigenschaften – und gleichzeitig führt die Ausbildung dieser Eigenschaften dazu, dass Ihr Selbstbewusstsein wächst. Ohne Selbstbewusstsein könnten Sie nicht als Detektiv arbeiten. Er muss in jeder Situation Stärke und Sicherheit ausstrahlen.

Ein Beispiel: Wenn ich wissen muss, wer in einem bestimmten Haus wohnt, das Grundstück aber nur durch ein Gartentor zu betreten ist, gehe ich trotzdem hinein. Da ruft jemand: »Hallo Sie!«

Ich zucke nicht zusammen, sondern gehe aufrecht und selbstbewusst weiter. Und ich bin stets höflich, freundlich, lächle offen. Damit strahle ich aus, dass ich mich nicht ertappt fühle. Ich vermittle den Eindruck, eine Berechtigung zu haben. Und so sage ich: »Ich möchte zu Angela.«

»Hier wohnt keine Angela.«

»Oh, das tut mir leid. Bitte entschuldigen Sie die Störung. Ich suche Angela Meier? Vielleicht wohnt sie in der Nachbarschaft?«

»Ich kenne niemanden, der so heißt.«

»Danke, und einen schönen Tag noch.«

Ich bin auf dieses Grundstück gegangen in der inneren Überzeugung, hier etwas zu erledigen, das wichtig ist. Ich habe mich nicht unbefugt gefühlt. Ich hatte ja etwas zu klären. Jetzt bin ich mit den Gegebenheiten dort vertraut. Ich habe gesehen, was ich sehen wollte. Ohne wie jemand zu wirken, der etwas im Schilde führt. Ein guter Detektiv strahlt eine Aura aus Autorität und Souveränität aus. Er wirkt glaubwürdig, weil er an sich glaubt. Und das kommt bei den Leuten an, die wiederum ihm glauben.

Strategisches Denken

Ohne Plan kein Erfolg. Auch wenn im Lauf der Ermittlungen oft Improvisieren gefragt ist, steht doch über allem der Plan, die Legende, die Strategie, um das Ziel zu erreichen. Verlieren Sie Ihre Ziele niemals aus den Augen und rufen Sie sich Ihre Strategie zwischendurch immer wieder einmal ins Gedächtnis. Angenommen, Sie streben eine Beförderung an. Klopfen Sie Ihr Verhalten auf den Nutzen ab. Angenommen, Sie wollen sich mit den Nachbarn gut stellen, weil Sie möchten, dass Ihre Tochter in deren Dachgeschoss einzieht. Angenommen, Sie planen, sich selbstständig zu machen. Egal, was es ist, Sie haben ein Ziel, Sie brauchen eine Strategie, und Ihre Handlungen sollten dieser Strategie dienen. Es ist kurios, wie oft Menschen mit ihrem Verhalten das Erreichen ihrer Ziele boykottieren, weil sie auf dem Weg zum Ziel das Ziel vergessen. Ja, manchmal ist der Weg das Ziel. Aber ich finde es schön, wenn man auch einmal ankommt.

Wenn Sie die genannten Eigenschaften nur ein kleines bisschen in Ihre Persönlichkeit und in Ihren Alltag integrieren können, dann sind Sie nicht nur auf dem Weg, ein guter Privatdetektiv

zu werden, Sie werden auch im Leben insgesamt besser zurechtkommen! Lassen Sie sich Zeit dabei, überstürzen Sie nichts. Ein
Detektiv ist wie ein guter Wein. Er reift mit den Jahren. Und
vergessen Sie den Blick in den Rückspiegel nicht!